Marek Halter *est né en 1936 en Pologne. Sa mère est une poétesse yiddish ; son père, imprimeur, descend d'une longue lignée d'imprimeurs juifs dont l'origine remonte au XVe siècle.*

*A la déclaration de guerre, Marek Halter a trois ans. A cinq ans, il s'évade avec ses parents du ghetto de Varsovie et gagne la Russie soviétique. Kolkhozien à huit ans, hooligan à dix, apprenti guérillero à quatorze, il rate le départ de l'*Exodus *et, en 1950, arrive en France où il commence à peindre. Il expose notamment à Paris, à New York, à Tel-Aviv : il reçoit plusieurs prix internationaux.*

Mais le conflit israélo-arabe le bouleverse : à la veille de la guerre des Six-Jours, il crée le Comité international pour la Paix négociée au Proche-Orient et frappe aux portes des dirigeants arabes et israéliens : Golda Meir, Ben Gourion, Hassanein Heikal, Abou Ayad... Il plaide, essaie de convaincre et de rapprocher. Son aventure du Proche-Orient, il la raconte dans le Fou et les Rois, *prix Aujourd'hui 1976.*

Marek Halter a découvert l'écriture : il publie d'autres livres, écrit des articles, milite pour les droits de l'Homme. Pendant six ans, il a travaillé à ces deux mille ans d'Histoire d'une famille juive : la Mémoire d'Abraham.

LE FOU ET LES ROIS

ŒUVRES DE MAREK HALTER

DANS PRESSES POCKET :

LA MÉMOIRE D'ABRAHAM
LE FOU ET LES ROIS

MAREK HALTER

LE FOU ET LES ROIS

ALBIN MICHEL

ISBN 2-266-01646-6

Pour Clara

1

DU GHETTO DE VARSOVIE AUX CAMPS PALESTINIENS

IL y avait des heures que nous discutions. Assis tassés dans la cahute de glaise séchée, nous étions peut-être une quinzaine. Deux des Palestiniens, en tailleur sur le sol de terre battue, caressaient machinalement leur mitraillette. Alentour, la rumeur du camp de réfugiés — Sabreh, à l'entrée de Beyrouth — palpitait vaguement. La tranquille pénombre d'Orient exaltait la fièvre des voix et des regards.

La révolution est faite autant de discours que d'action, de patience que de violence. Nous aurions sans doute pu parler des heures encore, sans progresser pour autant. Tout ce que je pouvais dire pour faire avancer l'idée d'une rencontre avec les Israéliens, ils le dénonçaient aussitôt : complot impérialiste. Peut-être contrôlaient-ils mal le langage que nous employions — mélange d'anglais et de français — ou peut-être était-ce simplement l'expression de leur conviction, mais ils me disaient « vous » chaque fois qu'ils voulaient dire Israël. Cette discussion ne menait nulle part. Je haussai le ton :

« Je voudrais bien savoir si c'est aux Israéliens ou aux Juifs que vous faites la guerre. Si c'est aux Israéliens, c'est avec eux que vous devrez régler votre différend, avec eux que vous devrez bien finir par parler. Mais si c'est aux Juifs que vous faites la guerre, c'est aussi à moi, Juif vivant et travaillant à Paris, que vous vous attaquez. Alors sachez que même si je lutte pour la paix, je ne suis pas un non-violent. Et que si vous m'attaquez, moi Juif, je ferai tout ce que je pourrai pour vous liquider avant que vous ne nous liquidiez. Je poserai des bombes dans vos maisons et je vous combattrai partout où vous vous trouverez, sans repos ni pitié. »

Les mots, dans ces régions, pèsent leur poids de dynamite. Le silence qui se fit alors était lourd, tendu. Leurs regards, soudain incertains, m'évaluaient...

« Nous n'avons rien contre les Juifs, dit enfin un Palestinien. Ce sont nos cousins. C'est contre les sionistes que nous luttons.

— Un sioniste, qu'est-ce que c'est ? demandai-je. Un Israélien, ou un Juif qui soutient l'existence d'Israël ?

— C'est la même chose.

— Et si les Juifs affirmaient le droit d'Israël à l'existence tout en restant critiques envers la politique de son gouvernement ?

— Nous lutterons contre eux tous.

— Parce que Juifs ?

— Non, parce que sionistes... »

Un jeune garçon apporta un nouveau plateau chargé de tasses de café. Près de nous, au beau milieu du camp, quelques rafales de mitraillette me firent sursauter :

« Ce n'est rien, dit un Palestinien. Ce sont nos feddayin qui s'entraînent... »

Du coup, ils se mirent tous à la fois à me parler de leur lutte. Slogans, rêves et désespoir. Ils racontaient Jaffa, Haïfa et Jérusalem comme s'ils y étaient nés, eux, enfants d'exil. Comment se faisait-il que je les comprenais si bien, que j'arrivais même à comprendre leur attachement à ces mitraillettes qu'ils tenaient comme des phallus entre leurs jambes et qu'ils ne me comprenaient pas, moi, tant de fois exilé et si semblable à eux ?

Je leur dis à mon tour l'enfant que j'avais été, là-bas, dans la lointaine Pologne ; les cadavres éparpillés au coin de la rue Smocza et de la rue Novolipki, à Varsovie, où nous habitions ; les nuits et les jours passés dans cette cave où je ne pouvais que compter les sifflements des bombes. Et le jour où, de notre balcon, serrant dans ma main de gosse des billes de bois, je vis trois Allemands en jeep pourchasser au lasso un vieux Juif qui courait devant eux en balayant les pavés de sa capote noire ; ils étaient repassés quelques minutes plus tard, traînant au bout de leur corde le corps du petit vieux enroulé dans sa capote ensanglantée. J'avais cru crier, mais ce n'est qu'aujourd'hui que je comprends que ma voix n'est pas sortie de ma gorge ; la scène s'est gravée dans ma mémoire muette, mais mon cri résonne encore dans ma tête... Quand la jeep eut disparu, je jetai mes billes de bois sur une patrouille allemande qui passait sous notre balcon. Les billes rebondirent avec un bing terrifiant sur les casques des Allemands avant de rouler dans le caniveau. Ma mère, à genoux, avait dû implorer les soldats bottés et casqués qui avaient envahi l'appartement :

« Il est petit, disait-elle, il ne savait pas ce qu'il faisait... C'est par hasard que ses billes sont tombées... Elles lui ont échappé... Il ne l'a pas fait exprès... »

Je parlai longtemps aux Palestiniens de Sabreh. La Gestapo, l'étoile jaune, les barbelés. La peur et la rage. La faim. Je parlai longtemps, et ils m'écoutèrent jusqu'au bout. Ce que je leur disais les laissait perplexes. On apporta encore du café. Cette fois, nous le bûmes en silence. Dehors, un groupe d'enfants jouaient avec des mitraillettes en bois et criaient : « A mort Israël ! Feddayin ! Feddayin ! »

Je comprenais, à leurs regards, que les Palestiniens se demandaient qui j'étais, et ce que je voulais. Ce qu'ils savaient de moi — un peintre de quarante ans qui finance avec l'argent de ses tableaux une revue politique sur le Proche-Orient ! — ne leur permettait pas plus de me classer parmi les amis que parmi les ennemis. D'autant que si on m'accusait parfois d'être un espion israélien, ou américain ou russe — quelles « fausses barbes » ne m'avait-on pas fait porter ! —, ils connaissaient mon engagement en faveur de leurs droits nationaux. Ils ne croyaient pas à l'existence d'un « peuple » juif — pour eux, être juif signifiait seulement pratiquer la religion juive — et n'imaginaient donc pas que le fait que je sois juif puisse expliquer ma démarche et ma présence chez eux.

En réalité, ils ne me recevaient que parce que j'animais le Comité international pour la paix au Proche-Orient, parce que certaines forces politiques et syndicales de gauche à travers le monde m'accordaient leur soutien ; et parce que les articles de journaux me concernant justifiaient leur curiosité. Ils savaient aussi que j'allais souvent en Israël et que je refusais de toutes mes forces la destruction de l'Etat juif. Tout cela, qui les irritait, provoquait en même temps leur respect à mon égard.

C'est en luttant pour la survie d'Israël que j'ai découvert l'existence des Palestiniens. De ce jour, je n'ai cessé d'affirmer la légitimité de leurs revendications. A la fois parce que cela me semblait essentiel et parce que c'était au bout du compte la meilleure garantie de la survie physique et morale de l'Etat juif. Dans cette région du monde que les uns nomment Palestine et les autres Eretz Israël, il y a place pour deux Etats indépendants : puisqu'on ne peut partager la justice, il faut bien partager le pays.

J'avais encore tant de choses à leur dire, à leur expliquer, que je ne savais comment m'y prendre. La création d'Israël, ç'avait été à la fois l'aboutissement d'un idéal, d'une nécessité, et une tentative pour réparer un tort irréparable. Cela, il fallait qu'ils le comprennent. Concevoir la disparition d'Israël me révoltait, et cette révolte avait le même goût que celle qui me vient de mon enfance : quand je découvris, aussitôt après la guerre, que dans le même temps où l'on gazait les Juifs, on faisait, à Paris, à New York ou à Buenos Aires, tranquillement la queue devant les cinémas. J'avais alors envie de dynamiter le Louvre, le Metropolitan, tous les musées. Pourquoi les musées ? Sans doute parce qu'ils nous assurent que nous sommes civilisés. Mais j'étais enfant. Aujourd'hui, je le ferais.

« Combien de Juifs ont été tués par les Allemands ? demanda l'un des garçons à la mitraillette.

— Six millions.

— Comment le sais-tu ? C'est peut-être encore de la propagande sioniste... »

J'ai entendu cette objection dans tous les pays arabes, et elle me met chaque fois hors de moi. Comme si on nous enviait ces morts-là.

« Je ne les ai pas comptés moi-même, dis-je. Mais j'ai

vu, à Auschwitz, une montagne plus infranchissable que le mont Hermon, terrible comme un champignon atomique, une montagne faite des centaines de milliers de chaussures des enfants brûlés dans les fours crématoires, j'ai vu…

— Ce n'est pas notre faute, m'interrompit un Palestinien avec agacement.

— C'est vrai, mais vous devriez être solidaires…

— Solidaires ? »

Il était suffoqué…

« Vous demandez solidarité et compréhension, dis-je, mais la solidarité n'est pas à sens unique. Ce qu'on a fait aux Juifs, c'est l'affaire de tous, comme aujourd'hui le Vietnam, le Biafra ou la Palestine… »

Quelque part, proche, une nouvelle rafale de mitraillette.

« Nous, reprit le même Palestinien, nous mourons six millions de fois par jour. »

2

QUAND JE SERAI GRAND...

JE suis né à Varsovie. Un million d'habitants, dont cinq cent mille Juifs, avec leurs restaurants et leurs journaux, leurs cinémas et leurs théâtres, leurs pauvres et leurs riches, leurs voleurs et leurs mendiants, leurs partis politiques, leur langue — le yiddish est ma langue natale.

Parfois, ma mère m'emmenait passer quelques jours chez un oncle par alliance. Le village où il habitait, près de Varsovie, s'appelait Grodzisk et ressemblait à tous les villages juifs d'Europe centrale. Les gens vivaient accrochés à l'air du temps, les rues sentaient bon le pain frais et le hareng salé. Sur la place, les hommes commentaient à grands gestes l'événement du jour. Les femmes, des fichus colorés cachant leurs cheveux, lavaient le linge dans des cours étroites où jouaient des enfants en bas âge. Dehors, les adolescents se poursuivaient en riant, leurs papillotes dansant au rythme de leur course. Au marché, dans la bousculade, les appels des vendeurs de journaux, les cris des volailles, je me rappelle ce vieux Juif bossu attendant depuis toujours un client pour ses trois tomates ratatinées.

Ce monde-là, fébrile, vivant, chaleureux, naguère transplanté d'Orient en pleine Europe centrale avec ses mœurs et ses prières, sa culture et ses lois, ce monde-là n'existe plus. Ceux pour qui les Juifs sont des Européens injustement imposés à l'Orient ne connaissent des Juifs que l'infime élite qui partage leurs goûts et leurs carrières. Ils ne sont jamais allés à Grodzisk, ma nostalgie. Ils n'ont jamais rencontré le peuple.

Mon père était imprimeur, comme l'avaient été son père, son grand-père et son arrière-grand-père. Dès qu'il le put, il m'apprit le métier, afin que la chaîne ne soit pas rompue. Mon père était un homme simple et bon, qui aimait les gens et les livres — il s'y regardait comme en un miroir. Il n'était pas religieux, mais suivait la tradition, et ma mère allumait tous les vendredis au soir les bougies du sabbat. Il était socialiste et militait, je crois, au syndicat des imprimeurs juifs. Il était fier de parler un peu le français : il avait passé un an à Paris où il était venu clandestinement en 1935, accroché à un wagon de train international, assister aux obsèques d'Henri Barbusse dont il connaissait les livres par cœur.

Brouillard des souvenirs. Images tremblées. Surimpressions. Un visage net, pourtant, celui du père de mon père, Abraham Halter. Une haute silhouette, papillotes et barbe blanche soigneusement peignée, regard sombre et gai à la fois, front large sous la calotte carrée, il personnifie toute la richesse de ce monde englouti.

Profondément religieux, il était familier du fameux rabbin de Guëre, chez qui il se rendait souvent pour de savantes disputes. Mais il était aussi sympathisant du « Bund », le parti socialiste juif. Le vendredi, à l'imprimerie où je venais le chercher, je me rappelle les gestes qu'il avait pour nettoyer l'atelier, couvrir de feuilles de papier blanc les machines et les tables de composition, se laver les mains et les avant-bras avant de se mettre à prier avec les autres ouvriers, juifs, pieux et barbus comme lui.

Je me rappelle aussi que nous nous réunissions chez lui pour la Pâque juive, rue Nowolipje. Quand il quittait, très tard, la synagogue, nous étions tous là depuis longtemps. Il montait lentement l'escalier, toussotait à chaque palier pour bien s'annoncer. Nous, les enfants, cessions alors de nous poursuivre dans l'appartement, nos parents rajustaient notre tenue à la hâte et tout le monde s'installait autour de la grande table. Quand le patriarche ouvrait enfin la porte, il voyait sa famille au complet et son visage s'illuminait. Il ôtait son manteau, s'installait sur les coussins qu'on lui réservait et disait :

« Bonne fête ! »

La Pâque alors commençait.

Mélange d'autorité et de douceur, de réserve et d'intérêt pour les autres, il était aussi bien à sa place à présider la table familiale que penché sur son livre de prières à la synagogue ou défilant un 1er Mai derrière les drapeaux rouges du « Bund ». On m'a dit que, quand le ghetto de Varsovie se souleva, lui, Abraham Halter, s'était jeté de son balcon, une grenade à la main, sur un char allemand.

Il m'aimait bien, je crois. Il avait voulu que je porte le nom de son père, Marek. Il m'apprenait à jouer aux échecs. J'avais trois ans et j'étais déjà terriblement impatient. Quand il voyait que je ne suivais plus le jeu, il me prenait sur ses genoux et me parlait de Varsovie.

Varsovie... Depuis le jour où, après la guerre, j'ai marché parmi les ruines de la ville, au bord de la Vistule, Varsovie n'est plus dans ma mémoire qu'un album de photos calcinées. L'une ou l'autre parfois s'anime. Alors, dans les cris des sirènes, le sifflement des bombes, les Juifs se mettent à courir, les maisons brûlent, les femmes pleurent, les uniformes vert-gris envahissent la rue, passent et repassent devant nous qui faisons la queue pour un morceau de pain. Un jour, ils ont attrapé devant notre porte un vieux à barbe blanche que ma mère avait tenté de sauver d'une rafle ; ils l'ont traîné par les pieds sur les marches de marbre où son cerveau éclaté laissait des traces jaunâtres.

Quand nous sommes venus, bien après tout cela, nous installer à Paris, comme j'ai pu envier l'insouciance de mes camarades de l'Ecole des Beaux-Arts ! Ils n'avaient pour la plupart dans leurs souvenirs que des jours ordinaires, pleins de rendez-vous, de tendresse, de vacances — d'innocence. Sans doute avaient-ils connu l'occupation, le rationnement, l'inquiétude pour l'un ou l'autre des leurs. Mais pas ce tremblement de terre qui nous arrachait nos racines et nous livrait, désarmés, à nous ne savions quels vents. Notre seul projet était de survivre.

La dernière fois que notre famille s'était trouvée réunie, c'était, peu avant la guerre, quand Hugo était venu. Hugo, je n'avais jamais entendu parler de lui et n'en entendis jamais plus parler. Il arrivait d'Allemagne, avec un sac à dos et une barbe de plusieurs jours. Ma mère lui prépara un bain et il resta quelque temps chez nous. Il dormait sur le sofa de la salle à manger. Je ne me rappelle pas son visage : seulement son nom, sa barbe et son sac à dos.

Quand mon père eut rassemblé toute la famille, Hugo raconta ce qu'on faisait aux Juifs d'Allemagne. Il parlait souvent de Hitler, ajoutant à chaque fois : « Que son nom soit maudit ! »

« Les Allemands, disait-il, seront bientôt à Varsovie. Il vous faut vous organiser ou partir. Vous n'avez plus beaucoup de temps... »

Les visages de tous étaient graves. La famille, pourtant, restait sceptique :

« Partir où ?

— En Union soviétique, disait Hugo. C'est la seule frontière que ne contrôlent pas encore les Allemands... »

Mais partir, c'était tout abandonner, sans même être sûr que la Pologne serait occupée. Hitler n'oserait peut-être pas transgresser les accords passés à Munich avec la France et l'Angleterre. Et puis Hugo exagérait peut-être : les persécutions des Juifs allemands rappelaient plutôt les pogroms tzaristes que l'inquisition espagnole. Et les pogroms, les Juifs en avaient l'habitude.

Les oncles et les cousins se mirent d'accord pour ramasser de l'argent et des vivres : il fallait aider les Juifs d'Allemagne. Mais pour ce qui nous concernait, le danger ne semblait pas menaçant.

Quand ils furent tous partis, Hugo me prit dans ses bras :

« Tu as vu ces Juifs, Marekel ? S'ils ne changent pas, ils vont tous mourir. Apprends cela : nous devons changer. La persécution n'est pas une fatalité... »

Je ne comprenais pas ce qu'il voulait dire, mais je savais que c'était lui qui avait raison. Hugo repartit le lendemain, courbé sous son sac à dos. Quelques jours plus tard, la guerre éclatait.

Il y eut d'abord trois semaines de bombardements, avec juste assez de répits pour que nous puissions rêver. Ainsi, quand nous crûmes que les Russes venaient à notre secours, les gens se mirent à danser dans les rues. Personne n'était autant capable d'espoir que les Juifs de Varsovie. Mais, suivant les accords germano-russes, si l'Armée rouge occupa effectivement une partie de la Pologne, Varsovie passa sous le contrôle allemand, et les bombardements reprirent.

Un jour, une tante vint nous prévenir, affolée, que la maison de mes grands-parents avait été coupée en deux par une bombe. Mon grand-père, qui priait dans une chambre du fond, s'était retrouvé perché, seul, comme dans un décor de théâtre, au troisième étage d'un bâtiment sans façade. Je ris beaucoup. Ma mère me faisait les gros yeux, mais je ne pouvais m'empêcher de rire — et ce fut peut-être le dernier rire de mon enfance.

Les Allemands occupèrent Varsovie. Une peur lourde, obsédante, prit la ville. Je savais qu'il se passait des choses graves et pensais tout le temps à ce que m'avait dit Hugo : si les Juifs ne changent pas, ils vont tous mourir.

Ma tante Ruth mourut. D'une maladie qui n'avait rien à voir avec les Allemands, mais enfin elle mourut. Pour moi, c'était comme si la prédiction de Hugo commençait à se réaliser.

« C'est quoi, la mort ? demandai-je à ma mère.

— Ta tante est morte, cela veut dire que tu ne pourras plus jamais la voir.

— Et vous ?

— Nous non plus. Personne ne pourra plus jamais la voir. »

Une autre fois, au coin de notre rue, des gens qui avaient faim découpèrent en petits morceaux un cheval qui avait reçu un éclat de bombe :

« Ça ne lui fait pas mal ? demandai-je.

— Mais non, puisqu'il est mort. »

Je ne voulais pas qu'on me découpe en petits morceaux, comme le cheval. Je ne voulais pas être invisible, comme la tante Ruth. Je ne voulais pas être mort.

Varsovie commençait à s'organiser une nouvelle vie. Les Juifs réquisitionnés déblayaient les rues. Les brigades spéciales de l'armée allemande patrouillaient. Elles ne s'en prenaient encore qu'aux hommes : les plus jeunes pour les envoyer « travailler » en Allemagne, les plus vieux pour leur propre distraction. Les barbes et les papillotes des Juifs religieux surtout les amusaient : ils y mettaient le feu. Une fois, j'en vis un dont le visage était en flammes. Dès que les Allemands l'abandonnèrent, des voisins se précipitèrent avec des couvertures. C'était trop tard : il ne restait de son visage qu'un magma de chairs boursouflées.

Toute cette période m'apparaît aujourd'hui comme une longue nuit confuse, pourtant trouée d'images nettes, de souvenirs précis de visages, de paroles entendues, de moments.

La plupart de ces images sont celles de gens portant des sacs, des paquets, des valises, cortège d'errants cherchant un foyer. La famille s'augmenta d'une foule de cousins que je ne connaissais pas. Ils avaient fui un village dont j'ai oublié le nom. Leurs maisons avaient brûlé. Ils n'avaient pu sauver que quelques affaires, qu'ils trimbalaient dans des paniers d'osier fermés par des ficelles.

C'est aussi le balluchon sur l'épaule que les hommes commencèrent alors à quitter la ville, les uns pour gagner la frontière soviétique, les autres, comme mon père et mon oncle, pour prendre le maquis, dont les premiers groupes, essentiellement des nationalistes pro-anglais, commençaient à s'organiser — les communistes ne devaient les rejoindre qu'après le début de la guerre germano-soviétique. Mais dans le maquis on n'aimait pas non plus les Juifs et beaucoup furent assassinés par des paysans ou même des maquisards polonais.

Quant à ceux qui avaient gagné les territoires occupés par l'Armée rouge, ils connurent des fortunes diverses. Les uns revinrent vite attendre la paix dans leurs familles : on leur avait dit que la guerre allait se terminer d'un jour à l'autre. Les autres, qu'on refusait d'accepter comme réfugiés, ne purent rester en Union soviétique qu'à condition de devenir citoyens d'U.R.S.S., se coupant ainsi de toute possibilité de retour. S'ils refusaient — comme beaucoup le firent —, on les accusait d'espionnage et on les expédiait en Sibérie. Déportation pénible qui sauva pourtant la vie à un certain nombre d'entre eux.

A Varsovie, un mur entourait déjà ce qui allait devenir le ghetto. Les portes en étaient encore ouvertes, mais peu de gens les franchissaient. « Pour aller où ? » demandait toujours une dame qui habitait chez nous et se disait une cousine.

Ceux qui avaient de l'argent pouvaient acheter, « de l'autre côté », quelques légumes, du pain et du sucre. Mais les prix qu'on faisait aux Juifs étaient tels qu'ils abandonnèrent vite. Les plus aisés avaient un moment cru pouvoir se faire héberger par des Polonais de Varsovie et des environs. Mais on disait que la plupart avaient été dépouillés de tout ce qu'ils possédaient et livrés à la Gestapo. Dans les secteurs frontière, les Polonais nous échangeaient des quignons de pain pour des couverts en argent, un peu de farine pour des meubles.

Leur hostilité nous isolait aussi sûrement que ce mur dont nous n'osions franchir les portes. Qui sortait n'était jamais assuré de pouvoir revenir : à mourir pour mourir, on préférait rester parmi les siens.

Pourtant, les portes du ghetto furent murées. Les Juifs qui habitaient d'autres quartiers de la ville ou des villages voisins avaient eu quelques jours pour nous rejoindre. A nouveau des images de gens traînant comme ils pouvaient des charrettes ou des voitures d'enfant surchargées de matelas, de vêtements, de casseroles, de paquets, tout le misérable bric-à-brac des sans-logis...

Il faisait froid. Nous entendions, dans les rues, des enfants pleurer. La faim, la peur. J'avais envie de partager quelque chose avec eux. Mais quoi ? Nous n'avions plus rien. Je pleurais aussi. Les gens qui habitaient chez nous se bouchaient les oreilles. Seul un vieux cousin restait tranquillement à prier dans son coin.

« Il a de la chance d'être sourd », disait la dame qui était une cousine. Je me rappelle très bien sa voix quand elle disait : « Ils vont à la mort », en voyant passer les convois d'hommes qu'on emmenait en Allemagne. Elle disait cela comme elle aurait dit l'heure qu'il était, sans un mot qui dépasse. Ou encore : « Tu as faim, petit. Ne t'en fais pas, tu t'habitueras. On s'habitue à tout. »

A ce moment-là, mon père et mon oncle partis au maquis, je restais seul avec ma mère dans une petite pièce de cet appartement qui n'avait plus l'air d'être le nôtre. J'avais cinq ans. Il y avait d'autres enfants dans la maison, et ils fabriquaient des poupées avec des morceaux de bois et des chiffons. Je ne voulais pas m'amuser avec eux. Les grands nous disaient de jouer, mais quelque chose me l'interdisait, sans doute le sentiment confus qu'il se passait des événements graves dont le sens m'échappait. « Il fallait changer si nous ne voulions pas mourir », disait Hugo.

Un jour, des soldats sont venus nous chercher, ma mère et moi. Ma mère pleurait, et je pleurais de la voir pleurer. Je ne voulais pas qu'on nous mette parmi ces gens qui partaient avec leur balluchon et ne revenaient jamais.

Ils nous ont emmenés dans une grande salle. Aujourd'hui encore, à mesure que les mots ressuscitent ces moments-là, je *suis* dans cette grande salle dont je ne me rappelle pourtant rien — seulement qu'elle était vaste. Deux Allemands me tiennent face à ma mère. Elle est pâle, décoiffée, elle a les yeux rouges. Un projecteur m'aveugle, me fait pleurer. Je ferme les yeux de toutes mes forces. Je n'entends plus que les voix : « Dites-nous où est votre mari, et votre fils vous sera rendu. »

Ma mère dit qu'elle ne sait pas. Je reçois une gifle, puis une autre. J'entends un cri. Ce n'est pas moi qui ai crié, j'en suis sûr. C'est donc ma mère. Je tiens mes yeux fermés. Je ne veux pas voir. Je ne veux pas savoir.

J'ignore combien de temps cela dura, et ce que dit ma mère aux Allemands pour qu'ils nous relâchent. Je ne le lui ai jamais demandé.

Je n'ouvris les yeux que lorsque je sentis le froid du

dehors sur mon visage. Il faisait nuit. Ma mère me serrait la main. Une voiture militaire nous déposa devant chez nous.

Nous nous allongeâmes sur le seul lit qui nous restait. Nous ne disions rien. Alors on frappa à la porte.

Ma mère sursauta, prise de terreur. Elle alla vers l'entrée sur la pointe des pieds. On frappa à nouveau. Une voix dit un nom. Ma mère ouvrit. C'était mon oncle.

Nous n'avons réveillé personne, ni rien emporté. Nous avons suivi l'oncle.

Nous rejoignîmes des amis à lui, qui nous firent sortir du ghetto par les égouts. Puis ils nous menèrent à un terrain vague où nous suivîmes des rails de chemin de fer. Il fallut encore marcher un moment avant de rejoindre un train de marchandises à l'arrêt. Devant un wagon attendait mon père.

Ensuite, je vis mon oncle discuter avec ses amis et leur donner de l'argent. Je crois qu'ils en voulaient davantage. En tout cas, le train partit bientôt. Nous étions dans un wagon de bétail, enfouis sous un tas de paille que bouffaient les vaches. La nuit, le train s'arrêtait à toutes les gares. Les portes s'ouvraient et de puissantes lumières balayaient l'intérieur du wagon. Je me blottissais contre ma mère. Elle mettait sa main sur ma bouche pour m'empêcher de parler. Mais je savais que nous nous cachions et j'aurais voulu arrêter les battements de mon cœur, qui me semblaient retentir comme les cloches de l'église de la rue Novolipki, devant nos fenêtres. Il y avait des appels, la locomotive sifflait, le convoi repartait et je me rendormais.

La dernière fois que le train s'arrêta, les portes s'ouvrirent en grand, des hommes montèrent, nous empoignèrent et nous jetèrent dehors. J'étais ébloui par les projecteurs et abasourdi par les cris. Le long des quais, des soldats allemands couraient derrière des chiens. « Les Juifs à gauche ! Les Polonais à droite ! » répétait un haut-parleur.

« Vous êtes juifs ? », nous demanda un officier en pointant un revolver sur mon oncle.

Mon oncle était grand, blond et fort comme un Aryen de propagande. Il eut un étonnant réflexe :

« Avez-vous du feu ? », demanda-t-il à l'officier en sortant un paquet de cigarettes de sa poche.

L'officier fut surpris. Après un instant d'hésitation, il remit le revolver dans son étui et se tourna pour chercher un briquet. A ce moment, une main m'attrapa le bras et me tira sous le wagon. Nous entendîmes des coups de fusil. Des gens se mirent à fuir dans tous les sens. C'était la pagaille. Avec mes parents et mon oncle, nous courûmes longtemps, dans des champs, dans des forêts. Moi, comme une machine détraquée, je me répétais sans fin : « Quand je serai grand, je ne le permettrai plus, quand je serai grand... »

Une patrouille de l'Armée rouge nous ramassa alors que nous errions dans les plaines d'Ukraine. On nous prit d'abord pour des espions, mais la manie qu'avaient les Russes de demander sa biographie à chacun nous sauva : mon père a écrit la sienne, et, par chance, la *Pravda* avait publié la veille un article sur les éditeurs d'avant-guerre en Pologne, dans lequel mon arrière-grand-père — qui avait « sorti » les premiers tracts révolutionnaires en yiddish — était longuement cité. Les Soviétiques croyaient au déterminisme génital : ils nous accueillirent avec joie.

Nous nous retrouvâmes je ne sais comment à Moscou. De nouveau sous les bombes. Puis on nous envoya dans un kolkhoze près de Novouzensk, aux confins des steppes kazakh. Un long voyage en train dans un paysage vide : tous les habitants de l'ancienne République allemande (1) avaient été déportés en Sibérie.

Nous sommes restés un an au kolkhoze. Je triais des pommes de terre — les grosses avec les grosses, les petites avec les petites. Les gens étaient pauvres et

(1) Les Soviétiques avaient octroyé à la population allemande vivant — une partie d'entre elle depuis plus d'un siècle — dans la région de la Volga le statut d'une république autonome dont la capitale était la ville d'Engels. N'ayant pas confiance en « ses » Allemands, pourtant russifiés et communistes, Staline décida en 1941, devant l'avance des troupes de Hitler vers la Volga, de rayer de la carte la République autonome allemande.

gentils, les maisonnettes à moitié enfouies dans le sol. L'horizon, infini, commençait à notre porte. Il y avait aussi des caravanes de chameaux, que mon père accompagnait parfois pendant quelques jours. Ma sœur Bérénice est née là. Nous l'appelions Bousia et elle pleurait tout le temps.

Les pommes de terre étaient destinées à l'armée et aux grandes villes. Il n'en restait guère pour nous. Je m'arrangeais toujours pour en cacher quelques-unes dans la doublure matelassée de mon paletot : nous n'avions rien d'autre à manger. Un jour, un froid imprévu gela une montagne de pommes de terre : le kolkhoze les expédia quand même au front.

Nous n'avions rien non plus pour nous vêtir ou nous chauffer. Les bouses de vache séchées que nous utilisions pour cuire les pommes de terre ne donnaient que peu de chaleur. Mon père alla trouver le responsable de la section du Parti pour lui expliquer notre situation.

Le responsable était un gros homme sympathique, avec une large moustache dont les pointes s'effilochaient. Il nous réunit dans la pièce qui lui servait de bureau. Il y avait là mon père et ma mère, mon oncle, sa femme et la sœur de celle-ci, ma tante Zosia et son mari, et encore deux autres familles arrivées de Pologne avant nous.

Le responsable savait que mon père avait voulu s'engager dans l'Armée rouge, mais qu'il avait été refusé pour une caverne qu'on lui trouva au poumon. Lui-même souffrait de la même maladie. Le froid n'était pas bon pour eux. Mais le kolkhoze était pauvre, et le pays était en guerre. Il ne pouvait même pas nous promettre pour l'hiver des vêtements qu'il ne savait où prendre. Il nous regardait, tous tassés dans la petite pièce. Soudain, il sourit dans sa moustache :

« Partez dans une région chaude, dit-il. Vous ne serez peut-être pas plus riches, mais au moins vous n'aurez pas froid. Je m'occuperai des billets et de la " propouska " (permis de déplacement)... Réfléchissez, mettez-vous d'accord sur l'endroit où vous voulez aller... »

Il nous laissa seuls un moment. Dès qu'il fut sorti, chacun se mit à proposer un nom. Sur la grande carte murale de l'Union soviétique, nous cherchions où aller continuer notre vie. La carte était vieille, les couleurs en étaient passées, mais le pays ne nous avait jamais paru si vaste.

« Pourquoi n'irions-nous pas à Tachkent ? », demandai-je.

Ce nom-là, personne ne l'avait dit. Moi, je venais de lire *Tachkent, la ville du pain,* d'Alexeï Tolstoï, et j'entendais rappeler ma présence. Après tout, j'avais huit ans, je travaillais et j'avais aussi mon mot à dire.

« Tachkent, ce n'est pas une mauvaise idée, reprit quelqu'un... Il y fait toujours chaud... »

C'est ainsi que nous partîmes pour Tachkent, capitale de l'Ouzbekistan. Le kolkhoze au complet nous accompagna à la gare. Nous nous embrassâmes tous, et chacun de nous reçut un petit sac de farine : notre salaire d'un an.

Cette année-là, au fond, avait passé vite, entre mes pommes de terre et les cris de ma petite sœur. J'étais mélancolique. J'avais appris le mot au kolkhoze : « Un vrai Kazakh est mélancolique », y disait-on souvent. Moi, je n'étais pas un vrai Kazakh, et pourtant j'étais mélancolique. Changerais-je en devenant Ouzbek ?

Ce fut un rude voyage. Le train n'avançait guère et la distance était énorme. Au bout de quelques jours, nous étions installés dans nos wagons comme dans des maisons. Avec des cartons et des caisses, chaque famille s'était isolée, décorant et arrangeant son coin. Nous n'avions rien d'autre à faire.

Les choses se compliquèrent quand notre train fut détourné vers la mer Caspienne : la voie directe était réservée aux transports militaires. Nous tombâmes en pleine zone de bombardements. A la première alerte, le train stoppa en rase campagne. Déjà les Messerschmitt piquaient. Nous nous dispersions dans les champs, mais les avions nous chassaient à la mitrailleuse. Nous courions en zigzag, comme des lapins. Le vacarme des moteurs, des explosions et des rafales était tel que Bousia en oubliait de pleurer.

Quand les Messerschmitt nous laissèrent, ce qui restait du train était en flammes. Nous attendîmes là, sans bouger, qu'il ait fini de brûler. Puis nous commençâmes à marcher le long des rails.

Il faisait nuit quand nous sommes arrivés à une gare. Mon père trouva du « kipiatok » — de l'eau chaude bouillie — et nous en bûmes quelques gorgées chacun. Puis je m'endormis à même le sol. Au matin, des cris m'éveillèrent. Le commissaire, debout sur un banc, essayait de calmer les gens qui remplissaient la gare : ils essayaient tous de se faire entendre et de passer avant les autres, comme toujours quand les autorités décident que quelques-uns seulement pourront partir vers ce qu'on croit être le salut.

En fait, il n'y avait qu'un train pour l'Asie, et il était déjà bourré des techniciens et de leurs familles qui allaient mettre en route les usines rapatriées des régions occupées. En se serrant encore, ils avaient pu libérer quelques places : l'ordre était de sauver en priorité les membres du Parti et les intellectuels — ceux que Lénine appelait « les ingénieurs de l'âme ».

Tout le monde s'agitait, gesticulait, haussait la voix, tentait de s'approcher du commissaire. Les cris et les pleurs montaient vers la toiture métallique, s'y cognaient, s'y mêlaient, s'y amplifiaient, s'y déformaient et retombaient sur nos têtes comme des oiseaux blessés.

Ma mère avait une carte de membre de l'Union des écrivains soviétiques : quand nous étions au kolkhoze, les journaux avaient publié quelques-uns de ses poèmes. Nous fûmes donc parmi les rares à quitter cette gare qui, nous l'apprîmes plus tard, fut bombardée le lendemain même.

Il nous fallut encore peut-être une semaine pour rejoindre Kazalinsk, et quinze jours de plus pour arriver à Tachkent. Les premiers jours surtout furent difficiles. Toutes les deux ou trois heures, les Messerschmitt piquaient sur le train, qui s'arrêtait en catastrophe. Nous nous dispersions alors dans la steppe nue, traqués par les avions. L'alerte terminée, nous remontions dans le train, qui repartait et roulait encore deux ou trois heures, jusqu'à l'alerte suivante. A nouveau la plaine, à nouveau la chasse. Chaque fois, nous perdions un morceau de train, chaque fois il nous fallait faire le compte de ceux d'entre nous qui n'étaient pas remontés. Ainsi le mari de ma tante Zosia. Le train était déjà reparti quand nous nous sommes aperçus qu'il n'était plus avec nous.

A l'approche de la mer d'Aral, les alertes se firent plus rares. Nous avons même profité d'une halte pour allumer du feu et boire pour la première fois depuis des jours, un peu de « kipiatok ». A Kazalinsk, il ne restait, de notre interminable convoi, que quelques wagons. Et encore, dans quel état !

Enfin, ce fut Tachkent. Le train resta pendant deux jours à quelques kilomètres de la gare, attendant nous ne savions quelle autorisation. Mon père et moi allâmes jusqu'à la ville chercher de l'eau pour Bousia. Tachkent était comme dans mon livre. Les hommes, vêtus de caftans colorés, coiffés de petites calottes brodées, me plaisaient beaucoup. Les femmes, par contre, avec leurs voiles noirs, me faisaient un peu peur.

On ne nous laissa pas débarquer : il y avait déjà trop de réfugiés. On nous donna une « propouska » pour Kokand. Adieu Tachkent...

Avec sa lumière et ses minarets, je sais maintenant que Kokand, ville d'Ouzbekistan, en Asie centrale soviétique, ressemblait à Marrakech. Le matin, on y était réveillé par l'appel des muezzins. D'un côté de la vallée, les monts Tien Chan et le Pamir ; de l'autre, les déserts de Kara Koum et de Kyzyl Koum.

Nous vivions à une douzaine dans une seule pièce et dormions à même la terre battue. Je ne sais plus comment, mais quelqu'un avait déniché un bocal de pêches au sirop. Plus qu'un luxe, un rêve. Nous avions découpé une pêche en toutes petites tranches afin que chacun puisse y goûter, et nous avions gardé le reste pour le jour de l'an, offrande inouïe à ceux qui survivraient.

Chaque jour, après le travail, nous regardions, affamés et fatigués, le pot de pêches qui trônait comme un objet sacré sur l'unique étagère de la pièce. C'était pour nous le symbole d'un autre temps et d'un autre monde, à la fois souvenir et promesse. Un soir, ma tante pointa le doigt vers l'étagère :

« Il manque une pêche ! »

Tous les visages se tournèrent aussitôt vers moi, qui étais le plus jeune :

« C'est toi qui as pris la pêche ? me demanda ma mère.

— Non.

— Tu mens ! », dit ma mère.

Elle me donna une gifle.

Pour la première fois je compris, et d'un coup, l'injustice et la misère de la vie que nous vivions. J'avais dix ans, et je ne fus plus jamais un enfant.

Des dizaines de milliers de réfugiés s'entassaient dans des baraquements autour de la ville. Nous n'avions pour toute nourriture que ce que l'U.N.R.R.A. (1) pouvait nous donner, et qui n'était pas beaucoup. On voyait des squelettes vivants trébucher dans les rues et soudain s'effondrer. On les entassait sur des « arbas », hautes charrettes à deux roues, et on allait les déposer à l'orée du désert. Un jour vint le tour de ma petite sœur. Mes parents étaient tous deux couchés, frappés de typhoïde, à l'école communale transformée en hôpital. J'avais confié Bousia à une maison d'enfants. Elle y mourut. De faim, m'a-t-on dit. Elle avait deux ans.

Kokand... Un âne trotte devant nous, secouant le bonhomme qui veut nous échapper. Nous courons pieds nus. Le sol est brûlant, chauffé depuis l'aube par un soleil que semblent multiplier, comme des miroirs, les sommets enneigés du Pamir. Sur les flancs du bourricot ballottent deux sacs de riz. Du riz. Le riz, c'est le salut. « Trouve du riz, m'a dit une infirmière, trouve du riz si tu veux sauver tes parents. »

C'est moi qui rattrape l'âne. Un coup de lame dans un sac puis dans l'autre. Des flots de petits grains blancs.

(1) United Nations Relief and Rehabilitation Administration, organisme d'assistance aux réfugiés d'Europe et d'Extrême-Orient constitué le 9 novembre 1943. Cessant de fonctionner en 1949, il ressuscite un an plus tard sous le nom de U.N.R.W.A. (United Nations Relief and Work Agency) pour aider les réfugiés palestiniens.

Mes camarades et moi y remplissons nos casquettes comme à une fontaine. L'ânier ne crie même pas. Il a peur et ne pense qu'à se sauver.

Les hommes étaient à la guerre, les femmes travaillaient dans les usines rapatriées de Biélorussie occupée. C'étaient nous, les gosses, qui faisions la loi en ville. On nous appelait les houligans — les voyous. Nous faisions des descentes sur les endroits privilégiés du marché noir, dévalisions les appartements des bureaucrates — les plus riches — et, la nuit, attaquions même les passants.

J'étais devenu houligan par hasard. Un jour que je portais à mes parents, à l'hôpital, un panier de nourriture, des voyous m'avaient attaqué. Ils avaient mon âge. J'enrageais. « C'est facile, criais-je, à sept contre un ! Tout ça pour me prendre ce que je porte à mes parents malades ! Attaquez-vous plutôt aux riches, fils de putes ! »

« ... Tu as raison, dit l'un d'eux. On va se battre à un contre un. Tu commences avec moi... »

Nous nous sommes battus longtemps à côté du panier. Il était plus fort que moi, mais j'étais plus tenace. A la fin, épuisés, meurtris, nous sommes tombés ensemble dans la poussière. Les autres riaient. Nous avons parlé. Ils m'ont accompagné à l'hôpital pour vérifier que je ne leur avais pas raconté d'histoires, puis ils m'ont donné rendez-vous pour le soir.

Ils m'ont emmené à Kalvak, un terrain vague de la ville basse, là où les bandes se réunissaient pour régler leurs comptes, raconter des blagues, chanter en chœur, fêter les bons coups et juger les « traîtres ».

Derrière leurs couteaux, ces garçons étaient en vérité des tendres qui rêvaient d'une autre vie, d'une autre société. Ils ne parlaient pas politique, ne critiquaient pas le système et respectaient le guide des peuples de l'Union soviétique, Yossif Visarionovitch Staline. Mais ils trouvaient injuste que les directeurs d'usines aient plus de privilèges que leurs parents ouvriers. Et dans les histoires qu'ils aimaient, la camaraderie primait l'intérêt, la justice triomphait de la fourberie, les héros risquaient leur vie pour l'honneur.

Ce soir-là, à Kalvak, je me suis mis, je ne sais plus

comment, à raconter *Les Trois Mousquetaires* à mes nouveaux amis. D'autres groupes se joignirent à nous. Au petit matin, ma renommée était faite. Je devins « Marek tcho khorocho balakaïet » — Marek qui raconte très bien.

Les durs de quatorze ou quinze ans me traitaient d'égal à égal et me voulaient tous dans leur bande : je ne volais pas mieux que les autres, mais j'étais capable de raconter des histoires qui duraient toute la nuit — Victor Hugo, Alexandre Dumas, Gogol, Sienkiewicz...

Mon père se faisait mal à l'idée que j'étais un houligan. Pourtant, quand il sortit de l'hôpital et qu'il commença à travailler de nuit, il fut souvent, m'a-t-il raconté plus tard, épargné par les bandes qui l'attaquaient : « Laissez-le, laissez-le, c'est le père de Marek ! »

J'avais peut-être douze ans quand les responsables d'un mouvement de jeunesse communiste, les Pionniers, me firent entrer dans la section locale. J'en devins vite le chef. Ils étaient ravis d'avoir récupéré un voyou doué du talent d'organisation, et j'étais heureux d'être enfin accepté quelque part. Depuis que la mémoire me portait sur les eaux de l'exil, c'était la première rive dont le courant ne m'arrachait pas. J'étais fier, aussi : j'étais soviétique. Nos soldats luttaient contre ce nazisme que ma famille avait fui, et ils mouraient pour ma liberté. Et puis, à l'école, les autres m'avaient dit en riant que notre professeur de russe était amoureuse de moi. Elle avait vingt ans et elle était blonde. J'étais flatté comme un homme et inquiet comme un enfant ; en vérité, je n'étais ni l'un ni l'autre.

Mais ce poste de chef des Pionniers, la guérison de mes parents, les victoires de l'Armée rouge et les longs regards troublés de notre professeur faisaient un tout, et, pour la première fois de ma vie, j'étais heureux.

Un jour, lors d'une réunion de la direction des Pionniers de Kokand, je proposai un programme de festivités pour l'anniversaire de la Révolution d'Octobre. Mes camarades s'y opposèrent : « Nous sommes ici en Ouzbekistan, me firent-ils remarquer, et tu ne connais pas nos problèmes. » Ils étaient imprégnés de nationalisme ouzbek, le dirigisme grand-russien les exaspérait et ils acceptaient mal qu'un Juif polonais les commande.

« D'ailleurs, continuèrent-ils, de quelle république es-tu ?

— Je suis d'Union soviétique.

— L'Union soviétique est faite de républiques et de régions autonomes... »

Je voulus répondre, mais le bégaiement brutal qui me saisit, comme chaque fois que je m'énerve, déclencha le fou rire. J'abandonnai la discussion. Après tout, ils avaient peut-être raison : je n'étais pas ouzbek, et je n'étais pas chez moi. Staline avait bien essayé de créer une région autonome juive, Le Birobidjan, en pleine taïga sibérienne, y déplaçant de force des milliers de Juifs, mais il n'y avait de juif en Birobidjan qu'une inscription en yiddish : le nom de la gare d'arrivée. Peut-on imposer une patrie à un peuple sans qu'il y trouve ses racines historiques, mythiques ou culturelles ?

La Palestine, en revanche, faisait partie de mon histoire. On en parlait aux sources de mon enfance et je la redécouvrais dans les poèmes de Pouchkine, de Lermontov. Je la retrouvais aussi dans le vieil atlas que nous avions déniché, mon professeur de russe et moi, en fouinant dans son grenier. J'étais frappé par les noms de villes inconnues et pourtant familières : Jérusalem, Safed, Tibériade, Jéricho, Jaffa... Elles m'étaient inexplicablement plus chères que ces villes que je connaissais et que j'aimais : Kokand, Tachkent, Samarkand, Boukhara.

Alors, pourquoi pas une république juive en Palestine ? C'est ce que je demandai dans un article publié par le *Journal des Jeunes* d'Ouzbekistan, dans lequel je racontais notre réunion. Depuis l'exode des Hébreux, écrivais-je, il n'y avait pas eu d'Etat indépendant en Palestine. Le pays était occupé par les Anglais ? Il fallait lutter contre cette occupation impérialiste. Un autre peuple y vivait aussi ? Il fallait donc créer un Etat binational et socialiste. On résoudrait ainsi le problème juif et le socialisme pénétrerait au Proche-Orient. Je ne me rendais pas compte que mon éducation soviétique me faisait réinventer le sionisme.

Mon article ne reçut pas l'accueil que j'espérais. L'Union soviétique ne s'intéressait pas encore à la lutte anticolonialiste des Juifs de Palestine. Il n'était pas encore question de convertir les Arabes au socialisme, et les Britanniques étaient des alliés — ils venaient même de mettre en déroute les armées de Rommel. Ce qu'il restait de ma théorie ? L'impossibilité pour les Juifs de résoudre leur problème national dans le cadre de l'Union soviétique.

Le rédacteur en chef du journal fut limogé, et mes parents mis en quarantaine. Leurs amis, les croyant responsables de mes idées, s'attendaient à notre déportation imminente et craignaient de leur parler. Après une discussion orageuse avec un responsable du Parti, devant qui je refusai de faire mon autocritique, je fus remplacé par un jeune Ouzbek au poste de chef des Pionniers de Kokand. Cela me parut normal.

On ne nous déporta pas. Mes parents retrouvèrent leurs amis et moi les voyous.

Pour je ne sais quelle raison, le Parti me repêcha à nouveau. On m'inclut dans la délégation des Pionniers d'Ouzbekistan qui allait participer à la fête de la Victoire à Moscou. La victoire... Nous l'avions apprise un matin et nous ne savions pas ce que cela signifiait. Tous ces drapeaux rouges, ces chants patriotiques, ces yeux en larmes, nous n'en saisissions pas le sens : la guerre faisait partie de nous-mêmes. Ce n'est qu'à l'arrivée des premiers démobilisés, des blessés en majorité, que nous avons compris que la guerre était finie.

Je ne me rappelle pas grand-chose de Moscou — de la forme des bâtiments, de la largeur des rues ou de la couleur de la Moskova. Je me rappelle seulement les gens, la foule, l'air de fête. Des larmes et des rires, des musiques d'accordéon, les hymnes de l'Armée rouge diffusés par haut-parleurs. Les délégations venues des quatre coins du pays dans les costumes nationaux de leurs républiques. Les soldats aussi, des quantités de soldats ; certains blessés s'appuyaient sur des béquilles, d'autres sur les épaules de camarades. L'un d'eux, près de la statue de Pouchkine, racontait comment on avait pris Berlin.

La *Pravda* avait publié, par nationalité, la liste des héros de l'Union soviétique, et les Juifs étaient cités parmi les premiers. Cette victoire était donc aussi la mienne. J'étais l'égal des autres, et heureux comme eux.

Au dernier moment, on me désigna pour offrir à Staline le bouquet des pionniers d'Ouzbekistan. Staline ressemblait aux photos de lui que j'avais vues sur les bâtiments publics ou dans mon livre d'histoire d'Union soviétique. Il saluait d'un geste qui me paraissait familier la foule massée sur la place Rouge.

On me plaça, à la tribune, parmi une vingtaine de garçons et de filles. A tour de rôle, nous devions lui offrir notre bouquet. Il avait un mot gentil pour chacun et la foule applaudissait. Quand ce fut à moi, mon émotion était telle qu'il fallut me pousser. Staline prit mes fleurs, me passa la main dans les cheveux et dit quelque chose que, troublé, je n'entendis pas.

Celui qui ignore ce que représentait Staline pour des dizaines et des dizaines de millions de personnes, celui qui n'a pas partagé la vénération dont on l'entourait, celui qui n'a pas ressenti le choc que suscitait sa voix tranquille quand tout paraissait céder devant les tanks nazis — « Il y aura fête aussi dans notre rue ! » —, celui qui n'a pas échappé au ghetto pour porter ses fleurs à « l'architecte de la victoire », celui-là peut difficilement comprendre les battements de cœur, et l'angoisse, et l'orgueil du gamin que j'étais.

A Kokand, tout le monde voulut savoir comment il était, ce qu'il m'avait dit, les vêtements qu'il portait. En vérité, je ne savais pas ce qu'il m'avait dit, et il était comme toujours. Mais je l'avais vu, et je faisais partie de sa gloire.

Je n'en profitai guère : nous partions à nouveau. Un accord entre le gouvernement soviétique et le gouvernement provisoire de Lublin (1) permettait le retour dans leur pays des ressortissants polonais. Nous rentrions donc en Pologne. Et quand les minarets de Kokand, les visages de mes camarades et les larmes de mon professeur de russe disparurent dans la fumée de la locomotive, j'étais aussi triste que lorsque, deux ans plus tôt, nous avions quitté le kolkhoze. Je savais pourtant que je n'étais pas plus Ouzbek que je n'avais été Kazakh.

En route, notre train fut attaqué par des paysans polonais. Ils nous jetaient des pierres et nous injuriaient : « Sales Juifs ! criaient-ils. Allez ailleurs ! Dehors les Juifs ! Pas de Juifs chez nous ! »

Nous nous installâmes à Lodz, ce Manchester polonais. Il nous fallut nous organiser en groupes d'autodéfense contre les manifestations antisémites. Nous allions par exemple à la sortie des écoles protéger les gosses juifs contre les bandes organisées qui les attaquaient. Cela finissait souvent en batailles rangées, à coups de bâtons et de bouteilles brisées. Je reçus même un coup de couteau.

Il devenait de plus en plus pénible pour les enfants juifs de fréquenter les écoles polonaises. Aussi, dès que le gouvernement autorisa l'ouverture d'un lycée juif, je m'y inscrivis avec les autres. C'était le lycée I. L. Peretz, du nom d'un écrivain yiddish. Nous y discutions beaucoup. Je me rappelle surtout ce que nous disait notre professeur d'histoire : « Je ne vous demande pas de vous rappeler la date des événements, mais d'essayer de comprendre pourquoi ils ont pu avoir lieu. »

Comprendre, je ne demandais que cela. J'étais à l'âge où l'on commence à se forger des convictions à partir d'un mélange d'expérience et de connaissance. De plus, la dialectique marxiste fournissait à mes questions un ensemble de réponses cohérentes. L'antisémitisme ne me surprenait pas, mais je ne m'y résignais pas pour

(1) Par opposition au gouvernement polonais en exil soutenu par les Alliés et dont le siège était à Londres, Staline avait créé un gouvernement provisoire polonais proclamé officiellement le 22 juillet 1944 à Lublin, ville polonaise libérée, sous la présidence d'un socialiste, Osóbka-Morawski.

autant. Tandis que là-bas, en Palestine, les Juifs se battaient contre l'impéralisme britannique pour un Etat juif et, nous l'espérions, socialiste, je me considérais mobilisé là où j'étais : je devins un dirigeant de la Jeunesse borochoviste, mouvement sioniste d'extrême gauche (1).

Un jour, pour l'inauguration du monument élevé à la mémoire des combattants du ghetto de Varsovie, nous organisâmes, avec d'autres groupes juifs, une marche dans la ville. Par trains et par camions spéciaux, nous avions fait venir tout ce qui restait des trois millions de Juifs de Pologne : 75 000 rescapés des camps et des maquis — un sur quarante.

C'était en mai. Il faisait beau et le soleil s'amusait dans les vitres cassées de quelques façades encore debout. On avait déblayé un passage dans les rues dévastées. Nous marchions silencieusement à travers les ruines de l'immense cimetière qu'était devenue Varsovie. Je me rappelle ce silence, que découpaient seuls le bruit de nos pas et le claquement des drapeaux — des drapeaux rouges et des drapeaux bleu et blanc. Des deux côtés de la rue, des Polonais, venus des quartiers intacts, nous regardaient passer. Ils semblaient surpris que nous ne fussions pas tous morts. Parfois, ils crachaient devant eux, dans la poussière. Parfois, nous entendions : « Comme des rats ! Ils sont comme des rats ! On a beau les tuer tous, ils sont toujours là ! » Nous serrions les poings, mais la consigne était de ne pas répondre. La consigne était le silence. Le silence...

J'étais dans le groupe de tête et portais un grand drapeau rouge trop lourd pour moi. Face à ces gens tranquillement installés sur ce qui restait de nos maisons, cages d'escaliers, pans de murs, cheminées calcinées, j'avais envie de chanter le chant des maquisards juifs :

Du pays des palmiers
Et de celui des neiges blanches

(1) Ber Borochov (1881-1917) était l'idéologue du sionisme prolétarien.

Nous venons avec notre misère
Notre souffrance.
Ne dis jamais
Que tu vas ton dernier chemin.
Le ciel plombé
Cache le bleu du jour.
Notre heure viendra
Notre pas résonnera
Nous sommes là.

Et nos pas résonnaient. Et nous étions là. Un jeune officier juif de l'Armée rouge, près de moi, lâcha une rafale de mitraillette en l'air. Des policiers s'approchèrent, nous firent nous arrêter. « Ce sont nos souvenirs qui explosent ! » répondit tristement le Soviétique, et la colonne repartit dans le raclement des gravats.

Nous participions aussi, auprès des Jeunesses communistes, à des manifestations contre Mikolajczyk, Premier ministre parachuté d'Angleterre, où il retourna quand le vieux Bierut eut repris le pouvoir. L'antisémitisme ne disparut pas, contrairement à ce que nous avions voulu croire, mais la lutte ne me faisait plus peur : j'avais quatorze ans et un revolver.

Le bloc communiste commença à soutenir la révolution nationale juive en Palestine. Ce sont des officiers soviétiques et tchèques qui nous apprenaient à vivre dans la clandestinité, à organiser des combats de rue, à nous servir des armes qu'ils nous donnaient. Un camp d'entraînement nous était même réservé dans les Carpathes. C'était un vieux château aux parquets superbes où nous faisions des stages d'un mois : cours accélérés de marxisme, d'hébreu, d'histoire de la Palestine ; maniement d'armes, fabrication de bombes, longues marches dans la montagne…

Il n'y avait pas deux ans que j'avais écrit mon article dans le *Journal des Jeunes* d'Ouzbekistan, et l'Histoire avait déjà changé. J'étais à nouveau dans le courant. Pour combien de temps ?

La proclamation de l'Etat d'Israël fut fêtée par le gouvernement polonais. Les Juifs de la génération de mes parents criaient au miracle. Pas moi. Cette affirmation de notre identité me paraissait normale — peut-être parce que j'avais un revolver dans ma poche.

Bien des années plus tôt, nous allions dans la nuit, mon père et moi. Varsovie était vide. Nous étions maigres et nous avions faim. Soudain, une bande de voyous nous entoura. Ils voulaient de l'argent. Mon père n'en avait pas...

« Alors, sale Juif, tu vis dans notre ville et tu n'as même pas de fric ? »

Mon père reçut un coup de tête dans la mâchoire. Il se mit à saigner et la bande se dispersa en riant.

J'en voulus longtemps à mon père de n'avoir pas réagi, de ne s'être pas battu. Il n'était plus pour moi l'autorité qu'on respecte, qu'on craint et qu'on aime. Mais, par la suite, chaque fois qu'il souriait, la bouche légèrement pincée d'un côté à la suite du coup qu'il avait reçu, je m'en voulais de ne pas avoir au moins essayé de le défendre.

Je compris bien plus tard que l'attitude de mon père était l'expression d'une culture. En Pologne, avant la guerre, quand un prince, traversant à cheval un village qui lui appartenait, se mettait à cravacher un Juif, celui-ci ne se révoltait jamais. Tout juste, regardant le prince avec condescendance, disait-il : « Pauvre homme... » Et il avait sincèrement pitié de celui qui devait cravacher quelqu'un pour affirmer son pouvoir. Le seul pouvoir admis chez les Juifs était le pouvoir de l'esprit. On admirait les gens de science et ceux qui connaissaient la Bible, le Talmud, les sciences et la littérature. C'est sans doute une des raisons pour lesquelles la révolte du ghetto de Varsovie éclata si tard. Elle fut d'ailleurs faite par des jeunes dont le but était de changer la société en général et la société juive en particulier : les sionistes de gauche, les socialistes du Bund et les communistes.

Nous autres, enfants de la guerre, nous comprenions bien qu'il nous fallait à tout prix préserver cette culture, ces valeurs, dont nous étions les héritiers douloureux et qui nous rendaient les autres plus proches. Mais, à la différence de nos parents, nous entendions conquérir notre identité nationale. Les armes à la main s'il le fallait.

C'était cela que signifiait ce revolver qui ne me quittait plus. Je n'en étais pas spécialement fier. L'attitude des Juifs des villages m'était à tout prendre plus proche. Mais si on n'accordait leur identité qu'à ceux qui portait un revolver, alors je porterais un revolver. Homme armé parmi les hommes armés, loup parmi les loups, ce monde ne laissait-il pas d'autre choix ? Fallait-il tant renier pour être enfin soi-même ?

Quelque temps plus tôt, mon père avait fait passer une annonce dans les journaux : il demandait à nos familiers et amis survivants de nous donner signe de vie. Parmi les réponses, il y avait celle d'un petit copain du ghetto, Daniel, et de sa mère, qui s'étaient perdus dès le début de la guerre et ne savaient, depuis, rien l'un de l'autre. Ils s'étaient ainsi retrouvés chez nous.

Avec Daniel, nous étions allés nous promener dans la rue. C'était le soir. Je lui racontai le kolkhoze, Kokand, Moscou. Il me dit à son tour la succession d'aventures qu'il avait vécues. Tout d'abord, il avait fait partie d'un contingent de quelques milliers d'enfants juifs que l'Allemagne acceptait — trop contente de s'en débarrasser — de laisser sortir de Pologne à la demande de la communauté juive de Palestine. Mais la puissance mandataire, l'Angleterre, avait refusé son autorisation « pour des raisons de sécurité ». C'est ainsi que Daniel s'était retrouvé, avec des centaines d'autres enfants, dans un train pour Auschwitz. Dans son wagon, il n'y avait que deux soldats allemands pour garder des dizaines d'enfants. Daniel avait en vain essayé de persuader les gosses de tuer les gardes. Ils avaient peur. Un seul suivit Daniel quand il sauta du train en marche — et se tua en tombant. Daniel avait été recueilli par un paysan polonais, qui l'avait élevé comme son fils.

Nous étions ainsi tout occupés à nous raconter notre guerre sur le boulevard Kosciuszko quand un groupe de Polonais nous attaqua :

« Alors, petits Juifs, contents d'être revenus ? »

Ils commencèrent à nous frapper. Nous nous défendions comme nous pouvions, mais nous n'étions que deux, tandis qu'eux étaient nombreux. Ils nous frappèrent longtemps.

Une patrouille de police nous ramassa et nous ramena à la maison. Je dus garder le lit plusieurs jours.

J'étais à nouveau malade quand Daniel, avec tous mes amis de la jeunesse borochoviste, partit sur l'*Exodus*, ce bateau surchargé de réfugiés juifs qui tenta en vain d'aborder « en Terre promise ». Sans une pneumonie à complications, j'aurais été avec eux.

L'*Exodus* fut arraisonné par la marine de guerre britannique. Les Juifs se défendirent, et furent internés à Chypre, dans des camps. A nouveau des barbelés. Certains — parmi lesquels Daniel (1) — purent s'échapper et arrivèrent clandestinement en Palestine, juste à temps pour participer à la guerre de 1947-1948. Deux de mes amis y moururent, dont Jerzy, le petit vendeur de cigarettes du ghetto. Il avait seize ans, l'autre n'en avait que quinze.

Quant à nous, nous apprîmes que mon oncle David, qui s'était installé en France bien avant la guerre, avait survécu à l'occupation et vivait à Paris avec sa femme et sa fille. C'était le seul survivant de la famille. Il nous envoya des visas et un contrat de travail pour mon père.

A nouveau le train. Frontières, douanes, polices. Interrogatoires : « Pourquoi quittez-vous la Pologne ? Avez-vous l'autorisation de sortir tous ces livres ? » Prague, ville belle et triste. Paris enfin, gare de l'Est. L'oncle David nous attendait. Il habitait place des Fêtes.

Tout était nouveau, et m'enivrait. L'odeur du métro, la foule des grands boulevards où je me laissais porter, les étalages de fruits et légumes, les enseignes lumineuses, les marchands de nougat, les baraques foraines, les vendeurs de journaux politiques. Rien ne m'avait préparé à vivre dans une société d'abondance et de pluralisme idéologique. J'eus beaucoup de peine à m'y faire, ne parvenant même pas à apprendre le français, symbole de mon dépaysement.

Je rencontrai un jour, je ne sais plus comment, une fille qui parlait polonais et apprenait la pantomime avec Marcel Marceau. Une fois, je l'y accompagnai. Autour

(1) Aujourd'hui ingénieur en Israël.

de Marceau, tout un groupe de jeunes préparait un spectacle. Incapable de communiquer, je me barbouillai, comme eux, le visage.

Le jeu des couleurs et des formes, ce fut une révélation, une passion subite. A Kokand, j'avais, dans une ruelle de la ville basse, rencontré un peintre occupé à fignoler un paysage, et ce souvenir m'avait laissé un sentiment confus : j'étais à la fois empli d'admiration, puisqu'on pouvait traduire le visible par un autre visible, et d'incertitude, puisque ce visible, moi, je le voyais autrement. A Paris, ce fut vite décidé : je serais peintre.

Pour pouvoir m'acheter des toiles et des couleurs, je travaillais de nuit dans une imprimerie yiddish. Le jour, je peignais ou passais des heures au Louvre à regarder « La bataille » d'Uccello. Puis je m'inscrivis à l'Ecole des Beaux-Arts.

Mais il fallait aussi continuer à militer. Mon choix politique n'avait pas changé : soutien à l'Etat juif encore menacé et lutte pour le socialisme partout dans le monde. Des membres de la Jeunesse borochoviste en France me contactèrent. Je les rejoignis et devins vite un des dirigeants du mouvement. Notre objectif était double : préparer les jeunes à aller en Israël, mais aussi, ce qui nous distinguait des autres groupes sionistes de gauche, lutter sur place, là où nous nous trouvions, pour l'avènement du socialisme.

C'est à cette époque que je rencontrai Clara — nous nous mariâmes quelques années plus tard. Borochoviste convaincue, elle était, comme beaucoup de nos camarades, très stalinienne. Ce que je pouvais leur raconter de l'Union soviétique les laissait sceptiques : la terreur que faisait régner la police politique, le climat de délation et d'insécurité individuelle, les camps d'internement, les « chantiers » où, comme j'avais pu le voir, entre les rivières Syr-Daria et Amou-Daria, des milliers de prisonniers creusaient comme au temps des pharaons, et sans savoir pourquoi ils étaient là, un canal sans fin dans les sables brûlants du Kyzyl Koum... J'étais socialiste de toutes les fibres de mon être, et ce qu'on commettait au nom du socialisme me révoltait d'autant plus. Mes amis me répondaient — déjà ! — que critiquer l'U.R.S.S. ne pouvait que faire le jeu de l'impérialisme. Ils admettaient qu'il pouvait y avoir des « bavures », mais qu'elles étaient de peu de poids en regard de la victoire de Staline sur le nazisme.

En tout cas, nous participions aux différentes actions des Jeunesses communistes de France. C'est ainsi que, lors du défilé du 1er mai 1949 à Paris, les représentants de deux mouvements de libération furent salués et applaudis : les Algériens derrière le portrait de Messali Hadj et nous avec nos drapeaux rouges et bleu-blanc. Je fus même félicité par Maurice Thorez et Marcel Cachin, dirigeants du Parti communiste français. L'Union soviétique ne jurait que par Israël, le Parti faisait des collectes pour y envoyer des ambulances et le kibboutz était donné à toute une génération comme le modèle de vie communautaire.

Israël, j'y allai pour la première fois en 1951. Et quand, après cinq jours de mer, le mont Carmel et la ville de Haïfa nous apparurent, palpitant dans une brume de chaleur, je me mis à pleurer d'émotion. Sans cette maladie de pudeur qui m'a toujours encombré, j'aurais embrassé la terre poussiéreuse, comme jadis Yéhouda Halévy (1) et comme la plupart de ceux avec qui je débarquai.

Je savais pourtant déjà que je n'y resterais pas. Le combat que j'avais mené pour l'établissement d'un Etat juif, pour la reconnaissance d'une identité nationale juive, ce combat avait perdu sa raison d'être depuis que l'Etat d'Israël existait. Pour moi, en moi, nos problèmes de toujours étaient résolus. J'étais désormais comme les autres. Ce qui m'intéressait alors par-dessus tout, c'était de peindre.

En Israël, je traînai beaucoup, quelques mois ici, quelques mois là, éperdu de curiosité. Je discutais avec les jeunes Arabes des villages. Je n'étais pas, comme Marx Nordau, le vieux leader sioniste, étonné qu'il y eût déjà des habitants en Palestine. Pour moi, un Etat

(1) Poète et philosophe juif à l'époque des califes en Espagne. Arrivant pour la première fois en terre d'Israël selon la légende, il se baissa pour embrasser le sol. Un musulman à cheval qui passait par là le décapita d'un coup.

palestinien naîtrait un jour aux côtés d'Israël, sur les territoires momentanément usurpés par le roi Abdallah. J'étais même convaincu que c'est par les Palestiniens que les idées des socialistes juifs pénétreraient le monde arabe.

Quand je rentrai à Paris, l'avenir m'apparaissait plutôt heureux, conforme en tout cas à ce que j'en espérais. Les Juifs avaient enfin pris leur destin en main et le socialisme était plein de promesses. J'étais tout à fait en paix avec moi-même.

... « Pourquoi nous racontes-tu tout ça ? demanda un Palestinien.

— Parce que, pour se comprendre, il faut se connaître. Il est temps que vous sachiez qui sont les Israéliens, d'où ils viennent, ce qu'ils veulent et ce qu'ils ne veulent plus... Je ne suis pas israélien, mais je sais qui ils sont, comme je sais qui vous êtes... »

Il y eut un silence.

« Ont-ils peur de la mort ? demanda quelqu'un.

— Ils ont pris goût à la vie, dis-je.

— Et toi, que sais-tu de la mort ? »

3

LA MORT DANS LA MÉMOIRE

A Kokand, j'étais ami avec un vieil Ouzbek qui racontait des histoires. L'après-midi, il s'installait sur un banc du parc de la Révolution d'Octobre et attendait le soir. J'allais, chaque fois que je le pouvais, m'asseoir près de lui. Je lui faisais un peu de conversation puis, comme un cadeau, il me donnait une histoire :

« Ecoute-moi bien, moï maltchik, mon enfant… »

Il me semblait parfois qu'il inventait les histoires à mesure qu'il les disait de sa voix lente et un peu sourde. J'aimais bien. Il y avait toujours, à la fin, la mort.

Un jour, il me désigna de sa canne une vieille bâtisse surplombée de tours, où logeaient alors les prisonniers de guerre japonais :

« Tu vois ce château, moï maltchik ? Eh bien, autrefois, c'était le château du khan de Kokand, un khan très puissant, le frère du khan de Samarkand. On dit qu'il était très aimé de son peuple. On dit aussi que tous les soirs, quand il s'enfermait dans ses appartements, son fidèle garde, qui était aussi son confident, faisait le tour du château pour vérifier que les sentinelles étaient bien à leur poste… »

Un soir, en faisant sa ronde habituelle, il rencontra la Mort qui rôdait.

« Que fais-tu ici ? lui demanda le garde.

— Je viens chercher ton maître », lui répondit la Mort.

Affolé, le garde courut réveiller son maître, lui fit part de sa rencontre et lui conseilla de s'enfuir chez son frère le khan de Samarkand. On sonna les trompettes, on sella les chevaux, et le khan entouré de sa suite partit au galop dans la nuit.

Au bout de quelques semaines, bien installé chez son frère et emporté par les festivités qu'on donnait en son honneur, le khan de Kokand oublia complètement la Mort. Son fidèle garde continuait, selon ses habitudes, à faire sa ronde autour des appartements de son maître. Un soir, il rencontra à nouveau la Mort, qui rôdait devant le château :

« Que fais-tu donc ici ?

— Je viens chercher ton maître.

— Mais c'est à Kokand que tu devais le prendre !

— Je voulais justement te remercier, dit la Mort, de l'avoir fait venir à Samarkand, car c'est ici que je devais le prendre... »

Le vieil Ouzbek se tut.

« Et comment le garde a-t-il reconnu la Mort ? demanda l'enfant que j'étais.

— Tu sais, moï maltchik, la Mort, quand elle est là, tu la reconnais tout de suite... »

Quand, des années plus tard, alerté par ma mère à la fin d'une de ces journées froides et humides d'hiver parisien, j'arrivai rue Boucry, je la reconnus aussitôt : la Mort était là.

Mon père était allongé dans cette chambre qui avait été longtemps la mienne, au fond de l'appartement. Une crise cardiaque, avait dit un médecin.

Quand j'entrai, il ouvrit les yeux, me sourit, du sourire confiant qu'il avait toujours en me voyant. Il a toujours cru que moi, son fils, je pouvais tout arranger. C'était ainsi à son travail, à l'imprimerie où il m'a appris le métier, ou encore quand il se trouvait en délicatesse avec cette bureaucratie d'Etat dont il se défiait autant qu'il la respectait.

J'appelai mes amis médecins. Ils étaient encore dans les embouteillages quand mon père cessa de respirer. Son cœur s'est arrêté de battre, son pouls a disparu, il cessa de respirer et le miroir que je lui mis devant la bouche resta lisse.

Aidé de ma mère, j'appliquai à mon père des compresses chaudes, puis entrepris de lui masser la poitrine, de toutes mes forces. Sous la pression de mes mains, ses os craquaient. Au bout d'un moment, je sentis son cœur bouger. Un râle sortit de sa gorge, puis un autre. Il ouvrit les yeux et posa sur ma mère un regard muet. Puis sur moi. Ses lèvres ont remué, d'abord sans bruit, puis des mots sont venus de sa gorge :

« Qu'est-ce qu'il y aura ? »

Pourquoi n'ai-je pas attendu pour répondre ? Je savais qu'il ne mourrait pas sans avoir sa réponse. Pourquoi n'ai-je donc rien trouvé à dire que ce que l'on dit habituellement ? Je répondis vite :

« Tu verras, tout ira bien. »

Mon père sourit tristement, hocha la tête et cessa de vivre.

La dernière fois que j'avais vu un mort d'aussi près, c'était à Buenos Aires. J'avais obtenu un permis pour peindre un cadavre dans une morgue. A dire vrai, je n'étais pas très fier quand au soir tombant je me présentai avec mon permis, ma boîte de peinture et mon chevalet à l'entrée de la morgue de l'hôpital La Boca, dans le vieux quartier portuaire.

Le gardien semblait surpris. Il lut le papier que je lui tendais, m'ausculta de ses petits yeux myopes et finit par demander :

« Vous êtes un peintre de la police ? »

Au lieu de me lancer dans un long discours d'explications, j'acquiesçai d'un signe de tête. Il me prépara alors un cadavre, le posa sur une table et me laissa. Je me mis au travail. Soudain, la voix du gardien me fit sursauter :

« Avez-vous terminé ? »

Absorbé par ma peinture, j'avais oublié l'heure et l'endroit où je me trouvais. Je regardai ma montre : il était sept heures du matin. La lumière jaune du projecteur éclairait à la fois le corps inerte et mon tableau.

Je ne me rappelle pas avoir éprouvé de curiosité ou de compassion pour ce mort en compagnie duquel j'avais passé la nuit. Je sais seulement qu'il avait les oreilles rouges. C'était un corps jaunâtre aux oreilles rouges. Je ne connaissais pas sa vie, ni comment il était mort, je ne savais rien de ses projets. J'ignorais ce qu'il y avait à regretter.

Le corps de mon père allongé devant moi était celui d'un être cher qui, une heure plus tôt encore, vivait, parlait, espérait. Je connaissais ses espoirs et ses projets, et je trouvais injuste et triste qu'il n'ait pas pu les réaliser, ou au moins tenter de le faire.

Il suffit que la mort un jour nous frôle pour que tout change de signification. Une légende hassidique raconte que l'ange de la Mort traîne toujours avec lui un sac plein d'yeux. Lorsqu'il se trompe, qu'il prend l'âme d'un homme avant le terme, il lui rend, avec la vie, une nouvelle paire d'yeux.

La mort me suit depuis mon enfance, à travers le temps et l'espace, les villes et les frontières. La mort niche au creux de mon passé, y éclate en fleurs sombres. Je hais mon passé, je hais ce passé que je traîne comme une charrette de brocanteur et dont le poids tantôt m'empêche d'avancer, tantôt menace de m'emporter. Je hais ce passé qui me tient dans son ombre, s'accroche à mes gestes, commande mes rêves, mes rires et mes larmes. Je hais ce passé qui dévore ma vie, me cache l'espoir et me parle de mort. Et je hais la mort. Je hais la mort, je hais la mort.

« Que sais-tu de la mort ? » m'ont demandé les Palestiniens de Sabreh. Ils donnent leur vie, disent-ils avec exaltation, pour leur liberté. Mais l'idée de la mort ne m'exalte jamais, ni pour moi ni pour les autres. L'ange de la Mort m'a donné une nouvelle paire d'yeux et je ne veux plus qu'on meure.

Que pouvais-je leur dire de la mort ? Je crois que c'est la conscience permanente que j'en ai qui me fait bouger, agir, m'agiter. Le sentiment du temps qui passe m'est douloureux ; en art, en amour ou en politique, je fais la course avec lui, comme si j'avais la moindre chance. Ce temps qui me hante, que puis-je lui opposer ?

Enfant, je regrettais de ne pas être « grand » pour pouvoir « faire quelque chose » contre l'injustice et le malheur. Depuis que je suis en âge de lutter, je lutte. Plus je lutte, plus mon impuissance m'accable.

Entre les Arabes et les Israéliens, où m'ont placé les circonstances, je cours beaucoup. Aujourd'hui Beyrouth, demain Tel Aviv, après-demain Le Caire. J'essaie de persuader les uns et les autres de faire la paix. Je rencontre des chefs d'Etat et des terroristes, des gloires et des clandestins. J'en appelle aux consciences et aux programmes. Je ne sais plus combien de fois j'ai pris au vol des avions qui ne m'ont mené nulle part, organisé des rencontres qui n'ont rien donné, manigancé des rendez-vous où je me retrouvais seul. Je ne sais plus combien d'heures j'ai passées à essayer de convaincre des gens qui ne voulaient pas l'être, combien de nuits j'ai veillé sur des textes dont je ne savais qui les lirait, ni même s'ils seraient lus.

Tout cela a-t-il servi à quelque chose ? Ai-je fait avancer d'un seul pas la cause de la paix ? Ceux qui se mêlent, comme moi, de « faire quelque chose » connaissent bien ce sentiment de solitude, et parfois d'amertume. Je veux croire que certaines des idées que semble susciter la pression de l'événement sont celles-là mêmes que des gens comme moi ont longtemps défendues devant les belligérants, préparant ceux-ci à les accepter. Oui, mais comment le saurons-nous ?

Il m'arrive plus souvent de penser que je ne suis qu'un fou des rois, un bouffon qu'on reçoit parce que sa bonne volonté est touchante, sa démarche délassante et sa naïveté rafraîchissante. On lui demande parfois un conseil et peut-être, à son insu, un renseignement. Mais que le bouffon appuie un peu trop son rôle, qu'il vienne à demander qu'on le prenne au sérieux, et il perd du même coup les vertus dont on voulait bien le parer.

Je ne puis mieux me résigner au cynisme qu'à l'indifférence. Ma mémoire est juive. Elle continue de porter toutes les raisons, intimes ou extérieures, qui, un jour de printemps d'il y a presque dix ans déjà, m'ont lancé dans cette aventure.

4

FAIRE QUELQUE CHOSE

… MAI 1967. Nous étions sur l'autoroute du Nord, ma femme Clara, Maurice Clavel et moi. Nous allions à la campagne et, coincés dans un embouteillage, nous écoutions les nouvelles en silence : « Le président des Etats-Unis Lyndon Johnson envoie un porte-avions en mer Rouge. » « Deux nouveaux sous-marins soviétiques ont franchi le Bosphore vers la Méditerranée. » La guerre était imminente au Proche-Orient. Les divisions égyptiennes avançaient dans le Sinaï. Israël avait décrété la mobilisation générale. Les chefs d'Etat multipliaient les déclarations belliqueuses et Ahmed Choukeiry, alors leader des Palestiniens, promettait de jeter les Juifs à la mer — tout au moins ceux qui survivraient.

Le « bouchon » avait fini par se débloquer et nous avions pu avancer, lentement, en files patientes, comme les wagons d'un train interminable. Engourdis, nous nous comportions comme si cet embouteillage et cette guerre étaient des fatalités qu'il fallait bien se résoudre à accepter. La guerre ! Là-bas, des hommes s'y préparaient, des amis allaient sans doute mourir. Explosions, flammes, cris, cadavres : j'avais l'impression de revivre mon cauchemar familier.

« Maintenant que je suis grand », dis-je…

Clara et Maurice m'ont regardé sans étonnement. Ils comprenaient bien ce que je voulais dire. Clara a proposé de rentrer. A la première sortie de l'autoroute, j'ai rebroussé chemin.

A Paris, mon inquiétude se fit plus douloureuse

encore. La guerre n'était pas commencée, mais, entre pro-Israéliens et pro-Arabes, la bataille faisait déjà rage. *Le Monde* publia un article de l'orientaliste Maxime Rodinson où je lus avec effroi que si Israël n'avait pas encore attaqué, c'est qu'il redoutait une défaite. L'énumération qu'il faisait des forces en présence semblait lui donner raison.

J'avais peur pour Israël. S'il fallait se résigner à la guerre, alors je souhaitais sa victoire. Je ne nourrissais aucune sorte d'hostilité envers les Arabes, et j'avais le sentiment que les appels des muezzins de Kokand me les rendaient proches à jamais. Mais je ne pouvais accepter l'idée de la destruction de l'Etat juif, qui représentait tant, et pas seulement pour moi.

Je n'ai pas connu la guerre d'Espagne. Je suis né trop tard. Et si je vibre toujours aux récits que j'en lis, aux images que j'en vois, ce n'est pas seulement par amour des montagnes arides de Ronda, et des bruns brûlés de Tolède, de la Juderia à Cordoue et des chants de Machado — mais surtout, à cause de la solidarité unique qu'elle avait suscitée. Des dizaines de milliers d'hommes et de femmes qui n'avaient jamais visité l'Espagne y sont allés mourir pour elle. La paix israélo-arabe et la survie d'Israël ne valaient-elles pas un élan semblable? Il ne s'agissait évidemment pas d'aller mourir pour Tel Aviv. Mais ma foi ancestrale dans la vertu de la parole et de l'argumentation me faisait penser qu'il suffisait de faire pression sur les uns et sur les autres pour qu'ils cessent de se combattre, pour qu'ils se reconnaissent. Encore fallait-il que nous soyons assez nombreux à dire la même chose, et de la même voix.

Quelques expositions, quelques prix, quelques voyages m'avaient permis de rencontrer beaucoup de gens, dont certains étaient devenus des amis. Il fallait absolument les appeler, les regrouper. J'étais plein de ferveur et d'impatience.

Nous nous sommes mis au téléphone, Clara de chez nous, moi du bistrot d'en face et Clavel de chez lui.

Le soir, nous étions près de soixante-dix dans notre appartement, rue des Minimes. J'étais allé voir Arrabal qui répétait au théâtre du Montparnasse, Ionesco qui nous attendait au Falstaff et Jean-Pierre Faye chez lui, où il travaillait sur *Le Langage totalitaire* — les discours incendiaires du Proche-Orient lui faisaient peur. A *L'Express,* Tim m'avait présenté Jacques Derogy. César, rencontré par hasard, avait proposé de nous aider.

Certains, c'est vrai, avaient refusé de se joindre à nous : Jean Vilar, parce qu'il avait des amis, disait-il, aussi bien à Alger qu'à Tel Aviv. « Raison de plus, avait répondu Clara, pour vous engager contre cette guerre qui se prépare et qui ne résoudra évidemment rien. » Vilar s'était entêté : il ne pensait pas pouvoir prendre parti dans un conflit aussi complexe. Jean-Louis Trintignant nous avait fait parvenir un pneumatique : « Chers amis, il m'est très pénible de ne pas me joindre à vous. J'ai peur de me tromper. » Anne Philipe, à qui j'avais rendu visite, avait elle aussi refusé : « Que pense Aragon ? » avait-elle demandé. Je n'en savais rien.

Mais, le soir, Morvan Lebesque et Albert Memmi, Lucien Goldmann et Jankelevitch, Jean Cassou et Clara Malraux se retrouvèrent, parmi bien d'autres, dans mon atelier et durent s'asseoir par terre.

Il me fut difficile, plus tard, d'expliquer à mes amis arabes que notre « mobilisation » n'était pas le fait de la seule propagande israélienne; que les discours des dirigeants arabes — ils parlaient de la destruction de l'Etat juif et voulaient « extirper ce cancer du Proche-Orient » — nous avaient renvoyés à un passé suffisamment proche pour réveiller la peur chez les uns et la mauvaise conscience chez les autres. « Il ne faut pas parler de corde dans la maison d'un pendu » est aussi un proverbe arabe.

Combien de Juifs, en France et ailleurs, engagés depuis longtemps dans la lutte de la gauche, ayant perdu tout contact avec le judaïsme, se réveillèrent alors ! C'étaient les « Juifs du 5 juin », comme les appelait Fernand Rohman, un professeur de philosophie qui nous rejoignit plus tard et devint un des piliers de notre mouvement. En disant cela, il parlait d'abord de lui-même : sorti du maquis, il milita au R.D.R. de Jean-Paul Sartre, rejoignit la nouvelle gauche et le P.S.U., s'engagea auprès du F.L.N. algérien dans son combat de décolonisation ; il avait même entamé une procédure pour faire supprimer le « h » de son nom, devenu pour lui le symbole d'une identité juive qu'il ne ressentait plus. En juin, il abandonna la procédure.

Ils étaient donc là, ces soixante-dix intellectuels qu'angoissaient la situation et leur propre impuissance. Il s'agissait de décider quelque chose. Claude Berri, qui venait de terminer son film *Le Vieil Homme et l'Enfant,* proposa de faire appel aux familles françaises pour qu'elles acceptent de s'occuper, le temps de la guerre, des enfants israéliens. Nous n'étions pas d'accord. D'abord parce que ce n'était pas un moyen d'empêcher la guerre, ensuite parce que les familles israéliennes ne laisseraient pas partir leurs enfants.

Il y eut beaucoup de suggestions de ce genre. Mais la première décision que nous prîmes fut de rédiger un appel. C'était, d'une certaine manière, décevant. « Etre grand », cela se résume donc à signer des appels ? Nous allions mobiliser une fois de plus les noms que nous avions l'habitude de lire, dans *Le Monde,* au bas des appels pour le Vietnam, pour l'Espagne, pour l'Amérique latine ? Pourtant, nous voulions nous faire entendre, dire ce que nous croyions devoir dire — que la guerre n'était pas une fatalité — et c'était encore le meilleur moyen. Il fallait seulement éviter les professionnels de la signature. Chacun de nous connaissait bien une vingtaine d'amis, de confrères, de relations susceptibles de s'engager avec nous ; des « intellectuels » évidemment, écrivains, journalistes, enseignants, artistes — mais ce sont les seuls dont les noms ont quelque poids au bas d'un texte.

Nous rédigeâmes donc le nôtre, que Clavel traduisit en formulations-choc. En quelques heures, cent vingt-huit personnes — dois-je dire personnalités ? — acceptèrent de le signer. Nous le communiquâmes à l'A.F.P. et aux quotidiens parisiens. Nous étions pratiquement les seuls, à ce moment-là, à parler de la paix possible : les uns et les autres ne songeaient qu'à soutenir l'un ou l'autre camp.

Une fois le texte dicté par téléphone, un silence gêné

s'installa dans l'atelier. Ce n'était après tout qu'un texte, et nous nous rendions bien compte qu'il fallait faire autre chose. Je ne sais plus qui nous proposa alors de nous rendre sur place.

L'idée se précisa lentement : affréter un avion, l'emplir des représentants les plus connus de tout ce qui importe en Occident et débarquer entre les lignes ennemies. Martin du Gard avait déjà imaginé la même chose dans *Les Thibault* et D'Annunzio tenté de le réaliser en 1914. Nous étions tous excités. Nous nous voyions déjà, au milieu du désert, entre les armées israélienne et égyptienne... Quelle image !

Au téléphone, Serge Lebovici et les frères Marouani, d'accord, proposèrent de se charger de l'avion. Des amis belges, allemands et italiens, immédiatement consultés, se dirent prêts à participer. Ionesco, subjugué par l'idée du départ, sortait toutes les quelques minutes de son nirvana personnel et, tel un personnage de ses pièces, hochait doucement sa tête ronde, se frottait les mains et demandait, comme un refrain :

« Alors, quand partons-nous ? »

Mais, en attendant que tout fût prêt, Clavel proposa d'aller voir le général de Gaulle. Il était tard quand Clara appela l'Elysée. Un secrétaire à la Présidence répondit. « Une délégation dirigée par Maurice Clavel, expliqua Clara, se propose de rendre visite au Président de la République et de lui remettre un mémorandum concernant le Proche-Orient. Le texte est signé de cent vingt-huit personnalités appartenant au monde des Arts, des Lettres et des Sciences. » La voix demanda de citer quelques noms. Clara cita. La voix demanda notre numéro de téléphone. L'Elysée nous rappela le matin : nous avions rendez-vous avec le général le 6 juin à 14 heures.

Début juin, les événements se précipitèrent. Israël était encerclé. Dayan fut nommé ministre de la Défense. Le 6, la guerre éclata. La première émotion passée, nous prîmes contact avec nos amis et décidâmes de maintenir notre visite à l'Elysée. Quant à l'avion, il n'en était plus question.

J'avais promis à Clavel de passer le prendre en voiture

et avais donné rendez-vous à Ionesco et au cinéaste Jean-Paul Rappeneau dans un café proche de l'Elysée. Clavel était fébrile, vêtu d'un costume neuf dangereusement étroit dont les boutons me semblaient devoir sauter au premier mouvement brusque qu'il ferait. Quand j'arrivai, il se coiffait. Je dus le presser. Au fur et à mesure que nous nous approchions de l'Elysée, il devenait de plus en plus nerveux. Comme il s'inquiétait de sa coiffure auprès de Clara, je lui dis qu'il ressemblait à un adolescent se rendant à son premier rendez-vous d'amour. Il sourit. De Gaulle...

Au café, Rappeneau, qui avait *Le Monde,* nous montra l'article titré : « une délégation d'intellectuels reçue à l'Elysée », qui rendait compte de notre démarche. En vérité, seul Clavel fut reçu, et présenta notre texte. De Gaulle lui assura que les Russes resteraient neutres. Pour le Général, la guerre israélo-arabe qui faisait rage resterait limitée au Proche-Orient, et les grandes puissances n'interviendraient pas. Dans l'état d'affolement qui était le nôtre, l'information était d'importance.

De fait, Israël vainquit en six jours. Victoire qui suscita dans le monde un enthousiasme parfois suspect, mais qui provoqua chez les intellectuels un certain malaise. Beaucoup de ceux qui s'étaient rangés au côté d'Israël alors qu'ils croyaient l'Etat juif menacé de destruction eurent le sentiment d'avoir été trompés. Pour une grande part, la gauche se mobilisa contre Israël, comme si la victoire était impardonnable. Quant à l'extrême gauche, elle affirmait ouvertement son opposition à l'existence même de l'Etat juif. Un progressiste pouvait-il soutenir le droit d'Israël à l'existence ? La majorité des groupes de gauche répondit alors par la négative.

On a souvent fait l'analyse, la critique ou le procès de cette gauche qui finit toujours par décevoir notre espoir, mais où nous restons parce que c'est notre famille — celle où l'on partage le rêve d'une société libre et juste, où l'homme n'exploiterait pas l'homme. A l'époque, pour beaucoup de militants, le déchirement fut total. Fallait-il trahir Israël pour pouvoir continuer à se dire

« de gauche » ? Je me rappelle toutes ces réunions, à Lyon, à Marseille, à Genève ou à Bruxelles : des centaines de personnes qui se coupaient mutuellement la parole pour nous reprocher, comme si nous étions responsables de la situation, le dilemme dans lequel elles se trouvaient.

Je revois ce vieil ouvrier lyonnais qui avait perdu une jambe dans la brigade juive de la guerre d'Espagne et qui criait en tendant le poing vers moi :

« Si la gauche m'interdit d'être solidaire de mes frères ouvriers israéliens, alors, la gauche, je l'emmerde ! »

Je revois aussi ce jeune trotskiste de Bruxelles qui pleurait en me racontant qu'il avait dû rompre, à cause d'Israël, avec ses amis et même avec son « amoureuse » :

« Trotski, demandait-il éperdument, Trotski, qui s'intéressait tant au prolétariat juif de Palestine, aurait-il accepté sa destruction par des régimes réactionnaires arabes ? »

Chaque jour, les lettres nous arrivaient par dizaines. Certaines me touchaient plus que je ne saurais le dire : « Pour ne pas paraître suspecte, écrivait par exemple une jeune P.S.U. de Grenoble, je n'ose pas dire que j'ai un frère en Israël. » La grosse machine de la pensée totalitaire en marche ne se préoccupe pas des problèmes individuels.

Notre téléphone aussi sonnait sans cesse. Toujours la même chose, toujours les mêmes questions : pouvait-on, oubliant des années de lutte, se trouver rejeté vers la droite à cause d'Israël ? Ou fallait-il abandonner Israël ?

Par la suite, j'ai passé une partie de mon temps à essayer de faire comprendre — aussi bien aux états-majors des partis de gauche qu'aux Palestiniens rencontrés à Beyrouth ou au Caire et qu'aux Israéliens de Tel Aviv ou de Jérusalem — que je ne voyais pas, pour ma part, de contradiction entre mon appartenance à la gauche et mon soutien à l'existence d'Israël ; que je ne voyais pas non plus la contradiction entre le soutien à l'existence d'Israël et la critique de sa politique ; que je ne voyais pas de contradiction enfin entre l'affirmation du droit des Israéliens à un Etat et l'affirmation de ce même droit pour les Palestiniens.

Mais, à la fin de juin 1967, on voulait surtout savoir pourquoi le comité que nous avions créé ne prenait pas une position publique, ne préconisait pas une action capable d'influencer la gauche et peut-être de rapprocher Israéliens et Arabes. Personnellement, j'hésitais : je savais bien que j'y laisserais le plus clair de mes forces et de mon temps, que tout cela ne pourrait se faire qu'au détriment de ma peinture.

Tchékov dit quelque part qu'il y a trois sortes d'hommes : ceux qui mangent les autres, ceux qui se font manger et ceux qui se mangent eux-mêmes. J'appartiens sans doute à cette dernière catégorie. Quelle que soit ma décision, je savais bien qu'elle me laisserait mauvaise conscience. Dès lors, autant valait foncer.

Il ne s'agissait évidemment pas de créer un parti politique, avec un idéal pour but lointain et une action limitée à une statégie quotidienne. Notre objectif principal n'était pas la révolution au Proche-Orient, mais la paix. Si, comme je le croyais, la mobilisation révolutionnaire au Proche-Orient ne pouvait passer que par la paix, notre objectif déclaré était le seul à pouvoir réunir autant de personnalités différentes.

Avec les amis qui défilaient chez moi, nous cherchions une expression. Rien qu'en France, nous avions pu mobiliser des centaines de noms. Il fallait dans un premier temps exploiter à fond les médias, préciser publiquement nos objectifs, sortir une revue pour y promouvoir nos idées, intéresser des personnalités d'autres pays. Bref, donner l'idée d'une nouvelle force de pression sur le conflit du Proche-Orient...

« Tu veux créer un lobby? m'avait demandé quelqu'un.

— Non, les lobbies sont des groupes de pression au service de forces économiques ou politiques. Ce n'est pas notre cas. Descendons dans l'arène, existons. Nous serons attaqués, et, du même coup, respectés. Alors seulement nous pourrons prendre contact avec les partis politiques et les syndicats. Et, avec le soutien de certains d'entre eux, nous devrons aller sur place... »

J'étais persuadé que nous avions une chance de réussir là où les diplomates et les militaires avaient échoué : susciter un dialogue entre Arabes et Israéliens.

« Il nous faudra de l'argent, une infrastructure, fit remarquer Derogy.

— N'oublie pas, ajouta Danielle Loschak, la benjamine du Comité, que la plupart de ceux que tu crois mobilisés ne viennent que par amitié pour toi... »

Loschak était étudiante en droit. Tout en travaillant avec nous, elle passa son agrégation et devint professeur. Vivant à la fac en milieu gauchiste, elle en acceptait toutes les contraintes sauf une : les positions officielles sur le Proche-Orient. Ce refus était devenu la caution de sa liberté et de sa fidélité aux principes que nous avions élaborés ensemble.

Je lui répondis que cette amitié était notre force. je ne voulais pas créer un mouvement aux structures rigides et hiérarchisées, mais regrouper des amis dont chacun devait avoir la confiance de l'autre et dont l'amitié ne serait en aucun cas mise en cause par d'éventuelles divergences politiques. C'est ainsi que naquit le Comité international pour la paix au Proche-Orient. Ses membres, nous les appelions des amis.

Le terme faisait rire ceux qui n'en étaient pas. C'est que la naissance d'un nouveau groupe qui commence à s'agiter en dehors des sentiers rebattus ne fait pas plaisir à tout le monde — surtout quand il s'agit du Proche-Orient, où l'on refuse tout ce qui pourrait déranger des idées bien arrêtées. Parmi ces dizaines d'associations et de comités nés pendant la guerre des Six-Jours, la plupart ne voyaient en nous que des concurrents.

La première attaque vint quelque jours plus tard et me prit au dépourvu. Simha Flapan, le représentant du Mapam (1) en France, arriva chez nous, l'air contrarié, et dit son étonnement de nous voir créer un nouveau groupe alors qu'existait déjà un Comité des intellectuels que soutenait le Mapam :

— Le Mapam, expliqua-t-il, est engagé dans la bataille au sein de la gauche intellectuelle. Si vous voulez faire quelque chose pour la paix, associez-vous à

(1) Mapam : parti socialiste israélien de gauche, membre de la coalition travailliste au pouvoir.

son action. Sinon vous risquez de saboter la paix israélo-arabe... »

Il parlait d'une voix suave, passant ses doigts longs et pâles dans ses cheveux blancs. J'étais tellement surpris que je ne sus que répondre. Le toupet de certains, ou leurs mensonges, me laissent ainsi souvent sans réaction. C'est Clara qui répondit la première :

« Nous avons des amis au sein du Mapam, dit-elle, mais nous en avons aussi dans d'autres groupes politiques de gauche, en Israël comme dans les pays arabes. Nous ne sommes pas israéliens et la plupart de nos amis ne sont même pas juifs. Qu'est-ce que le Mapam a à voir dans l'action politique de la gauche française ?

— Mais nous, martelait Flapan, nous sommes un parti politique, et nous existerons longtemps après que votre groupe aura disparu ! »

La situation, à moins que ce ne fût le personnage, me mettait mal à l'aise. Je décidai de couper court et me levai pour accompagner Flapan. Afin d'éviter la rupture, il proposa alors un compromis : une rencontre avec le Comité des intellectuels. J'acceptai. Clara me reprocha d'avoir été « trop gentil » et me promit des ennuis. Elle avait raison.

Les intellectuels les plus redoutables sont ceux qui, contrairement à ce qu'on pourrait attendre de leur ouverture d'esprit. limitent la réalité à un système idéologique, démantibulant l'événement de manière à n'en garder que ce qui s'intègre à leur logique. Nos discussions avec une délégation du Comité des intellectuels — délégation dont faisaient partie Olivier Revault d'Allones, Richard Marienstrass, Roger Paret et Simha Flapan lui-même — étaient interminables. Discussions sur la stratégie, discussions sur les alliances. Au fond, il ne s'agissait toujours, pour Flapan, que de nous intégrer au sein de son comité.

Un soir, chez nous. Il y avait avec eux Fernand Rohman, que je ne connaissais pas encore. Marienstrass se préoccupait déjà des Juifs en tant que minorité nationale et expliquait son néo-bundisme où Israël ne représentait qu'une communauté juive de plus dans le monde. Revault d'Allones parcourait avec admiration la liste de ceux qui s'étaient engagés à nos côtés. Flapan se répétait :

« Il n'y a place en France, disait-il, que pour un seul comité pour la paix au Proche-Orient. Le Mapam a une organisation et une tradition de contact avec la gauche.

— Mais qu'est-ce que le Mapam vient faire ici ? lui demandai-je de nouveau. C'est comme si le Baas syrien voulait nous imposer de ne travailler que sous son contrôle... »

Flapan se disait d'accord avec nos objectifs, mais pas avec notre démarche, comme si seule la sienne pouvait mener quelque part. Il argumentait de sa voix traînante. Comme il se faisait tard, je fus pris par la tentation du dérisoire et je coupai le son, ainsi qu'il m'arrive de le faire quand la conversation ne m'intéresse pas. Je cesse d'entendre, la scène devient muette, et accablante.

C'est ainsi que ce soir-là je regardai un moment s'agiter les doigts pâles de Flapan, Marienstrass nettoyer méticuleusement ses lunettes, Rohman prendre des notes sans fin. J'éclatai de rire :

« Vous ne trouvez pas, dis-je, que tout cela est absurde ? »

La scène se figea. Ils s'entre-regardèrent avec inquiétude. J'expliquai :

« Au lieu d'essayer de persuader les Arabes et les Israéliens de se rencontrer, voilà des semaines que nous perdons notre temps en vaines discussions entre nous... »

Je répétai ce que j'ai toujours cru, à savoir qu'un grand mouvement intellectuel et international de gauche avait quelque chance d'accélérer le cours des événements. Et que les jeux des petits comités ne m'intéressaient pas.

Fernand Rohman ferma son carnet et se déclara d'accord avec moi. Ce fut notre dernière réunion avec le Comité des intellectuels, qui se disloqua quelque temps après.

A la fin de juin 1967, nous avons organisé notre première réunion publique au théâtre de l'Athénée, que son directeur, René Dupuis, laissa gracieusement à notre disposition. A l'affiche : Maurice Clavel, Jean-

Pierre Faye et, venu de Bruxelles, le philosophe Jérôme Grynpas.

A cause de mon accent — que je n'eus le courage d'accepter qu'après mai 1968 — je ne voulais pas assurer la présidence du débat. Je la proposai à François Englert, un physicien venu lui aussi de Belgique avec Pierre Verstraeten et Georges Miedzianagora, des amis. La foule avait envahi jusqu'au poulailler. Clavel arpentait les coulisses de son pas rapide et lourd, s'accompagnant de grands mouvements de bras : il répétait son discours. Jean-Pierre Faye, assis dans un couloir, parcourait fébrilement ses notes. J'étais inquiet.

Les débats furent passionnés et nous menèrent loin dans la nuit. Les pro-israéliens nous reprochaient l'impuissance de la gauche dans la recherche de la paix au Proche-Orient. Les pro-arabes regrettaient que la gauche ignorât le problème palestinien : il est vrai qu'en 1967, rares étaient ceux qui s'en préoccupaient. En somme, on nous prenait pour les porte-parole de la gauche entière et officielle, alors que nous n'étions qu'un groupe marginal. En réalité, j'étais persuadé, avec Marcuse, que nos chances de faire évoluer la situation tenaient justement au fait que nous étions des marginaux, et non pas les représentants de partis politiques emmurés dans leurs idéologies et leurs tactiques. En tout cas, le ton et la chaleur de la soirée semblaient bien prouver que nous commencions d'exister.

Après la réunion, nous nous sommes retrouvés à quelques-uns au café du coin.

« Nous avons réussi notre examen », m'assura Charles Denner.

Je n'en étais pas si sûr. Jusqu'alors, nous n'avions fait que parler. Et cela loin du champ de bataille. Il nous sembla indispensable d'aller prendre sur place, au Proche-Orient même, un bain de réalité. Nous n'avions pas assez d'argent pour faire un tour complet des pays qui nous intéressaient. Aussi décidâmes-nous, Clara et moi, de commencer par Israël et les territoires occupés.

5

GOLDA MEIR — PREMIÈRE RENCONTRE

J'AIME la montée vers Jérusalem, la lente approche qu'en fait entre les monts de Judée la route « de Samson » avant de redescendre vers Bal-el-Wad, la vallée qu'ont chantée tant de poètes et que bordent, en souvenir des combats de 1948, des carcasses de blindés couvertes de fleurs. Après Bal-el-Wad, la route remonte et soudain, inattendue, apparaît la ville. D'abord je la vois en noir et blanc, lumières et ombres, comme dans la gravure du vieil atlas de Kokand. Alors seulement j'y remets des couleurs, celles de mes dernières toiles. Jérusalem m'est toujours aussi fidèle, et toujours aussi nouvelle.

Cette fois, pourtant, passé la ville de Ramleh, l'ami qui nous conduisait, l'écrivain israélien Amos Elon, laissa sur notre droite la route de Samson et tourna brusquement à gauche, franchissant sans s'arrêter un panneau « Attention frontière » :

« Par Latroun, dit Amos, c'est plus court... »

Coincés depuis vingt ans dans leurs frontières étroites, les Israéliens avaient l'impression, en franchissant leurs limites d'avant le 6 juin, de recouvrer la liberté. A l'époque, Israël, qui se berçait de la chanson de Naomi Shemer, « Jérusalem d'or », était plongé dans une douce euphorie. Pas de débordement de joie, mais un profond soulagement. A la satisfaction presque technique d'avoir gagné cette guerre « avec élégance » s'ajoutaient le retour à Jérusalem — antique promesse — et la foi en une paix imminente.

« Les Arabes seront maintenant obligés de parler avec nous », entendions-nous un peu partout.

Mon scepticisme les irritait. Un des rares à le partager était Moshé Sneh (1), chez qui nous dînâmes. Pour lui, Israël avait une chance inespérée, celle de contrôler maintenant une grande partie de la population palestinienne. Il devait en profiter pour lui proposer l'autodétermination ; les leaders librement élus deviendraient alors les interlocuteurs d'Israël :

« Comment Eshkol ne le comprend-il pas ? Dans quelques années, il sera trop tard », répétait-il.

Je partageais son avis : la reconnaissance par Israël, vainqueur, des droits nationaux des Palestiniens, aurait pu avoir un impact psychologique sur tout le monde arabe.

« Il faut que toi, tu le dises dans la presse d'ici, me suggéra Sneh. Si cela vient de moi, ils se méfieront. Il est important que les Israéliens sachent ce que pense une grande partie de la gauche internationale, celle qui ne veut pas la disparition d'Israël. »

C'est ce que j'avais fait dans *Maariv*, le plus grand quotidien du soir, en répondant aux questions de Hezi Carmel.

La nuit tombait quand nous arrivâmes, porte de Jaffa, à l'entrée de la vieille ville. Nous entrâmes à pied. Les rideaux des magasins étaient baissés, et les quelques Arabes rencontrés ne dissimulaient pas leur hostilité. A l'un d'eux, je demandai en français la raison de ce calme inhabituel. Après un instant d'hésitation, il m'expliqua que les commerçants faisaient grève pour manifester contre l'occupation israélienne. Je me rendis compte qu'Amos Elon s'était mis à parler en anglais à sa femme, Beth : il est plus facile d'être vainqueur qu'occupant.

Victor Cygielman, un ami journaliste, nous raconta à ce propos que, mobilisé comme réserviste, il eut à contrôler les voitures arabes en provenance des terri-

(1) Ancien chef de la Haganah, secrétaire général du parti communiste israélien Maki. Décédé en 1972.

toires occupés. Au soir de la première journée, son capitaine le félicita :

« Mais comment parviens-tu, lui demanda-t-il, à distinguer aussi vite les Arabes des Juifs ?

— A leur regard juif », répondit Victor.

Les Juifs, dominés depuis toujours, étaient-ils appelés à dominer à leur tour ? Question angoissante que se posaient alors certains Israéliens. Mais la réponse leur paraissait claire : les territoires conquis au cours de la guerre ne représentaient pas autre chose qu'une monnaie d'échange contre la paix.

Le comportement d'Israël vis-à-vis de ces territoires me rappelle une vieille histoire juive. Dans un village lituanien, un Iéké — Juif d'origine allemande, pas très dégourdi — veut vendre sa vache. Il la mène au marché. Un paysan s'approche, regarde la bête et demande :

« Est-elle jeune ?

— Non, dit le Iéké.

— Donne-t-elle beaucoup de lait ?

— Non, dit le Iéké.

— Mange-t-elle beaucoup ?

— Oh ! pour ça oui ! »

La scène se répète, et la vache reste sur le carreau. Alors un Litvak — Juif lituanien, donc malin — tape sur l'épaule du Iéké :

« Laisse-moi faire, tu vas voir comment on vend une vache. »

S'approche un paysan intéressé. Le dialogue reprend :

« Est-elle jeune ?

— Très jeune, répond le Litvak.

— Donne-t-elle beaucoup de lait ?

— Enormément de lait.

— Mange-t-elle beaucoup ?

— Presque rien.

— Alors j'achète, décide le paysan. »

Le Iéké s'interpose alors :

« Une minute, dit-il. Puisque cette vache a tant de qualités, je la garde... »

L'occupation de ces territoires était l'une de nos préoccupations, et Clara décida d'aller y enregistrer des entretiens pour le premier numéro de la revue que nous projetions d'éditer. Bien qu'Amos Elon ait tenté de la dissuader d'y partir seule, en autobus, elle put, en deux jours, prendre contact avec tout un groupe de jeunes leaders palestiniens : Abdel Jawad Saleh, maire d'El Bireh, qui, plus tard expulsé par les Israéliens, devint l'un des dix membres de la direction de l'O.L.P. ; Jemil Hamad, rédacteur en chef du journal arabe de Jérusalem *El Fadje;* Raymonda Tawil et le Dr Kilani de Naplouse ; ainsi que quelques notables comme le cheikh El Jaabari, maire de Habron, Hamdi Kenaan, à l'époque maire de Naplouse et Anouar Nousseiba, ancien ministre de Hussein de Jordanie.

Pendant ce temps, je m'étais rendu chez le vieux collectionneur Dov Biegun. Les murs de son appartement, à Tel Aviv, étaient couverts de mes tableaux. Nous y discutâmes de mon exposition aux Etats-Unis. Il me proposa de m'y accompagner pour me présenter à ses amis. Il cherchait comment se libérer quand son voisin du dessous, le député travailliste Yitzhak Korn, nous interrompit : il me cherchait. Il voulait savoir si j'accepterais d'assister à la réunion de la commission d'information du Parti travailliste.

Malgré les changements intervenus dans la société israélienne, le vieux fond socialiste et égalitaire des pionniers restait d'autant plus vivace que leurs rêves étaient l'une des justifications de la création de l'Etat. L'hostilité de la gauche était donc ressentie douloureusement, et, m'expliqua Korn, les membres de la commission seraient heureux de me poser des questions.

Dans la petite salle de conférences du sixième étage de l'imposant building de la Histadrouth (Confédération générale des travailleurs israéliens) avaient pris place une vingtaine de personnes — dont Golda Meir, qui était arrivée, malade et fatiguée, appuyée au bras de Korn. Elle n'avait alors aucune responsabilité officielle, et n'était venue que parce que la lecture de mon interview dans *Maariv* l'avait, disait-elle, intéressée. Elle me faisait penser à ces statuettes esquimaux : un rectangle posé sur deux jambes fortes et droites et surmonté d'une tête aux traits lourds. Son regard attirait, mais je ne découvris que bien plus tard la couleur de ses yeux.

J'essayai, malgré les insuffisances de mon hébreu, de faire un exposé bref et clair des positions de la gauche européenne sur Israël, mais Golda Meir m'interpella :

« Pourquoi la gauche intellectuelle abandonne-t-elle Israël ? A-t-elle donc mauvaise conscience à se retrouver du côté de la victoire, elle qui préfère pleurer les morts ? »

Après être apparus, aux yeux des Juifs de gauche du monde entier, comme ceux qui avaient pu résoudre la contradiction dans laquelle l'idéologie dominante les avait placés, voilà que nous étions transformés en porte-parole de cette gauche mondiale avec laquelle les Israéliens tentaient depuis des années d'entamer le dialogue...

Golda Meir se lançait dans une série de questions quand je l'interrompis à mon tour. Je lui dis qu'elle avait à la fois tort et raison.

« Que j'aie raison, je le sais bien, s'exclama-t-elle en allumant une cigarette. Mais ce que je voudrais savoir, c'est pourquoi j'ai tort !

— Votre tort, dis-je, c'est votre volonté de généraliser ! »

Je me rendis compte alors que, sans le vouloir, je m'étais mis à lui parler yiddish. L'assistance me regardait en souriant et semblait compter les points.

Je repris mon argumentation, essayant de différencier les nombreuses positions, les nombreux courants qui agitent et divisent la gauche européenne. J'accordai à Golda que certains intellectuels avaient eu d'étranges réactions pendant la guerre. Tel ce rédacteur d'une revue catholique de gauche qui, ayant signé un appel en faveur d'Israël juste avant la guerre, se plaignit plus tard d'avoir été « manipulé ».

« Personne ne t'avait obligé à signer cet appel, lui avais-je fait remarquer.

— Bien sûr ! Mais si les Egyptiens avaient occupé Beershéva et massacré des milliers de Juifs, j'aurais eu l'air de quoi ? »

Néanmoins, et je le répétai, la majorité de l'intelligentsia de gauche n'est pas anti-israélienne.

« Elle accepte qu'on survive ! commenta Golda.

— Le véritable soutien, continuai-je, n'est pas un soutien aveugle. Je crains les Tzetzernik...

— C'est quoi, les Tzetzernik ? demanda-t-elle.

— Le terme est de Kœstler. Ce sont des admirateurs professionnels. Assis en grappes autour des grands rabbins, dans les villages de Pologne ou de Lituanie d'avant-guerre, ils se balançaient au rythme des prières, égrenant entre leurs dents des « tze-tze » admiratifs dès que les rabbins ouvraient la bouche.

— Et que nous reprochent ces intellectuels qui nous soutiennent ? demanda encore Golda.

— De ne pas reconnaître, par exemple, le droit des Palestiniens à l'autodétermination.

— Mais ce serait la fin d'Israël ! »

Je tentai de démontrer le contraire : si le problème palestinien n'était pas résolu rapidement, Israël risquait d'autres guerres. Le nationalisme palestinien devrait un jour s'exprimer dans le cadre d'un Etat, et il était préférable que cet Etat se crée dans la paix et avec l'accord d'Israël, plutôt que dans la guerre et contre lui.

« Un Etat palestinien, mais où ?

— A côté d'Israël.

— Mais à côté d'Israël, c'est la Jordanie !

— Entre Israël et la Jordanie, se trouve la Cisjordanie. Et la Jordanie elle-même, ajoutai-je, devra un jour faire partie d'un Etat palestinien.

— Le roi Hussein est le seul chef arabe qui soit disposé à faire la paix avec nous, nous n'allons quand même pas aider les Palestiniens à le renverser !

— Je ne pense pas que vous deviez les aider, mais je ne pense pas non plus que vous deviez les en empêcher...

— Pour le bien des Palestiniens ?

— Aussi pour le bien d'Israël... »

Golda me trouva sincère mais naïf. « Je crois qu'elle vous aime bien, me confia Korn avant de me quitter. C'est rare qu'elle écoute calmement le genre d'idées que vous venez de développer. »

Au moment de partir, elle se ravisa et me demanda pourquoi je m'étais engagé dans cette action et comment il se faisait qu'un homme jeune comme moi parlât aussi bien le yiddish. Je lui racontai mon enfance — le yiddish était la première langue que j'aie entendue à la maison — et j'essayai de lui faire comprendre comment tout cela était lié.

Elle écouta sans un geste, sans un mot, le regard aigu dans son visage lourd. Quand j'eus terminé, elle resta silencieuse un moment et me demanda des précisions sur notre fuite de Varsovie. Je racontai comment mon oncle était venu nous chercher, ma mère et moi, dans le ghetto, comment nous avions dû franchir tous ces kilomètres à pied, et comment naquit en moi ce sentiment de révolte qui ne m'a jamais quitté. Elle me regarda longuement, puis se leva et prit ma main entre les deux siennes. Elle me dit qu'elle était heureuse de m'avoir entendu et me demanda de l'appeler bientôt.

Des récits comme le mien ne l'ont jamais laissée indifférente, mais je crois que c'est le yiddish qui établit vraiment le contact entre elle et moi. C'est une langue à part, à la saveur pratiquement intraduisible, une langue qui met à l'aise, où une intonation change le sens d'un mot, et où je reconnais toujours le chant fraternel des persécutés. On dit qu'on parle l'hébreu, mais que le yiddish se parle tout seul.

Quand je revis Golda Meir, quelques années plus tard, elle était Premier ministre.

6

« ÉLÉMENTS »

NOUS rentrâmes à Paris. La moisson était bonne. Nous avions noué des quantités de contacts, en Israël comme dans les territoires occupés ; nous rapportions des enregistrements d'entretiens, d'interviews, des idées d'articles, des éléments de réflexion. Bref, de quoi remplir deux numéros de cette future revue qu'il nous semblait de plus en plus urgent et important de faire paraître — mais pour laquelle nous n'avions pas le moindre sou.

Nous avons rendu compte de notre voyage au bureau du Comité, qui comptait trois nouveaux : un journaliste yougoslave, Vladimir Balvanovic, un avocat de Turin, Guido Fubini, et un jeune médecin journaliste, Bernard Kouchner.

Kouchner, pris entre les pressions contradictoires d'une famille sioniste et du milieu gauchiste dans lequel il vivait, cherchait comme nous un juste milieu ; d'autant plus déchiré qu'il était plus lucide, il se passionna tout de suite pour notre entreprise. Guido Fubini, ancien maquisard du Piémont, bagarreur inlassable, avait été candidat de la gauche unie aux élections de Turin ; la position de la gauche sur le Proche-Orient était pour lui la preuve de son incapacité à analyser les situations nouvelles. Quant à Balvanovic, nous ne savions pas très bien ce qui l'avait amené jusqu'à nous et, par un vieux réflexe stalinien, nous le soupçonnâmes un moment d'appartenir à un quelconque service secret : or c'était justement pour lutter contre ce genre de réflexe « politique » qu'il voulait s'engager à nos côtés — nous lui demandâmes pardon.

A cette réunion, nous avons décidé de publier dans la presse un texte-programme et d'envoyer des délégations du Comité dans les pays du Proche-Orient.

Pour le texte, nous procédâmes comme à l'habitude : nous proposions un projet à Clavel, qui y mettait, comme il disait, son « grain de sel ». Il prenait le texte et, debout, le parcourait ; puis, tassant son grand corps dans un coin du sofa, il le relisait en en scandant le rythme d'une main, remplaçant les mots sur lesquels il butait et reprenant à chaque fois depuis le commencement.

Ce texte fut publié quelques jours plus tard (1). Il nous valut une avalanche de lettres et d'innombrables coups de téléphone : des centaines de personnes voulaient nous aider. Comment les enrôler ? Comment utiliser toute cette bonne volonté ? Fallait-il transformer notre Comité en véritable organisation hiérarchisée, avec groupes, cellules, responsables, etc. ? Cette seule perspective, avec tout ce qu'elle impliquait, et notamment le danger de bureaucratisation, me rebutait.

Notre petit monde s'augmentait déjà presque chaque jour de nouvelles recrues, tels Robert Zittoun, professeur à la faculté de médecine, ou Michel-Antoine Burnier. Zittoun nous avait écrit une lettre passionnante : nous étions, Clara et moi, passés le voir. Clignant d'un œil quand il parle, le front légèrement dégarni, un nez d'aigle, la pensée claire et intelligente, il nous avait séduits. Quant à Burnier, je l'ai rencontré, à Genève, dans la caverne d'Ali Baba des Givet, rue de Beaumont, où l'on était toujours sûr de rencontrer quelque réfugié ou quelque comploteur. A l'époque de la guerre d'Algérie, on y trouvait les leaders du F.L.N., les membres du réseau Jeanson ; ceux-ci sont restés fidèles, mais le F.L.N. a été remplacé par le F.N.L. vietnamien, puis par les dirigeants du Biafra, du Bangladesh et, plus récemment, des Kurdes. La passion pro-israélienne de Jacques Givet ne l'empêchait pas d'invi-

(1) *Le Monde* du 2-12-67 et *Combat* du 27-12-67.

ter tout aussi bien des militants arabes... C'est sa femme, Isa, qui m'a présenté un jour ce garçon sage et pâle aux longs cheveux raides, dont je connaissais le livre : *Les Existentialistes et la politique*. Nous nous retrouvâmes plus tard chez moi, à Paris, où il accompagnait Kouchner venu apporter un article pour notre revue. C'est ainsi qu'il fut engagé dans le Comité et qu'il devint un ami.

A l'époque, le comité restreint se réunissait presque deux jours par semaine. Le Proche-Orient était le sujet le plus débattu dans la presse, dans les partis et, évidemment, parmi nos amis. Poussés par la « demande » extérieure tout autant que par notre propre passion, nous essayions de prendre position sur tout événement et donnions l'impression d'une extraordinaire vitalité.

Certaines de nos initiatives provoquèrent de violentes réactions : par exemple la lettre à Yehia Hamouda, le successeur du trop fameux Ahmed Choukeiry à la tête de l'O.L.P. Hamouda avait fait une déclaration qui contenait un certain nombre de points très positifs : il allait jusqu'à accepter « un Etat sioniste si telle était la volonté de la majorité de la population juive en Palestine ». Nous avions saisi l'occasion pour lui proposer une rencontre avec des Israéliens, rencontre qui pouvait déboucher sur une reconnaissance réciproque, première condition d'un règlement du conflit israélo-arabe.

Après avoir fait parvenir — par l'intermédiaire de l'ambassade du Liban à Paris — notre lettre à Yehia Hamouda, nous la publiâmes. Réaction véhémente de Flapan, qui nous qualifia d' « irresponsables » ; gênée de Claude Lanzmann, qui avait cosigné la lettre, mais qui, par amitié pour Flapan, le regrettait. En revanche, et pour la première fois, nous reçûmes des messages d'encouragement d'Israël aussi bien que de Beyrouth ou du Caire. Michel Rocard, alors secrétaire national du P.S.U., nous fit parvenir une longue lettre nous disant à quel point étaient proches « les préoccupations » de son parti et celles de notre Comité.

Le moment était venu de réaliser notre projet : une

revue à nous. Certains quotidiens et hebdomadaires nous étaient ouverts, mais nous ne pouvions pas en abuser. Nous commençâmes par chercher un titre. Au bout d'une heure, nous en avions cent. Nous nous mîmes d'accord sur *Eléments*, qui exprimait le mieux le sens de notre démarche.

Nous avions donc un titre, mais nous n'imaginions pas le nombre des problèmes qu'il nous restait à résoudre. Quand Danielle Loschak eut déposé le titre, il fallut encore choisir un format, une maquette, un papier, établir un budget, chercher un atelier de composition, un imprimeur, s'occuper de la distribution... Tout naturellement, les regards se sont alors tournés vers moi.

Je me rappelle ce qu'Yves Klein expliquait un jour, à Montparnasse, à un collectionneur sidéré : « Nous autres, les peintres, nous sommes des gens heureux ; nous dormons quand nous le voulons, nous mangeons quand nous le pouvons et nous emmerdons tout le monde.

— Et quand travaillez-vous ? » demanda le collectionneur.

Je renchéris à mon tour :

« Nous ne travaillons jamais. Nous ne peignons que lorsque nous en avons envie... »

Parce qu'ils n'ont pas d'horaires fixes, les peintres donnent souvent en effet l'impression de ne rien faire. Aussi mes amis trouvaient-ils tout à fait normal que ce soit moi qui m'occupe de tout.

Je proposai Clara comme rédactrice en chef, Loschak et Rohman comme rédacteurs en chef adjoints et, pour le comité de rédaction : Albert Memmi, Jacques Derogy, Michel-Antoine Burnier, Bernard Kouchner, Robert Zittoun et moi-même. Clara Malraux accepta d'être responsable de la publication. La matière pour le premier numéro, nous l'avions déjà.

Il y a deux manières d'être doué pour l'organisation : savoir mobiliser les gens ou parvenir à les faire travailler. J'appartiens plutôt à la première catégorie. C'est-à-dire que nos amis étaient mobilisés, mais que le travail, je le faisais moi-même.

Avant tout, il fallait trouver de l'argent. Je n'ai jamais compris comment trouver de l'argent pour des causes politiques. Sans doute encore une question d'éducation : mon père m'a toujours répété que, dans la famille, on n'avait jamais gagné son argent qu'à la sueur de son front. Quelle idée de préparer aussi mal un gosse à vivre dans une société fondée sur l'argent…

Quelques jours plus tard, à New York — en route pour mon exposition de Los Angeles, je m'y arrêtai —, je demandai à Robert Silvers, rédacteur en chef de la *New York Review of Books,* s'il pensait possible que je trouve aux Etats-Unis de quoi financer *Eléments*.

Dans son bureau, où deux secrétaires tapaient à la machine et où on le découvrait derrière les piles de livres et de journaux, Robert Silvers était en manches de chemise, le crayon sur l'oreille, allumant l'un derrière l'autre des cigarillos qu'il écrasait presque aussitôt. Il était curieux de tout et parlait français presque sans accent. Il voulut savoir quelles étaient nos positions sur le conflit, quels étaient nos contacts, nos perspectives. Puis, avec cette franchise bien américaine :

« Jusqu'à maintenant, où avez-vous trouvé l'argent ? »

Je dis que le gros des dépenses avait été jusqu'alors payé par ma peinture, la participation des amis couvrant tout juste nos frais de téléphone.

« Connaissez-vous Martin Peretz ? me demanda-t-il. Il peut peut-être vous aider, pour votre revue. Il est professeur à Harvard, c'est un homme riche et très, comment dites-vous, très concerné par le conflit israélo-arabe… Attendez, je vais l'appeler tout de suite… »

Et il l'appela tout de suite. Peretz me donnait rendez-vous à Cambridge le surlendemain.

« J'en profiterai, dis-je, pour voir Chomsky.

— Vous le connaissez ?

— Non, mais nous correspondons depuis longtemps. Il est d'accord avec nous… »

Robert Silvers — qui, après tout, ne me connaissait pas : j'étais arrivé à lui avec une recommandation d'Amos Elon — organisa aussi ma rencontre avec

Chomsky et m'expliqua comment me rendre à Cambridge...

Quand on débarque pour la première fois aux Etats-Unis, on a l'impression d'y être déjà venu. Chaque scène paraît sortie d'un film que l'on verrait pour la seconde fois. Les étudiants déambulant dans les couloirs du Massachusetts Institute of Technology paraissent être des acteurs d'un film en plein tournage — et le fait que je ne comprenais qu'à peine ce qui se disait ajoutait une distance supplémentaire entre le spectateur que j'étais et ces acteurs imaginaires. Chacun des objets, et jusqu'aux paquets d'ordures ficelés et déposés sur les trottoirs, paraissait une copie de l'art américain contemporain. C'est leur génie que de savoir reproduire la réalité dans ses moindres détails : les paysages, les gens, les choses, les situations. Je pense que si les Américains ont le sens de la réalité, c'est qu'ils peuvent la saisir ; ils n'en ont pas peur ; ils se sentent assez forts pour l'affronter. Les Européens, en revanche, parce qu'ils sont plus faibles, se réfugient derrière une réalité idéalisée, ou, plus exactement, dans un idéal de la réalité. Ils ont assez de culture pour créer des concepts, mais pas assez de force pour saisir leur quotidienneté. Devant un événement, les Américains se demandent comment cela s'est passé ; les Européens, pourquoi.

Noam Chomsky me fit asseoir dans un vieux fauteuil cassé et nous parlâmes de l'action du Comité — en français et en hébreu, qu'il se rappelait encore d'un séjour en kibboutz. Puis il m'invita dans un restaurant proche, où nous prîmes des sandwiches et du café, ce café américain qui ressemble à du thé noir et qu'on vous sert à volonté. Des professeurs et des étudiants l'interpellaient en passant, et il répondait d'un mot ou d'un geste de la main. Avec l'un d'eux s'engagea une conversation que je ne pus suivre. Je fus alors pour moi-même quelqu'un qui me regardait, assis dans un de ces restaurants tant décrits par le cinéma ou le roman américain, moi l'acteur jouant le rôle de Marek en visite dans un film tourné par un metteur en scène que je ne voyais pas.

Atmosphère tout à fait différente chez Martin Peretz,

à Harvard : bureau fonctionnel, confortable. Chaleureux, nerveux, toujours en mouvement, la mèche dans les lunettes, il commença à me poser des tas de questions en même temps. Nous communiquions un peu en français, un peu en anglais et beaucoup par gestes. Il voulait savoir qui je connaissais en Israël, quels y étaient mes rapports avec la gauche et avec l'establishment. Il me promit de m'appeler deux jours plus tard à New York, où il devait passer.

« Take care, me dit-il en me raccompagnant.

— Sol men zein gesund (1), répondis-je mécaniquement en yiddish.

— Mais tu parles yiddish ! Quand je pense que nous avons souffert pendant une heure ! Rassieds-toi... »

Son yiddish était coloré d'un léger accent américain. Nous prîmes du café et pûmes enfin nous comprendre.

De retour à New York, je reçus un coup de fil de Silvers, à qui Chomsky avait suggéré de profiter de mon passage pour relancer le comité américain pour la paix au Proche-Orient — Committee on New Alternatives in the Middle East — qui avait cessé toute activité par suite de divergences entre ses animateurs. J'acceptai donc le principe d'une rencontre avec quelques-uns de ses représentants.

Cela se passa au premier étage d'un petit restaurant chinois, où l'on me présenta Peter Weiss, écrivain avocat, Paul Jacobs, syndicaliste, éditeur de la revue *Ramparts,* tout spécialement venu de San Francisco, Stanley Diamond, ethnologue, professeur à New School de New York, et un jeune homme, Allan Solomonof, recommandé par Chomsky pour s'occuper à plein temps du comité.

Malgré l'absence de groupuscules ou de partis de gauche, les intellectuels américains étaient comme nous déchirés sur le problème du Proche-Orient. Soutenir Israël, ou simplement demander au pouvoir de garantir sa sécurité, les plaçait dans le camp de ceux qui, en même temps, soutenaient l'intervention américaine au Vietnam. Lutter activement contre l'engagement viet-

(1) Pourvu qu'on ait la santé...

namien les poussait parmi ceux qui défendaient des idées isolationnistes — qu'Israël se débrouille — ou tiers-mondistes — qui condamnaient l' « Etat sioniste ». C'est ainsi que, comme en Europe, de nombreux intellectuels juifs s'écartèrent de la gauche à cause de son anti-israélisme, lentement déportés vers la droite.

Je leur proposai d'élargir leur comité en cooptant tous ceux qui avaient adhéré à notre comité à titre individuel et de coordonner leur activité avec nos comités à travers le monde. Ils acceptèrent avec enthousiasme : le prestige des intellectuels américains qui nous soutiendraient renforcerait notre position en Europe et, à l'inverse, le soutien des intellectuels européens renforcerait leur propre position aux Etats-Unis. Ils acceptèrent aussi le principe d'une édition anglaise d'*Eléments*.

En rentrant à l'hôtel, je trouvai un mot de Martin Peretz : il me demandait de prendre avec lui le petit déjeuner du lendemain. A l'américaine. A 8 h 30, il était déjà, lui, en pleine forme :

« Alors, dit-il, tu te démènes beaucoup ! »

Je lui rapportai nos décisions de la veille. Il dressa aussitôt une liste de personnalités à mobiliser, puis il me remplit un chèque de 1 000 dollars :

« Ma première contribution pour *Eléments*... »

Dans l'après-midi, je donnai à Allan Solomonof la liste de Martin Peretz :

« Cela m'étonnerait, dit-il après l'avoir parcourue, que ces gens acceptent d'appartenir au même comité que ceux qui y sont déjà... »

Amical et direct, véritable titi de Brooklyn, il s'était assis par terre. Je lui suggérai de faire parvenir à toutes les personnes de la liste le programme du comité. Il me semblait qu'ils se détermineraient davantage sur des arguments qu'en fonction des sentiments qu'ils éprouvaient vis-à-vis de tel ou tel...

« Les animosités personnelles, commenta Solomonof, sont bien souvent plus fortes que les programmes politiques... »

Il avait raison.

A mon retour à Paris, j'avais en poche les 1000 dollars de Peretz et ce qui me restait de la vente de mes tableaux à Los Angeles. Je me précipitai chez l'éditeur.

On raconte que le fameux rabbin de Berditchev vint un jour prier à la synagogue d'un petit village. Avant de se recueillir dans le saint des saints, il s'approcha d'un pauvre paysan debout dans un coin de la synagogue et lui demanda de lui prêter un rouble. Le paysan, heureux d'avoir été choisi, sortit son unique rouble et le lui donna.

A la fin de l'office, le rabbin rendit le rouble au paysan et le remercia chaleureusement. Le paysan ne put fermer l'œil de la nuit : il ne comprenait pas pourquoi le grand rabbin avait besoin d'un rouble pour aller prier. Le lendemain, à la première heure, il se précipita chez lui :

« O grand rabbin, je vous ai donné mon rouble de tout mon cœur, mais je voudrais tant vous demander pourquoi vous en aviez besoin.

— C'est très simple, répondit le rabbin. J'avais quelque chose à demander à Dieu, et, quand on a un sou en poche, on parle différemment... »

Je suis tenté de croire à la vertu de cette histoire : l'imprimeur, maintenant que j'avais un peu d'argent, me consentit des conditions moitié moindres que celles qu'il m'avait faites avant mon départ aux Etats-Unis. Sans doute avais-je parlé différemment. En tout cas, nous nous mîmes au travail. Loschak corrigeait les épreuves en même temps qu'elle préparait son doctorat. Claude Sitbon et moi courions les librairies pour préparer la distribution...

Le premier numéro d'*Eléments* fut reçu avec passion : critiqué autant qu'il fut loué, il divisa les camps. En deux semaines, nous enregistrâmes des centaines d'abonnements et les demandes des librairies de Beyrouth, de Tel Aviv et du Caire représentaient pour nous un important encouragement.

Nous reçûmes également à ce moment une première réponse à nos demandes de visites au Proche-Orient : la Histadrouth nous invitait. Nous constituâmes un premier groupe : Jean-François Revel, Fernand Rohman,

Vladimir Balvanovic, les deux professeurs belges Pierre Vertraeten et François Englert, ainsi que Clara et moi-même. Nous partirions une dizaine de jours plus tard.

Mais, en attendant, nous arriva une étrange histoire…

7

LE MYSTÉRIEUX LIU KUANG-YA

L'ECRIVAIN argentin Bernardo Kordon, de passage à Paris, nous rendit visite : il voulait savoir où j'en étais de ma peinture — il n'en avait rien vu depuis mes expositions de Buenos Aires en 1954. Il se dit ravi de mon évolution et sembla apprécier mes dessins politiques. Nous parlâmes aussi du Proche-Orient. Clara et moi lui expliquâmes ce que nous tentions de faire. Il était très intéressé, très attentif, nous posant des questions sur nos relations avec les différents partis de gauche :

« Avez-vous des contacts avec les Chinois ? nous demanda-t-il brusquement.

— Non, dis-je. Mais toi qui es un ami de Mao et qui vas en Chine tous les ans, tu pourrais peut-être nous trouver une introduction... »

Je m'imaginais déjà le succès que remporteraient les Chinois s'ils parvenaient, laissant l'U.R.S.S. et les Etats-Unis soutenir chacun l'un des belligérants, à réunir Israéliens et Palestiniens autour d'une même table. Mon enthousiasme était sans doute contagieux puisque Bernardo, qui devait déjeuner le lendemain avec l'ambassadeur de Chine à Paris, nous promit de lui en parler. Il nous téléphonerait, dit-il, aussitôt le déjeuner terminé.

Nous attendîmes longtemps, en proie à ce mélange d'espoir et d'appréhension qui semble faire s'étirer les heures. Bernardo n'appela qu'en fin d'après-midi. Il était très excité :

« Je téléphone depuis l'ambassade. Tout est réglé. »

Il nous demanda de déposer à l'ambassade des documents concernant le Comité, les articles que nous avions pu écrire, les appels que nous avions pu lancer. Il nous rappellerait le lendemain, avant son départ pour l'Argentine. Il semblait très fier.

Le lendemain matin, il nous réveilla : l'ambassadeur avait contacté Pékin et délégué une personnalité de premier rang à l'ambassade, Liu Kuang-Ya, pour rester en relation permanente avec nous :

« Liu Kuang-Ya, ajouta Bernardo, vous assurera toute l'aide nécessaire dans votre action. »

Le jour même, Clara téléphona à l'ambassade de Chine à Paris et demanda à parler à M. Liu Kuang-Ya. Elle l'obtint sans difficulté. Liu Kuang-Ya dit alors être très content de notre démarche, nous assura qu'il connaissait déjà notre action, dont il pensait qu'elle était très importante. Il voulait nous rencontrer. Il proposa le vendredi 15 mars — mais où ? Clara lui suggéra de venir chez nous. Liu Kuang-Ya rit, puis déclara que, pour la première rencontre, nous pouvions nous voir à l'ambassade.

Le jeudi 14 — la veille, donc, du rendez-vous — nous reçûmes une lettre à en-tête de l'ambassade de la République populaire de Chine en République française :

« Madame,

« Suite à la conversation téléphonique, j'ai eu l'honneur de prendre rendez-vous avec vous pour le vendredi 15 mars. Cependant, je serai pris ce jour-là à cause d'un empêchement imprévu. Ainsi, je me permets, à mon regret, de vous envoyer la présente pour vous proposer de reporter ce rendez-vous à une date ultérieure. Et réitérant mes excuses, je vous prie, Madame, de bien vouloir croire à l'assurance de nos sentiments les meilleurs. »

C'était signé : Liu Kuang-Ya.

Deux jours plus tard, Clara téléphona de nouveau à l'ambassade. La standardiste, après un moment, s'excusa de ne pouvoir joindre M. Liu Kuang-Ya, celui-ci étant absent pour deux jours.

Nous attendîmes trois jours, puis Clara rappela. Cette fois, la standardiste lui passa quelqu'un qui n'était pas Liu Kuang-Ya et qui, après avoir écouté ses explications, lui conseilla de retéléphoner le lendemain.

Ce que fit Clara. La standardiste lui passa de nouveau un inconnu, qui prétendait ne pas connaître Liu Kuang-Ya :

« Etes-vous bien sûr qu'il travaille à l'ambassade ? »

Clara répondit que oui. L'inconnu demanda à Clara de patienter. Clara patienta. L'inconnu revint en ligne lui annoncer que cette personne ne travaillait pas à l'ambassade.

« Peut-être, insista Clara, M. Liu Kuang-Ya a-t-il travaillé à l'ambassade mais a-t-il dû quitter son poste pour rejoindre la Chine ? »

L'inconnu, très poliment, proposa, si Clara voulait bien attendre encore un peu, d'aller se renseigner...

« Non, dit-il au bout d'un moment, je regrette. Personne de ce nom ne travaille à l'ambassade et n'y a jamais travaillé... »

Comme Clara, abasourdie, ne réagissait pas, il redemanda :

« Etes-vous bien sûrs qu'il a travaillé ici ? A l'ambassade populaire de Chine ? »

Clara dit qu'elle avait sous les yeux une lettre de l'ambassade signée Liu Kuang-Ya :

« Pourtant nous ne connaissons pas ce monsieur ici !

— C'est curieux, dit Clara.

— En effet, dit l'inconnu, c'est curieux. »

Et il raccrocha...

8

ISRAËL DE LONG EN LARGE
BEN GOURION

CLARA, partie pour Israël quelques jours avant nous, nous attendait à l'aéroport de Lod avec une délégation de syndicalistes et le programme d'une semaine bien remplie. La Histadrouth avait mis à notre disposition deux voitures, dans lesquelles nous allions parcourir le pays de long en large et de six heures du matin à minuit passé.

Jean-François Revel, qui se levait avant nous tous, ne tenait plus debout à dix heures du soir ; quand nous commencions à craindre que sa bonne tête ronde ne tombe dans un plateau de ces gâteaux au fromage dont on nous gavait, nous le mettions dans un taxi en expliquant à nos hôtes qu'il devait rentrer préparer son article pour *L'Express*. Balvanovic préparait une série de reportages pour les journaux yougoslaves et Fernand Rohman, ému, prenait des photos et des notes. Pierre Verstraeten, lui, ne se séparait pas du numéro spécial des *Temps modernes* consacré au conflit ; il cherchait sans repos à en comparer la teneur à la réalité, ce qui ne manquait pas de susciter entre nous de riches controverses. Notre chauffeur, Ami — ce qui, en hébreu, signifie « mon peuple » —, pourtant habitué à des visiteurs de tout genre, n'en revenait pas. Il n'avait, disait-il, jamais rien vu de pareil...

« Vous êtes dans un pays que vous dites vouloir connaître, mais vous passez votre temps à vous bagarrer entre vous sans même regarder le paysage ! »

Il me semblait qu'Israël, en quelques mois, avait

changé. Le pays s'était agrandi des territoires occupés, dont la population arabe ne paraissait pas vouloir se révolter ; les affaires, après la dure récession qui avait précédé la guerre des Six-Jours, marchaient bien ; les menaces des voisins s'étaient faites lointaines ; la chanson « Jérusalem d'or » était remplacée par « Charm el Cheikh, nous revenons vers toi pour la deuxième fois » : avec cet art inimitable de s'accommoder de la situation, Israël s'installait sans drame de conscience dans cet état de ni-paix-ni-guerre qui, s'il ne résolvait rien, laissait au moins le pays courir vers ce qu'on y appelait la « normalité ».

La plupart des Israéliens considéraient que la gauche européenne, avec ses scrupules et ses réserves, avait fait cause commune avec l'ennemi. Aussi l'arrivée d'une délégation du Comité international de la gauche provoqua-t-elle une curiosité générale. Tout le monde voulait nous voir : les Matzpen (l'extrême gauche), Lyova Eliav et Ben Aharon (les colombes du Parti travailliste), Uri Avnery, les représentants des deux partis communistes et même les ministres en fonction et les Palestiniens des territoires occupés.

C'est ainsi que nous arrivâmes un matin à Gaza. Le commandant de la région militaire de Khan Younis nous attendait, un grand gaillard roux né en Israël qui avait appris de sa femme, d'origine belge, à parler le français avec l'accent de Namur :

« La guerre, c'est la guerre, et nous ne l'avons pas cherchée, dit-il en nous conduisant vers l'un des huit camps de réfugiés installés dans l'enclave égyptienne de Gaza. Mais être l'occupant, c'est vraiment un sale boulot…

— Ce n'est pas pire que nos bidonvilles d'Aubervilliers, s'exclama Fernand Rohman.

— Tes bidonvilles d'Aubervilliers ne justifient pas ces camps, répliqua Pierre.

— Il ne s'agit pas ici de justification mais d'information », intervint Revel.

Devant une longue bâtisse de torchis, une file de femmes, de vieillards et d'enfants...

« L'aide de l'U.N.R.W.A. », nous indiqua le commandant...

Nous approchâmes. A l'intérieur, derrière un comptoir, quelques personnes en blouses blanches distribuaient des rations de farine et de riz. Des mouches. Trois gros ventilateurs levaient avec peine quelques lentes vagues d'air...

Un peu à l'écart, assis sur une pierre, je me revis, petit garçon, attendant moi aussi, dans une file semblable, ces mêmes rations. Un jour, on me vola mes cartes de ravitaillement. J'avais peur de rentrer à la maison. La faim, je savais ce que cela voulait dire. Mon père me retrouva endormi sur un banc du petit square, près de la ville basse. Un ami qui nettoyait le local de l'U.N.R.W.A. eut pitié de nous et rassembla pour nous le donner ce qui pouvait rester de farine et de riz sur le comptoir. Ma mère en fit une bouillie que nous mangeâmes en silence. Le sable mêlé à la farine nous craquait sous la dent, un goût de poussière nous emplissait la gorge. Un de mes cousins ne put finir, il sortit et je l'entendis vomir derrière la maison.

A Gaza, je n'avais pas envie de participer aux discussions que mes compagnons avaient engagées avec les Palestiniens. Un instituteur traduisait et, de plus en plus nombreux, les gens accouraient : il n'y a guère de distractions dans un camp de réfugiés. Le commandant voulut s'approcher, mais François Englert s'interposa :

« En votre présence, ils ne parleront pas. »

Les Palestiniens énuméraient leurs griefs, aussi bien contre les Israéliens que contre leurs propres représentants :

« Nous voulons rentrer chez nous, disait un jeune homme.

— C'est où, chez vous ? demanda Revel.

— A Jaffa.

— A Tel Aviv aussi, renchérit un autre.

— Quel âge avez-vous ?

— Moi, dix-huit ans, dit le premier ; lui, vingt.

— Vous êtes donc nés dans le camp ?

— Oui.
— Pourquoi n'êtes-vous jamais sortis d'ici ?
— Pour aller où ?
— En Egypte, par exemple.
— Les Egyptiens ne voulaient pas de nous.
— Et si l'on créait un Etat palestinien en Cisjordanie et à Gaza, accepteriez-vous de vivre à Gaza, à Naplouse ou à Djénine ?
— Non.
— Pourquoi ?
— Parce que nous voulons retourner à Jaffa. »

Ils commencèrent à vouloir parler tous en même temps. Sous la pression de la foule, le comptoir finit par s'écraser. Un soldat parvint à nous rejoindre au milieu de la cohue et nous demanda de partir : il craignait que cela ne dégénérât en émeute. Nous nous dégageâmes avec peine. Près de nos voitures des garçons nous distribuèrent, sous l'œil du commandant et des soldats, des tracts anti-israéliens. Nous quittâmes le camp, pour une fois silencieux.

« J'espère vous revoir bientôt, dit le commandant... Vous viendrez dans mon kibboutz... »

Un an plus tard, sa jeep sauta sur une mine, et il fut tué.

De Gaza, nous partîmes pour Hébron, où nous avions rendez-vous avec le cheikh El Jaabari et un groupe de notables palestiniens. Dans la voiture, Pierre Verstraeten me reprocha de n'avoir pas parlé aux réfugiés :

« Tu ne t'es même pas approché d'eux.
— Je les comprenais, dis-je.
— Tu compatissais ! », intervint François avec ironie.

Comment expliquer ?

« Non, dis-je, j'étais eux.
— Et tu es peut-être aussi un Vietnamien ? demanda encore François.
— Il se fait, dis-je, que j'ai été ces Palestiniens faisant la queue pendant des heures pour une ration insuffisante, que j'ai été aussi ces Vietnamiens cachés durant des semaines dans une cave à compter les explosions des bombes, que j'ai été ces Biafrais squelettiques aux ventres gonflés par la faim... »

J'étais énervé... Revel intervint :

« C'est pour cela que cette guerre est si différente des autres. Beaucoup de Juifs venus en Israël ont les mêmes souvenirs que Marek et, quand ils compatissent devant ces Palestiniens, ce n'est jamais, comme nous, de manière paternaliste. Ils *sont* ces Palestiniens. La tragédie réside dans le fait que ces jeunes garçons de Gaza veulent Tel Aviv, mais que Tel Aviv est le seul endroit au monde où les Juifs ne se sentent pas Palestiniens... »

Je n'aimai pas le silence qui s'installa alors dans la voiture. Je me revoyais, enfant, creusant le sol gelé à la recherche d'une pomme de terre oubliée et rêvant sans fin à du pain blanc trempé dans du chocolat chaud... C'était devenu une obsession... Un jour, enfin, nous avions reçu, dans un paquet de l'U.N.R.R.A., du chocolat en poudre et une boîte de biscuits moisis. J'avais préparé le chocolat dans la plus grande casserole et j'y avais mis les biscuits à tremper. Cela sentait aussi bon que dans mes rêves. Ayant posé, avec d'infinies précautions, la casserole sur la table, j'étais resté longtemps le nez dessus, comme un petit vieux qui cherche son enfance. Quand j'avais commencé à manger, j'avais été presque tout de suite écœuré. Mon estomac, crispé par la faim permanente, refusait tant de nourriture. J'avais le hoquet, je pleurais, je n'en pouvais plus. Je me forçai pourtant. Mais je dus en abandonner la moitié — je n'avais pu avaler mon rêve.

Raconter ça aux autres pour justifier mon attitude ? Mes malheurs ne justifiaient pas ceux des Palestiniens. Quand le rabbin Yohanan ben Zakaï perdit son fils, le Talmud raconte que ses trois élèves les plus proches vinrent le consoler. Le premier lui dit : « Adam aussi avait perdu un fils, et pourtant il surmonta sa douleur. » — « Ne suis-je pas assez triste, répondit Yohanan, pour que tu me rappelles encore les malheurs d'Adam ? » Le deuxième élève arriva et dit : « Ne sois pas désespéré ! Pense à Job qui, en un seul jour, perdit tous ses fils et toutes ses filles... » — « N'ai-je pas assez de mon désespoir, répondit Yohanan, pour que tu me fasses partager aussi celui de Job ? » Enfin vint le troisième élève, Rabbi Eliezer, qui dit : « Tu avais un fils, il étudiait la Thora, les Prophètes, il a quitté notre monde sans avoir péché. Je comprends ta douleur, mais dis-toi que tu as fait pour lui tout ce que tu as pu. » — « Mon cher Eliezer, répondit Yohanan, toi, au moins, tu me consoles comme il faut consoler les hommes... »

Toute souffrance est unique pour celui qui souffre. Et raconter ma vie, faire saigner ma mémoire à vif, n'aurait servi à rien, si ce n'est à expliquer mes réactions en Israël-Palestine : ce n'était pas l'objet de notre voyage. Le mauvais silence dans lequel nous nous tenions dura jusqu'à Hebron.

Nous approchions de la grande place d'où part l'escalier qui monte aux tombeaux des Patriarches quand une explosion sourde secoua notre voiture. Ami freina brusquement. Toutes les fenêtres se fermèrent en même temps. Les rideaux de fer des boutiques semblèrent tomber d'un coup. La foule des Arabes, qui serraient contre eux des cabas, des paquets, des balluchons, courait en tous sens, comme un troupeau affolé. La voiture fut poussée, bousculée, déplacée. Deux minutes plus tard, la place, la rue, tout était désert.

« Sans doute un attentat, dit Ami, nous ferions mieux de rentrer à Jérusalem. »

Il commençait son demi-tour quand je l'arrêtai :

« Non, nous avons rendez-vous chez El Jaabari, il n'y a aucune raison de ne pas y aller... »

Alors, du coin de la place où nous étions, nous vîmes, comme au cinéma, se dérouler les événements : des soldats en armes qui se postaient sur le toit des maisons, un hélicoptère qui se posa dans un tourbillon de poussière pour charger les blessés — une fillette et un ouvrier arabes — et les emporter vers l'hôpital, des automitrailleuses bourrées de militaires qui bloquaient toutes les issues de la place, une dizaine d'Arabes qu'on faisait aligner, debout, mains en l'air contre un mur en attendant d'être interrogés, un à un, par deux officiers israéliens installés à une table trouvée je ne sais où. D'où nous étions, nous ne pouvions entendre l'interrogatoire. Mais, à un moment, l'un des trois Arabes encore contre le mur dit quelque chose à haute voix. Un des soldats qui les gardaient lui expédia aussitôt son pied dans le cul — et ce coup de pied marqua notre séjour en Israël.

« Voici l'expression de toute la violence possible, s'exclama Pierre Verstraeten.

— Ce n'est qu'une expression violente dans une situation donnée, corrigea Revel.

— Non, reprit Pierre, je refuse de limiter ce geste à une situation, car l'occupation, déjà, est violence. Entre ce coup de pied et un camp de concentration, il y a une différence de degré, non de nature... »

Jean-François s'énervait :

« Vous gommez le concret par une généralisation abstraite... Tout l'avenir n'est pas préfiguré dans un seul acte !

— Je me trouvais, intervint Balvanovic, dans un maquis, en Yougoslavie, et savez-vous ce que faisaient les Allemands après chaque attentat ? Eh bien, ils prenaient des otages, parfois des villages entiers, et les fusillaient.

— Et les ratonnades en Algérie ! ajouta Revel.

— Cela peut arriver ici aussi, répondit Pierre.

— Cela se pourrait, dit Revel, mais vous ne pouvez pas dire que cela arrivera... Je n'aime pas beaucoup le déterminisme dans l'Histoire... »

Sa discussion, pour exemplaire qu'elle fût, ne m'intéressait guère. Moi, ce qui me bouleversait, c'était de voir ces jeunes garçons juifs, armés, gardant des Arabes mains en l'air. Comme se le demandait, quelque temps plus tard, mon vieil ami Georges Wald : « Est-ce donc là le prix que les Juifs doivent payer pour avoir droit à une nation ? »

Le cheikh El Jaabari était seul, et parut étonné de nous voir arriver en dépit des événements. Il semblait préoccupé par l'attentat, qui, il le savait, le visait plus qu'il ne visait les Israéliens. Pourtant, l'hospitalité arabe reprit vite le dessus, et il nous invita dans son salon, où un domestique nous servit le café. Le cheikh portait, à son habitude, un cafetan noir sur une chemise blanche, était coiffé d'un turban et égrenait, de ses doigts pâles, un gros chapelet d'ambre jaune...

Nous posâmes des questions, mais le cheikh restait distrait. La discussion ne démarrait pas. Toutes les quelques minutes quelqu'un venait avec déférence l'informer à voix basse de la situation. Nous nous levâmes pour partir. Le cheikh sourit alors pour la première fois, nous pria de l'excuser et nous invita à revenir.

Les événements dont nous avions été témoins à Hébron suscitèrent une violente discussion entre nous, alors que nous dînions. Elle reprit de plus belle le lendemain matin quand Yigal Allon, alors vice-premier ministre et ministre de l'Education, vint prendre le petit déjeuner :

« La guerre, dit-il, finit par déformer celui qui la fait, et c'est une raison de plus pour que les Arabes et les Israéliens fassent la paix le plus vite possible.

— Etes-vous prêts, pour la paix, à rendre tous les territoires ? » demanda Pierre.

Allon avait son plan, qu'il nous exposa et qui nous laissa plutôt sceptiques : les Arabes accepteraient-ils de ne pouvoir exercer toute leur souveraineté sur le territoire qu'ils recouvreraient ? La paix était-elle possible sans que soit résolu le problème palestinien ? Allon était conscient qu'il y avait là une difficulté, mais il pensait pouvoir la résoudre dans le cadre d'un traité de paix séparé avec la Jordanie. Le col blanc de sa chemise contrastait avec sa peau bronzée. Il était survolté et finit par nous annoncer qu'un commando israélien avait fait sauter des pylônes à haute tension de l'autre côté du canal de Suez — on dit à l'époque que c'est lui qui avait pris l'initiative de cette opération. Comme il devait se rendre au Conseil des ministres, il nous planta vite là avec nos questions.

Dans la journée, nous devions visiter Massada — cette forteresse qu'Hérode construisit au bord du désert de Judée, en aplomb de la mer Morte, et où les derniers rebelles juifs de l'Empire romain tinrent tête pendant deux ans avant de s'entre-donner la mort pour échapper à l'esclavage. Nous devions ensuite dîner à Beershéva avant de nous rendre chez Ben Gourion, installé depuis sa retraite politique au kibboutz de Sdé-Boker (1).

Devant m'occuper à préparer une exposition de mes dessins à Tel Aviv, je laissai le groupe partir sans moi, pensant le rejoindre à Beershéva. Mais je ratai le rendez-vous et arrivai seul à Sdé-Boker, après un étrange voyage en taxi dans la nuit du désert où semblait s'enfoncer la route étroite. Une femme nous indiqua la baraque de Ben Gourion. Une sentinelle me fit entrer sans formalité ni cérémonie dans la pièce où « le Vieux », vêtu du pantalon et du blazer kaki de l'époque de la Hagana, conversait déjà avec mes amis.

« Voici Théodore Herzl ! s'exclama-t-il en voyant ma barbe noire. Soyez le bienvenu. Il me semble que nous nous sommes déjà vus quelque part...

— Oui, dis-je, à la Knesseth (2).

— C'est cela, approuva-t-il en faisant visiblement un effort de mémoire, mais quand ?

— Rappelez-vous, je suis le grand portrait derrière le présidium...

— Vous parlez du portrait de Herzl ! »

Ben Gourion éclata de rire. Même son rire portait cet accent inimitable : mélange de yiddish polonais et d'intonation orientale. Il demanda :

« Vous venez vous installer en Israël ?

— Non.

— Eux non plus ? »

Il désignait le groupe...

« Non.

— Pourtant, nous avons besoin de gens de gauche ici.

— Mais ils ne sont pas juifs, fis-je remarquer.

— Nous n'avons pas besoin que de Juifs... Et en matière d'expérience socialiste, nous sommes pratiquement les seuls à avoir réalisé quelque chose d'important. Le kibboutz ne représente-t-il pas la seule véritable réussite du socialisme ? »

(1) Arrivé en Palestine en 1905, fondateur de l'Etat d'Israël en 1948, Ben Gourion fut pour la dernière fois Premier ministre en 1963.

(2) Parlement israélien, à Jérusalem.

Il me fit asseoir près de lui et, comme Pierre prenait des photos, il posa avec « ce jeune Herzl ». Il rit encore :

« Deux générations si différentes !

— Croyez-vous, demanda Revel, à une paix prochaine ?

— Oui, car je pense que Nasser en comprend lui aussi l'importance. C'est un homme intelligent et pratique, il doit savoir qu'il y a mieux à faire que la guerre. Regardez ici, dans le Neguev, autour de ce kibboutz, combien il reste encore de terre à défricher...

— Etes-vous prêt à rendre tous les territoires actuellement occupés par Israël ? demanda Pierre.

— Pour la paix ?

— Pour la paix.

— Pour la paix, mon jeune ami, je suis prêt à rendre tous les territoires, et même pour Jérusalem, nous pourrions nous arranger facilement... »

Ben Gourion était apparemment heureux de discuter avec nous. Il devenait de plus en plus vivant, racontait des histoires et riait beaucoup. Tantôt il s'enfonçait dans des souvenirs lointains — il était arrivé en Palestine en 1905 ! — jusqu'à oublier notre présence, et tantôt, émergeant soudain dans l'actualité, il analysait pour nous la situation du jour avec une intelligence et une ouverture d'esprit peu communes...

« Etes-vous pour la création d'un Etat palestinien ? lui demanda Clara.

— Quand les Nations Unies, en 1948, ont décidé un partage de la Palestine, nous l'avons accepté aussitôt. Cela signifiait que nous acceptions un Etat palestinien à côté du nôtre. J'ai dû, et croyez-moi, ce n'était pas facile, pointer nos armes contre nos propres frères, ceux de l'Irgoun, qui ne voulaient pas renoncer à ce qu'ils appelaient la patrie historique. Et ce sont les Arabes qui, en ouvrant les hostilités et en annexant les uns la Cisjordanie et les autres Gaza, n'ont pas permis la création d'un Etat palestinien... »

Ben Gourion s'interrompit un instant, son regard se fit lointain, et il reprit :

« En 1936, en avril, j'ai eu une longue discussion avec

Georges Antonius (1). C'était un grand nationaliste arabe, un homme très intelligent. Je lui ai demandé pourquoi les Juifs et les Arabes ne pourraient pas s'unir dans la lutte pour la libération de la région. Ensemble, nous aurions été très forts. Il m'a répondu que c'était une bonne idée, mais que cette libération ne pourrait en aucun cas aboutir à la création d'un Etat juif tout simplement parce que les Arabes considéraient cette terre comme la leur, et qu'ils se battraient pour la conserver. " Mais mon ami, lui ai-je dit, cette terre est presque vide : des marécages dans le nord, le désert dans le sud, et une bande côtière à peine peuplée. " " C'est vrai, admit Antonius, mais un peuple ne lutte pas pour sa propre génération. Ses fils et ses petits-fils auront besoin de cette terre. " Je lui expliquai que pour nous, les Juifs, Eretz Israël était le seul pays possible, le seul pays où nous enracine notre Histoire, tandis que la nation arabe a des étendues infinies. Il n'était pas d'accord : pour lui, chaque parcelle de la Nation arabe a sa propre identité et elle veut la vivre indépendamment. Il n'était pas d'accord non plus quand je lui disais que l'existence d'un Etat juif en Palestine ne mettait aucunement en danger la civilisation arabe et sa liberté. Il craignait que l'arrivée de centaines de milliers d'immigrants formés à la technologie occidentale ne finît par transformer la population arabe en main-d'œuvre à bon marché. " Pourquoi, lui demandai-je, ne pas avoir confiance en la nation arabe ? Ne croyez-vous donc pas au potentiel humain, intellectuel et économique du monde arabe ? Pourquoi, une fois libéré, ne pourrait-il pas atteindre très rapidement le même niveau que le nôtre ? " " C'est un problème d'éducation, me répondit-il. Beaucoup de Juifs qui viennent ici sortent des universités, tandis que la majorité de notre peuple sort à peine du désert. Le temps de vous rattraper, et vous aurez implanté ici un Etat fort qui nous dicterait les conditions d'une coexistence. Pour nous, les aspirations des

(1) L'idéologue du nationalisme arabe, auteur de *The Arab Awakening*, Ed. Hamish Hamilton, Londres, 1938.

Arabes et celles des Juifs sont incompatibles. " Vous imaginez bien que je n'étais pas du tout d'accord.

« Je pensais, poursuivit Ben Gourion, que nous pouvions lutter ensemble pour nous libérer, avant de collaborer politiquement et économiquement pour le bien de nos deux peuples. Je lui ai bien fait comprendre que le retour en Eretz Israël n'était pas pour nous un caprice, mais un problème de survie, une question de vie ou de mort. Je l'ai prévenu que nous viendrions ici avec ou sans entente entre nous, et que si nous avions à choisir entre des pogroms en Allemagne ou en Pologne et des pogroms en Eretz Israël, nous choisirions les pogroms d'ici. " Mais, lui demandai-je à la fin, pourquoi, pourquoi donc nous combattre ? Ne serait-il pas plus bénéfique pour tous de... " »

Ben Gourion s'arrêta de parler, passa la main dans ses cheveux blancs en désordre et nous regarda comme s'il se demandait ce que nous faisions là. Il plissa le front puis se détendit : il reprenait pied dans la réalité.

« Si vous allez voir vos amis dans les pays arabes, dites-leur que je continue, du fond du Néguev, à leur poser cette même question que j'ai posée à Antonius il y a plus de trente ans. »

Le garde faisait de grands signes au « Vieux ». Je m'approchai de lui. Il m'expliqua qu'il était tard et que le médecin interdisait à Ben Gourion de veiller si longtemps. Je dis que nous allions partir. Ben Gourion me regarda avec reproche, il se leva à son tour à contrecœur et nous raccompagna jusqu'à la porte. Quand nous nous enfonçâmes dans la nuit fraîche du désert pour rejoindre la voiture, nous vîmes longtemps encore sa silhouette trapue dans l'embrasure de sa baraque de planches. Il m'a semblé qu'il nous faisait signe de la main.

Clara, quelques années plus tard, en 1973, essaya d'enregistrer un entretien avec lui dans sa maison de Tel Aviv. Il était malade, très affaibli, et ne la reconnut même pas. Le médecin avait demandé que Clara y allât seule : il craignait que la vue de deux personnes n'incommodât Ben Gourion. J'attendis donc dehors, sur un banc des Shdérot Keren Kayemet. Il me fut pénible d'écouter plus tard l'enregistrement de Clara. Aux questions, qu'il fallait d'ailleurs répéter plusieurs fois, il répondait à côté, ou ne répondait pas du tout. Ces grognements inintelligibles, venant de la part d'un homme comme lui, me faisaient mal au cœur. Pourtant, en un éclair de lucidité, peut-être le dernier qu'il eut, à la question : « Qu'auriez-vous fait si vous aviez été palestinien ? », il répliqua :

« Mais Clara, je ne peux pas vous répondre parce que justement je ne suis pas palestinien ! »

Il mourut quelques mois plus tard.

9

MAI 68

LE groupe rentra en France le lendemain de notre visite à Ben Gourion. Clara et moi nous nous attardâmes quelques jours encore. Je pris l'avion le 7 mai — nous étions en 1968. Je récupérai ma voiture à Orly. La police m'arrêta une première fois près de la place Denfert-Rochereau et m'expédia vers le boulevard Arago. Voulant tourner à gauche pour prendre la rue Saint-Jacques, j'en fus empêché par un nouveau barrage de police. Je garai la voiture et, curieux, descendis voir ce qui se passait. A la hauteur du Panthéon, une masse compacte de policiers barrait la chaussée. Immobiles, noirs, casqués, on eût dit, derrière leurs boucliers ronds, des chevaliers du Moyen Age rangés pour la bataille. Un peu plus loin, l'odeur âcre des grenades lacrymogènes saturait l'atmosphère, et des centaines de jeunes gens couraient dans tous les sens. C'est alors que j'entendis quelqu'un m'appeler à travers la fumée : « Marek, viens nous aider ! » C'était mon ami architecte Bernard Rousseau. Il me passa quelques pavés que je passai à mon tour à une jeune fille en blue-jeans et corsage jaune. Ainsi me retrouvai-je à construire une des premières barricades de ce fameux mois de mai.

Du coup, les visages des Arabes et des Israéliens rencontrés la veille encore se firent lointains. Ici, dans l'exaltation du moment, il ne s'agissait ni plus ni moins que de la Révolution — un autre rêve de mon enfance.

Les premiers jours de l'insurrection étudiante, je me promenai à travers le Quartier latin jonché de caisses, de bancs renversés, de douilles de grenades lacrymogènes comme Pierre à travers Moscou en flammes, dans *Guerre et Paix*. Je ne pouvais m'empêcher d'admirer la beauté du spectacle : ces groupes de jeunes gens aux poings levés, ces drapeaux rouges, ces barricades, ces chants révolutionnaires, toutes ces images étaient fortes comme celles d'Einsenstein. Une autre impression, aussi, me serrait la gorge, comme à chaque manifestation, quand les foules aux drapeaux rouges chantent d'une seule voix la révolution en marche. Elle me vient de loin. Ma mère m'avait assis, un jour de 1er Mai, sur le balcon de notre appartement, à Varsovie, pour que je puisse voir le défilé. Après une longue attente, j'avais vu arriver comme une mer d'hommes et de femmes, leurs drapeaux en houle rouge. Mon père marchait près de mon grand-père, à la tête du syndicat des imprimeurs, en majorité Juifs religieux, avec barbes et calottes. Quand la police montée les avait chargés, ils avaient entonné *L'Internationale* et *La Marseillaise*, et leurs voix montaient vers moi, que l'émotion brisait...

Mai 68 semblait ne pas devoir se terminer ; c'était une fête permanente, où personne ne pliait son drapeau à l'heure d'aller dormir, où les jours s'improvisaient, sans rendez-vous obligés ni plans dressés par un lointain état-major. Nous discutions longuement chaque décision et la démocratie athénienne avait conquis le Saint-Michel. A chaque coin de rue, des groupes commentaient, expliquaient, persuadaient. Ah, si le slogan d'alors — « Parlez à vos voisins » — pouvait avoir cours partout dans le monde...

Mais c'est au contraire la non-communication qui est la règle. Un jour, à New York, je devais aller voir Henry Geld-zahler, qui, en matière de peinture contemporaine, fait la pluie et le beau temps aux Etats-Unis. Je fus reçu au Metropolitan Museum par un petit monsieur gras, barbiche et grosses lunettes rondes. Bureau immense, orné de grandes toiles de peintres américains. Il me fit asseoir près d'une table basse en aluminium et me demanda de lui montrer mon travail.

Je lui tendis mes albums de dessins et les diapositives de mes tableaux. Il les regarda rapidement et me les rendit :

« Je ne dis pas que c'est bon ou pas, mais cela ne m'intéresse pas.

— Pourquoi ? » demandai-je.

Il me regarda d'un air surpris :

« Je n'ai pas à vous donner d'explications... »

Là-dessus, je quittai l'homme dont l'opinion était si importante. Quelques jours plus tard, je me trouvais à Bruxelles quand une patrouille de police arrêta ma voiture. On me demanda mes papiers. Je les tendis et demandai :

« Pourquoi ? »

Le policier haussa les épaules :

« Ça alors ! Je n'ai pas à vous donner d'explications ! »

« La violence, me dit un jour Albert Memmi, commence là où finit la parole. » J'ai toujours ressenti la pression aveugle de la loi comme une violence. Et chaque fois que je dois donner mes papiers ou des explications, rendre compte d'une manière ou d'une autre de mon existence à des gens qui ne pensent pas avoir à me dire le pourquoi de leur attitude, j'ai envie de tuer. Il me semble que, oui, je pourrais tuer dans ces moments-là. Je ne serais pas, comme le « K » de Kafka, resté pendant des heures, des jours, des années, à attendre devant la porte de la Loi, je l'aurais fait sauter. Je me rappelle ces Allemands qui, braquant en riant le faisceau de leurs torches sur mon visage d'enfant, demandaient : « Jude ? ». Dire la vérité ? Mentir ? Ou encore demander : pourquoi ? En mai 68, les gens raisonnables s'amusèrent de tous nos discours, mais c'est peut-être, après tout, parce que nous parlions tant — que nous communiquions — qu'il n'y eut pas, ou presque pas, de victimes. « Nous avons pris la parole ainsi que la Bastille », a écrit Clavel en commentaire à mes dessins.

La cour carrée de la Sorbonne ne désemplissait pas, c'était le grand forum de la démocratie directe. On y venait par conviction ou par curiosité et bien souvent, pris par telle ou telle vague, on restait. Les amphithéâtres s'étaient transformés en dortoirs. Dans cette masse en fusion que semblait irriguer la musique révolutionnaire déversée sans relâche par deux haut-parleurs, les Juifs et les Arabes se retrouvèrent avec leurs problèmes et leur passion.

Apparut bientôt un énorme stand d'El Fath, vite suivi par celui des étudiants sionistes-socialistes. Entre les deux, les Juifs et les Arabes accourus de toute la ville trouvèrent enfin un endroit pour discuter. Amos Elon, envoyé à Paris par son journal de Tel Aviv, n'en croyait pas ses yeux :

« On dirait que les étudiants de la Sorbonne s'intéressent plus à ce qui se passe au Proche-Orient qu'à ce qui se passe ici ! »

Claude Lanzmann vint un soir avec Simone de Beauvoir. Tous deux étaient outrés par la virulence anti-israélienne du stand d'El Fath. Claude commençant à s'énerver — il devient vite violent — je proposai que nous allions au Comité d'occupation demander la suppression des deux stands ennemis.

Au Comité d'occupation, il n'y avait personne, comme d'habitude. Claude partit furieux. Il revint à la charge deux jours plus tard, cette fois avec Judith Magre. Il m'extirpa du groupe d'étudiants avec qui je discutais et me serra chaleureusement dans ses bras : j'ai rarement vu quelqu'un changer d'humeur et de sentiment à une telle vitesse et avec une telle véhémence. Au Comité d'occupation, nous trouvâmes, cette fois, un des responsables du P.S.U.

« Qui est-ce ? » me demanda le responsable.

Je lui présentai Claude...

« Ah ! dit-il, c'est vous le supporter des fascistes-sionistes ! »

Claude pâlit, ôta ses lunettes et me les tendit, attrapa le type, le souleva du sol et commença à le secouer. Il criait :

« Tu veux voir ce que font les fascistes des ordures comme toi ? »

Judith Magre et moi réussîmes à lui arracher des mains le malingre P.S.U. qui se débattait en vain, terrorisé. Nous entraînâmes Claude vers la cour. Il était hors de lui :

« Me traiter de fasciste, moi qui canardais les nazis quand je n'avais encore que seize ans ! Et cela uniquement parce que je soutiens Israël ! Des gens comme ça, si par malheur ils prenaient le pouvoir, installeraient aussitôt des camps de concentration pour ceux qui ne sont pas de leur avis... »

C'est à ce moment que Judith éclata à son tour :

« Ce pauvre mec qui ne représentait rien, dit-elle à Lanzmann, il fallait absolument que tu t'en prennes à lui pour pouvoir ensuite tout raconter à ton papa ! »

« Papa », c'était évidemment Sartre. L'affaire était mal partie. Je les détournai vers Faye et Memmi, au milieu de la foule. Par centaines, les gens parlaient d'Israël, des Arabes, des Juifs et des Palestiniens. Les discussions s'animaient dangereusement.

« Nous devrions faire quelque chose pour apaiser les esprits, dit Faye.

— Cela risque d'éclater d'un moment à l'autre, ajouta Zittoun qui venait de nous rejoindre. Et on prétendra alors que c'est à cause des Juifs et des Arabes que la Sorbonne est fermée... »

Le lendemain, nous distribuâmes notre premier tract, ronéotypé par Loschak. Il exhortait les étudiants israéliens et arabes à entamer un vrai dialogue plutôt qu'à faire de la Sorbonne une annexe des champs de bataille du Proche-Orient. Ce n'est pas que notre tract fût un chef-d'œuvre du genre, mais sans doute répondait-il à une attente : tous ceux qui en avaient assez des discussions stériles nous apportèrent aussitôt leur soutien. Je fus vite entouré d'une foule de jeunes gens inconnus qui me suivaient comme des ombres, montaient la garde autour de notre stand, vendaient *Eléments* et distribuaient nos appels.

Ce sont des Palestiniens qui nous avaient suggéré de nous installer à la Sorbonne. « Puisque tu as peur, me dit Daoud Talhami, président de l'Union des étudiants palestiniens, que notre bagarre avec les sionistes ne provoque une cassure dans le Mouvement, viens donc expliquer publiquement ta position, au lieu de demander la suppression de notre stand. » Nous nous étions donc installés. La propagande d'El Fath et celle des sionistes, les gens l'empochaient, mais c'est vers nous qu'ils venaient pour discuter. C'est alors que nous inventâmes un slogan qui fut vite repris dans le monde entier : « Au Proche-Orient, seule la paix est révolutionnaire. »

Une des rares nuits de cette époque où je rentrai chez moi, je fus réveillé par Moshé Sneh, notre ami du parti communiste israélien. Il arrivait d'Israël par la Belgique et voulait savoir quand aurait lieu le colloque sur le Proche-Orient. Ce colloque, qui devait se tenir le 17 mai, je l'avais totalement oublié, captivé que j'étais par le Mouvement et passant toutes mes heures à la Sorbonne. Mendès France, Simone de Beauvoir, Jean Daniel, Arnold Wesker, Angus Wilson et Rudy Supek, de Zagreb, devaient y participer. Il fallut tout annuler. Sneh tenait absolument à rencontrer Roger Garaudy, alors membre du Comité central du parti communiste français. Nous le dénichâmes au siège du Parti. Il se montra très réticent — Sneh avait été excommunié par l'Union soviétique — mais finit par accepter de lui accorder un quart d'heure dans un café proche de la maison du Parti.

Des embouteillages de cauchemar bloquaient tout Paris. Nous abandonnâmes la voiture en route et arrivâmes à pied, slalomant entre les monceaux d'ordures que l'on ne ramassait plus. Nous avions trois quarts d'heure de retard. Garaudy attendait devant un café-crème. Pendant plus d'une heure, Sneh expliqua les positions de son parti et sa conviction que l'on pouvait être communiste sans pour autant s'aligner sur la politique de Moscou ou en s'associant dans certains cas, avec d'autres forces :

« N'est-ce pas ce que les communistes français ont fait pendant la guerre et tout de suite après la guerre ? » demanda-t-il.

Garaudy ne répondit pas. Durant tout le temps où Sneh avait parlé, il n'avait pas dit un mot ; il prenait des notes. Quand Sneh eut terminé, Garaudy se leva, toujours sans commentaires nous dit au revoir et sortit.

Nous le vîmes traverser la place et s'engouffrer dans l'immense et revêche immeuble du Parti. Sneh resta un moment assis, silencieux, voûté, d'un coup vieilli. Lui qui avait espéré trouver de la compréhension au sein du communisme européen... Dehors, quelques jeunes passèrent en chantant *L'Internationale*. Moshé Sneh me sourit. Nous payâmes nos cafés et partîmes à notre tour.

A la grande manifestation du 13 mai, je me retrouvai, à la République, avec Tim et Derogy, sous la bannière des journalistes de *L'Express*. Avant le Châtelet, je les quittai pour aller voir un peu ailleurs. Je m'aperçus tout à coup que je marchais dans un espace vide entre la Fédération de l'Education nationale et la C.G.T. Un groupe d'étudiants de la Sorbonne, puis Albert et Germaine Memmi me rejoignirent. A hauteur du boulevard Saint-Germain, nous étions une centaine.

« Dommage, remarqua Claude Sitbon, que nous n'ayons pas songé à préparer une pancarte du Comité... »

La plupart des Juifs, que leur histoire rendait sensibles à la promesse d'une société fraternelle et tolérante, avaient mis aussitôt leurs espoirs dans la révolution de Mai. C'est l'hostilité proclamée de la plupart des groupes politiques à l'égard d'Israël qui les fit s'accrocher encore plus à leur identité et tourner leurs regards, au risque de paraître réactionnaires, vers l'Etat juif.

Clara rentra d'Israël quelques jours plus tard, après un périple incertain qu'imposèrent à la fois sa hantise de l'avion et les circonstances. Nous l'emmenâmes aussitôt à la Sorbonne, où elle passa le plus clair de son temps à animer les débats sur le Proche-Orient.

C'est ainsi qu'elle découvrit un soir que les étudiants israéliens préparaient un « coup » — leur guerre des Six-jours. Tout était prêt : six commandos de trois hommes chacun avaient été constitués ; le premier arracherait le drapeau palestinien du stand d'El Fath ; tandis que les Palestiniens se mettraient à leur poursuite, deux autres commandos détruiraient le stand, le quatrième devant retenir les deux ou trois Palestiniens qui resteraient à le garder. Les deux derniers étaient chargés de contrôler toute intervention extérieure, et, si rien ne se passait, de s'installer dans l'entrée de l'Institut anglais, rue de la Sorbonne, où le premier commando devait attirer les Palestiniens.

« Et vous leur ferez quoi ? demanda Clara.

— Nous ne leur ferons pas de mal, nous voulons seulement leur faire peur… »

Nous étions parvenus. Clara et moi, à les réunir place de la Sorbonne, devant la statue. Il fallait absolument désamorcer cette action, qui ne pouvait que dégénérer.

Nous leur expliquâmes patiemment l'absurdité du projet. Un autre stand, encore plus grand, remplacerait le stand détruit ; il serait gardé par d'autres groupes gauchistes ; la solidarité pro-palestinienne jouerait à plein : tout le contraire de ce qu'ils souhaitaient. Ils finirent par se laisser ébranler par notre argumentation. Etrange scène : nous parlions hébreu et la statue d'Auguste Comte n'en avait sans doute jamais tant entendu.

Je trouvai Sauvageot, le vice-président de l'U.N.E.F., qui était l'un des responsables du Mouvement de Mai :

« Il me faut une salle pour le Proche-Orient, lui dis-je, sinon ça va finir en bagarre.

— Prends l'amphithéâtre B, me répondit-il, je préviendrai le Comité d'occupation. »

L'amphi fut rempli — Juifs et Arabes — avant même que j'aie eu le temps d'annoncer ce que je me proposais d'y faire. Les Israéliens abandonnèrent leur idée.

Le 24 mai, à la manifestation contre l'expulsion de Cohn-Bendit, nous nous retrouvâmes tout un groupe place des Vosges. J'emmenai Moshé Sneh avec nous. A la Bastille, nous croisâmes le défilé de la C.G.T., qui évita cette fois de se mêler à celui des étudiants. De nouveau des drapeaux et des slogans. Vers la gare de Lyon, la police et les C.R.S. affluaient en masse et bloquaient toutes les rues. Je pensai soudain que si on arrêtait Sneh, leader du parti communiste israélien, parmi les manifestants gauchistes, on ne manquerait pas d'y voir la preuve d'un « complot étranger ». Comment sortir Sneh de là ? Clara Malraux proposa tranquillement de traverser les barrages. A défaut de proposition plus séduisante, nous nous groupâmes autour de Sneh. Nous avançâmes vers la masse noire et immobile des policiers, dont les lance-grenades étaient pointés vers nous.

Il y eut soudain un flottement dans notre groupe. C'est Clara Malraux, inquiète pour sa fille Florence, qu'elle essayait de retrouver, qui avança la première. Nous suivîmes. Le mur noir, presque inhumain, de l'ordre républicain, ne bougeait pas, ne frémissait pas. Nous retrouvâmes alors le rythme un moment oublié, serrant les rangs et, telle une énorme bête à soixante têtes, allant cogner, d'un même pas, d'un même cœur, contre le barrage... qui s'ouvrit silencieusement et se referma derrière nous. A peine étions-nous passés que nous entendîmes le bruit de la charge. Une autre nuit de barricades commençait...

Quelques jours plus tard, Cohn-Bendit rentra clandestinement en France et annonça une conférence de presse à la Sorbonne. Des milliers de personnes s'entassaient dans le grand amphi et dans la cour. Amos Elon nous demanda de l'aider à s'approcher « le plus près possible ». Clara l'emmena à travers les contrôles des services d'ordre. A l'entrée de l'amphithéâtre, les jeunes gens à brassards rouges reconnurent Clara mais refusèrent de laisser passer Amos :

« C'est un journaliste, dit Clara.

— Raison de plus.

— Mais il arrive de l'étranger, dit Clara, qui, étant donné l'atmosphère anti-israélienne qui régnait à la Sorbonne, n'osa pas préciser d'où.

— Qu'il montre sa carte de presse ! »

Amos tendit ses papiers.

« Mais tu es d'Israël ! Shalom ! Viens, on va te donner une bonne place...

— Vous parlez hébreu ? s'étonna Clara.

— Un peu, nous étions dans un kibboutz... D'ailleurs la majorité du service d'ordre est passée par les kibboutzim... Les réacs pourront toujours parler de la judéo-commune... »

En riant, ils conduisent Clara et Amos carrément à la

tribune, d'où, en attendant Cohn-Bendit, William Klein filmait la foule.

Cohn-Bendit, je me rappelle un jour lui avoir dit, à la Sorbonne, que c'était la fin de la révolution. Il s'étonna :

« Qu'est-ce qui te fait dire ça ?

— Regarde tous ces posters sur les murs...

— Et alors ?

— Mao, Staline, Trotski, Bakounine, Luxemburg, Marx, Lénine et même Kropotkine... Leur iconographie, ils sont allés la prendre dans les greniers... Quand on commence à chercher des réponses ailleurs que dans la réalité, c'est qu'on se sent perdu...

— Je n'y avais pas pensé, dit Cohn-Bendit, songeur. Mais tu as raison. »

Effectivement, le Mouvement commençait à s'effriter. Ce n'est peut-être qu'un hasard, mais les premiers signes, je les ai trouvés à Belleville, dans l'affrontement entre Juifs et Arabes. Une dispute dans un café avait dégénéré : razzia d'abord sur toutes les boutiques juives, puis contre-attaque sur tout ce qui était arabe. A la Sorbonne, la nouvelle nous était arrivée extrêmement simplifiée : la police s'attaque aux Arabes de Belleville. Un cortège de quelques centaines de personnes se forma aussitôt et se mit en marche, drapeaux en tête. Près du métro Couronne, on apprit qu'il ne s'agissait que d'une bagarre entre Juifs et Arabes. Le cortège flotta, indécis, puis s'arrêta : que devait faire, en un cas pareil, la Révolution ? Après une demi-heure de discussions, le cortège fit demi-tour. Ce n'était pas son affaire...

Je ressentis un creux à l'estomac : c'était donc la fin. On ne réagissait plus spontanément, on n'allait plus, comme on l'aurait fait au début de mai, parler aux uns et aux autres, en l'occurrence aux Juifs et aux Arabes. On ne discutait plus. On ne brandissait plus que quelques slogans sommaires élaborés par des chapelles. Le moment était venu de la vaisselle sale et de la solitude ; tout allait, ou presque, recommencer comme avant. Dès qu'ils purent trouver de l'essence, beaucoup des compagnons de mai quittèrent la ville embouteillée et partirent se changer les idées à la campagne.

Avec Albert Memmi, nous marchâmes le long du boulevard de Belleville. Vitrines cassées, meubles brûlés. Des groupes, ici de Juifs et là d'Arabes, selon qu'on changeait de trottoir, commentaient passionnément l'événement. Mais ce n'était plus le riche désordre de la fête, c'était la continuation désolante d'un conflit entre deux peuples, et dont la gauche ne savait analyser la substance.

Quelque temps plus tard, j'étais à Tel Aviv pour une exposition de mes dessins. Le club Tzafta organisa un débat sur le sens des événements de Mai en France. L'assistance était nombreuse. Elle exprimait deux opinions, toujours les mêmes : la gauche de mai était anti-israélienne ; et elle n'avait pas su expliquer ce qu'elle voulait.

Pour les Israéliens, héritiers à la fois du rationalisme aristotélicien et des grands courants populistes russes, il était inconcevable de vouloir détruire un système sans proposer aussitôt quelque chose de rechange. Mai 68 resta pour eux comme le fait de gamins irresponsables, anarchistes et antisionistes.

Quant à l'opinion qui prévalut dans les pays arabes, c'est que les Juifs, donc les sionistes, avaient organisé ce désordre en réplique à la politique pro-arabe de De Gaulle.

Combien de temps n'ai-je pas passé, chez ceux-ci comme chez ceux-là, à tenter, une fois encore, d'expliquer...

10

ELSA ET ARAGON

A cette époque, je déjeunais souvent chez les Revel, quai de Bourbon. J'aimais bien : les livres, la Seine, les heures passées à discuter avec Jean-François sirotant son whisky et Claude Sarraute tricotant — « C'est mieux pour réfléchir », disait-elle.

Nous parlions beaucoup des Etats-Unis, que Jean-François connaissait bien. Il défendait devant moi les thèses qu'il présenterait plus tard dans son livre *Ni Marx ni Jésus* :

« Si la révolution se fait un jour, expliquait-il, ce sera aux Etats-Unis, car tout y est possible.

— Si tout y est possible, répondais-je, alors pourquoi vouloir changer ? »

J'étais ravi de ma question, comme un enfant dont un seul « pourquoi ? » dynamite les superbes et patients systèmes des adultes. Cela me semblait réellement être le principal argument à opposer aux thèses de Revel.

Je m'étais dit la même chose en Israël, bien avant la guerre des Six-Jours. Aucune société ne m'avait paru aussi ouverte que la société israélienne d'alors. Tout le monde était intéressé par tout le monde. Les gens se parlaient dans les autobus comme dans les cafés. L'esprit du kibboutz régnait sur le pays. On y méprisait toutes les manifestations extérieures de la hiérarchie sociale et il avait fallu arracher de sa baraque en bois le nouveau président de l'Etat, Ben Zvi, qui s'y trouvait très bien. La politisation était générale ainsi que le respect de la liberté de l'autre. Un jeune homme prit un jour la parole dans une réunion publique et dit : « Je suis mal à l'aise, car je vais essayer de vous convaincre, et chaque fois que je convaincs quelqu'un, j'ai le sentiment de lui enlever quelque chose... » La formidable disponibilité de la société israélienne était telle que tout devenait possible. C'est alors que m'était venue la question : « Pourquoi changer ? »

Chez les Revel, je rencontrai Philippe Tesson, alors rédacteur en chef de *Combat*, l'air d'un gamin doux et timide. Il dit être tout à fait d'accord avec moi sur le conflit israélo-arabe et me proposa une tribune dans son journal. Quelques jours plus tard, il publia, en double page centrale, un article de Fernand Rohman et un autre que j'avais intitulé : « La véritable gauche devant les véritables problèmes du Proche-Orient. » Nous essayions d'y remettre un peu les choses et les idées en place.

Le lendemain, Tesson m'appela pour m'avertir que Jean-Pierre Farkas, de R.T.L., me cherchait. Farkas m'expliqua qu'Elsa Triolet, qui devait diriger le prochain « Journal inattendu » du samedi midi, « tenait absolument » à ma participation. Revel-Tesson-Farkas-Elsa Triolet : ma vie est une rencontre.

A R.T.L., une vieille dame, frêle et menue, les cheveux et tout le haut du visage cachés derrière une voilette, se précipita vers moi qu'elle ne connaissait pas, me prit la main entre les siennes et s'étonna de me voir si jeune : « Votre article, dit-elle, est le meilleur que j'aie jamais lu sur le sujet... Je voudrais que vous donniez la réplique à l'avocat Joe Nordman, qui revient d'Egypte... Il est très partial... Je l'avais invité avant de vous lire... C'est un problème qui me tient à cœur... »

Elle me lâcha la main et se précipita vers Louis Malle :

« Contente de vous voir. Nous discutions l'autre jour avec Louis de votre film *Calcutta*. Très fort... »

Elle se tourna vers moi :

« Vous l'avez vu ? »

Je n'eus pas le temps de répondre. Elle enchaînait déjà :

« J'ai oublié de vous demander si vous vous connaissiez... Voici Louis Malle, voici Marek Halter... Ah ! voilà Antonin Liehm, vous connaissez ? Le problème tchèque nous fait beaucoup de mal, à Louis et à moi... »

Elle nous quitta de nouveau pour accueillir Jean-Louis Barrault. Elle était si occupée, elle se remuait tellement que je n'avais même pas pu encore apercevoir ses yeux à travers sa voilette. Elle revint vers moi :

« Vous regardez mes yeux... Oh, il fallait les voir lorsque j'étais plus jeune... »

Elsa roulait les « r » comme un tambour. Je lui dis qu'en ajoutant mon accent, nous donnerions aux auditeurs un bel échantillon de musique slave. Avant d'entrer dans le studio, elle s'approcha de moi et me chuchota à l'oreille :

« Nordman est un vieil ami, j'étais obligée de l'inviter, mais j'aurais préféré que vous exposiez vos idées seul... »

Au micro, elle dit n'avoir pas de point de vue précis sur la question :

« Parfois, je pense que les Arabes sont un peuple pauvre qu'aident les Russes, et je me demande s'ils ne feront pas un jour comme les Chinois, ces serpents, ces dragons que les Russes ont réchauffés dans leur sein... Peut-être tout cela se retournera-t-il contre les Soviétiques... »

Notre discussion avec Nordman, qui développait les thèses égyptiennes du moment, fut courte et nette. Nous fîmes deux discours parallèles, ne parvenant jamais au dialogue. Jean-Louis Barrault me soutint et cita Rabelais pour prôner l'esprit de tolérance.

Ce fut tout pour R.T.L., mais, par la suite, Elsa et Aragon m'invitèrent plusieurs fois chez eux, rue de Varenne. C'était chaque fois la même mise en scène. Je montais au premier étage de leur hôtel particulier, au fond d'une cour carrée. Une domestique m'accueillait et me faisait entrer dans la chambre claire où m'attendait Elsa, installée au fond d'un fauteuil.

« Marek, contente de vous voir, disait-elle. Asseyez-vous ici près de moi... Racontez-moi ce qui se passe dans le monde... »

La domestique disposait aussitôt sur une table basse des tasses, des biscuits, du sucre et de la confiture...

« J'ai fait préparer du tchaï », disait Elsa comme s'il se fût agi d'un formidable secret, et elle posait les tasses sur des napperons de dentelle.

Elsa, la chambre, la table et le thé me plongeaient dans l'atmosphère des contes de Tourgueniev — la vieille Russie. Je devenais alors nostalgique, et nous parlions russe.

Le thé terminé, on enlevait le plateau, et Elsa appelait :

« Louis, viens ici, nous avons un invité !

— J'arrive ! » entendait-on d'une pièce lointaine...

Aragon arrivait, me tendait la main :

« Mais, Louis, s'écriait Elsa, horrifiée, quelle chemise as-tu mise aujourd'hui ? »

Louis, sans répondre, s'asseyait près de moi en souriant :

« ... Louis, reprenait Elsa, cette chemise ne te va pas du tout ! N'est-ce pas, Marek, que cette chemise ne va pas du tout à son teint ?

— J'en changerai plus tard », promettait Aragon.

Elsa me prenait à témoin :

« Je lui ai acheté une très belle chemise en Italie, mais il ne veut jamais la porter... »

Louis, alors, disparaissait avec un sourire d'excuse et réapparaissait vêtu de ce que je supposais être la chemise italienne :

« N'est-ce pas, Marek, qu'il est beaucoup mieux ? », triomphait Elsa.

Je voulais leur organiser un voyage au Proche-Orient. Il me semblait qu'Elsa aurait été ravie de visiter Israël. Mais Aragon disait ne pouvoir prendre l'avion à cause de sa trop forte tension artérielle. Je leur suggérai de prendre le bateau. Mais, en vérité, mon projet ne semblait pas passionner Aragon. Il me demanda pourtant un jour pourquoi il y avait deux partis communistes en Israël. Je lui expliquai la scission des communistes israéliens et la naissance des deux partis, l'un d'obédience soviétique et l'autre, appelé pro-sioniste, plus indépendant. Il ne voulait pas s'engager, prétendant ne pas connaître assez le problème. Ce qui le préoccupait, c'était la Tchécoslovaquie. Elsa disait qu'ils ne mettraient pas les pieds en U.R.S.S. tant que des soldats soviétiques resteraient sur le sol tchèque. Pour elle, c'était ce qui restait du stalinisme. Je n'étais pas d'accord.

« Et pourquoi ? demanda Louis.

— Parce que je ne crois pas à la responsabilité d'un seul homme. Staline, comme Gottwald, n'était que le produit d'un système. Peut-être Lénine n'aurait-il pas, dans la même situation, agi différemment.

— Comment cela ? demanda Aragon.

— Quand une minorité, même la mieux intentionnée, veut imposer sa conception du bonheur à la majorité, elle est obligée d'employer la violence. Car la majorité résiste... et c'est l'engrenage. »

Aragon était sensible à mon raisonnement mais entre la répression quotidienne de notre société et les violences éventuelles de la révolution, son choix était fait. Pour moi, je refusais cette alternative manichéiste qui interdit de chercher autre chose et finit par le désespoir.

Cela me fit penser à ce passage extraordinaire du *Rapport à une Académie*, de Kafka : l'aventure d'un singe sauvage capturé par les hommes et enfermé dans une cage. Je trouvai le livre sur une des étagères et lui lus le passage en question :

« Ah ! ces progrès ! Cette pénétration du savoir dont les rayons viennent de tous côtés illuminer le cerveau qui s'éveille ! Par un effort qui ne s'est pas encore renouvelé sur terre, j'ai acquis la culture moyenne d'un Européen. Ce ne serait pas grand-chose en soi, c'était cependant un progrès en ce sens que cela m'aida à sortir de ma cage et me procura cette issue-là — *cette issue d'homme*. Vous connaissez tous l'expression " prendre la poudre d'escampette " ; c'est ce que j'ai fait, je me suis esquivé, je n'avais pas d'autre solution, *puisque nous avons écarté celle de la liberté*. »

Aragon ne réagit pas tout de suite. C'est seulement au bout d'un moment qu'il me demanda :

« Vous avez pourtant participé à des actions avec les communistes ?

— Oui, et je le ferai encore si ces actions me paraissent importantes. Je vous l'ai dit, je ne mets pas plus en question leur honnêteté que leur idéal. Je me demande simplement si l'on peut imposer par la contrainte à la majorité un bonheur standard dont elle semble ne pas vouloir... »

Aragon restait souriant, calme, réfléchi. Quand il parlait de sa voix douce et profonde, il n'essayait jamais de paraître détenir la vérité. Pourtant, je ne pouvais m'empêcher d'être chaque fois vaguement déçu : peut-être attendais-je trop d'Aragon, peut-être est-ce moi qui me montrais trop respectueux dans la discussion, mais je ne me satisfaisais pas, de sa part, de quelques propos banals sur le stalinisme. En somme, je lui en voulais de ne pas m'obliger à être intelligent. D'ordinaire, au moment de nous quitter, ils me chargeaient de leurs livres dédicacés, et je leur donnais mes dernières lithographies.

J'allais à l'époque souvent à Genève, où un imprimeur passionné nous proposait d'éditer *Eléments* à prix coûtant. J'habitais chez les Givet, où nous mûrissions l'idée d'une conférence internationale pour donner à l'action de notre comité plus d'ampleur et de résonance. C'est là que j'appris la mort d'Elsa. J'allai à la poste expédier un télégramme à Aragon. Je restai longtemps devant le formulaire vierge, sans trouver les mots qui eussent dit ma tristesse. La mort, toujours. J'écrivis enfin, impuissant et navré : « Appris la nouvelle, Marek. »

11

CONFÉRENCE À PARIS

ENTREPRENDRE sans argent, sans secrétariat ni infrastructure de convoquer une conférence internationale me semblait aléatoire, pour ne pas dire insensé. Mais les amis suisses réunis chez les Givet, et à qui Isabelle avait exalté le mythe d'un « Marek qui peut tout », ne doutèrent pas un instant que le projet fût raisonnable et parfaitement réalisable.

Nous préparâmes donc une liste de personnalités à inviter, puis nous rédigeâmes, avec Rohman et Loschak, le texte plate-forme de la conférence qui fut, comme à l'habitude, corrigé par Clavel. Jean-Marie Domenach et Jean Daniel me téléphonèrent l'un après l'autre dès réception pour nous féliciter : « C'est la première fois, me dit Jean, que je peux adhérer sans réserve à une telle initiative. » Chance inespérée : un collectionneur américain de passage à Paris m'acheta quelques toiles, ce qui nous permit de réserver aussitôt la salle de conférences de la rue de Rennes pour le 22 février — nous étions en 1969.

A l'époque, on parlait à nouveau de guerre au Proche-Orient. Israël bombardait les camps palestiniens de Jordanie en représailles des attentats, à Athènes puis à Zurich, dirigés contre des avions d'El Al. Des manifestations se poursuivaient ici et là contre les pendaisons publiques de Juifs à Bagdad. En voyage au Caire, le secrétaire général de la C.G.T., Georges Séguy, réaffirmait la solidarité des travailleurs français avec les pays arabes. Le journal égyptien *Al Ahram* écrivait que le stade de la rupture entre l'Egypte et les Etats-Unis était dépassé. Le Dr Jarring, émissaire des Nations Unies au Proche-Orient, quittait Chypre découragé : il avait essayé en vain pendant des semaines de nouer des contacts entre Israéliens, Jordaniens et Egyptiens. En France, pro et anti-Israéliens s'affrontaient à coups de communiqués.

Il était important que, dans ce climat explosif, nous puissions nous faire entendre, nous pour qui la recherche de la paix interdisait les anathèmes et les exclusions. Mais, à la veille même de notre conférence, le 21, nous ne savions toujours pas qui viendrait et qui ne viendrait pas.

La journée avait d'ailleurs mal commencé : Lanzmann m'avait réveillé pour me dire que Sartre n'était pas content de moi, mais il ne savait m'expliquer pourquoi. En fait l'inlassable Flapan avait appelé Sartre de Tel Aviv pour le prévenir contre mes « agissements ». Sartre, finalement, ne vint pas, pas plus que Jean Pouillon qui m'avait pourtant assuré de sa participation. Fernand Rohman n'avait pas fini de préparer le rapport introductif qu'il fallait ronéotyper d'urgence. Jacques Givet, venu à Paris pour nous aider, n'avait toujours pas trouvé les spécialistes capables d'assurer la traduction simultanée des débats. Danielle Loschak et moi étions loin d'avoir terminé la photocopie des documents que nous nous proposions de remettre, sous forme de dossier, à chaque participant. L'angoisse. Nous avions invité toute la presse, les agences, les ambassades concernées. Et s'il ne venait personne ? Ou si, pis encore, nous ne nous retrouvions qu'à une dizaine dans l'immense salle ? Je me rendis compte que nous étions en train d'oublier notre objectif, faisant de cette conférence un but en soi. Nous voulions à tout prix réunir la conférence, et certaines forces politiques voulaient son échec : le Proche-Orient était, dans tout cela, très loin.

Le soir, en rentrant à la maison, je trouvai un télégramme de Giorgio La Pira, l'ancien maire de Florence et organisateur des colloques méditerranéens : « Participerai avec Dr Primicerio conférence samedi. »

Puis on m'apporta deux autres télégrammes, l'un d'André Schwarz-Bart, l'autre de Gajo Petrovic, rédacteur en chef de la revue *Praxis* de Zagreb. A peine avais-je eu le temps de fermer la porte que la concierge me remettait deux lettres exprès, dans lesquelles Arnold Wesker et Joan Baez m'assuraient de leur soutien. Le cœur un peu plus léger, je me mis à préparer mon discours d'ouverture et m'endormis tout habillé, le stylo à la main.

Cette fois, ce fut Fernand qui m'éveilla. Il apportait son texte, que nous allâmes aussitôt donner, place des Vosges, à la dame russe qui avait ronéotypé tous nos tracts de mai 68, et qui, malgré le week-end, avait bien voulu nous attendre. Nous revînmes chez moi, où Loschak devait nous rejoindre. J'y trouvai un paquet de lettres : Marcuse, Gunther Grass, Chomsky, Angus Wilson, C. P. Snow, Julius Cortazar. Du monde entier les soutiens arrivaient.

Nous portâmes rue de Rennes les textes ronéotypés et les dossiers enfin complets. Avec les Derogy, les Givet et deux amis techniciens, nous ordonnâmes les tables et les chaises, installâmes le système de traduction simultanée. Nous avions tout juste fini de balayer la salle quand se présentèrent les trois traducteurs que Givet avait fini par dénicher, eux-mêmes suivis des premiers délégués : Danilo Dolci arrivant de Palerme, Wouter Gortzak d'Amsterdam avec un groupe de journalistes néerlandais, une très nombreuse délégation argentine qui, avec Heller, M. Polak et J. Itzigsohn débarquait tout juste du Proche-Orient... D'autres messages de soutien nous parvenaient directement rue de Rennes, dont celui d'Ernst Bloch, l'un des meilleurs philosophes marxistes d'aujourd'hui qui, sa chaire à l'université de Leipzig ayant été supprimée pour cause de non-conformisme, s'était installé en Allemagne de l'Ouest en 1961. Il jugeait notre position « objective et juste », n'hésitant pas à me donner carte blanche pour utiliser son nom dans notre action.

Nous avions donc planté le décor quand, à ma grande surprise, je vis arriver les acteurs. Le rideau se leva et je me découvris présidant cette conférence qui, à la vérité, m'apparaissait beaucoup plus réelle que toutes celles auxquelles j'avais pu assister auparavant. Aujourd'hui, la politique, pas plus que l'art, ne peut se passer de ce théâtre et de cet apparat dont j'ai sans doute, pour ma part, hérité le goût de ma mère.

Les débats durèrent la journée. De nombreux amis vinrent pour une heure ou deux manifester leur intérêt et leur soutien : Claude Estier, Philippe Tesson, Alfred Kastler, Jean Ziegler... Le rapport de Fernand Rohman, qui représentait une sérieuse base de travail, fut loué par les uns et critiqué par d'autres. Le discours du spectaculaire Giorgio La Pira, qui faisait danser Mao et Eshkol, Nasser et Lénine autour du point oméga de l'Histoire, nous étonna plutôt. Quant à l'intervention, intégralement pro-israélienne, de Daniel Mayer, président de la Ligue internationale des Droits de l'Homme, elle cassa net la conférence en deux.

D'un côté, derrière Daniel Mayer, se tenaient ceux pour qui la raison d'être de notre mouvement était de soutenir, au sein de la gauche, Israël et sa politique ; de l'autre — les plus nombreux — se rassemblaient ceux qui avaient conscience qu'il s'agissait de la survie d'Israël mais qui faisaient une analyse plus équilibrée du conflit. Pour les premiers, dont certains nous lâchèrent en route, les Palestiniens n'étaient, à ce moment, que des terroristes arabes ; pour les seconds, ils posaient un problème de droit national que nous devions aider à résoudre.

C'était notre première conférence internationale, et nous ne pouvions nous permettre d'apparaître divisés. Pour sauvegarder — au moins jusqu'à la conférence de presse — l'apparence de notre unité, je provoquai plusieurs réunions successives avec les deux parties. Ce fut long et difficile. Aux pro-israéliens inconditionnels, il me fallut démontrer que toute scission affaiblirait le Comité, c'est-à-dire le seul groupe qui, dans la gauche, mettait en avant la défense du principe de l'existence de l'Etat d'Israël ; aux autres, je finis par faire partager ma conviction qu'en rendant publiques nos divergences, nous apparaîtrions comme un groupuscule de plus, et donc sans importance, perdant du même coup notre seul avantage au sein de la gauche : notre crédibilité en Israël et dans les pays arabes.

Le comité chargé de la rédaction de la résolution finale fut élu : il comprenait des représentants des deux courants. Il nous fallut deux heures pour trouver des formules de compromis, et deux heures encore pour obtenir l'approbation de tous les participants. Pour mes grands débuts en politique, j'avais au moins appris ce qu'était une manipulation !

Au soir, pour la conférence de presse, j'avais, dans mon élan mythomanique, retenu la grande salle, oubliant que l'intérêt que pouvait susciter notre conférence ne nous amènerait pas les centaines de journalistes qu'il eût fallu pour la remplir. Nous n'étions quand même pas l'Elysée. Finalement, ils étaient une vingtaine, ce qui était largement suffisant pour rendre compte de notre entreprise dans l'ensemble des journaux français et, par l'intermédiaire des agences de presse, de l'étranger.

Restait que ces vingt journalistes ne constituaient qu'une maigre foule. Nous fîmes le plein en invitant également les participants de la Conférence mondiale des étudiants juifs, qui se tenait au même moment près de Paris. Et ce sont eux qui posèrent le plus de questions.

De cette journée une image me reste : les représentants des cinq continents assis à la tribune sous une immense carte du Proche-Orient et répondant aux questions. Image parfaite de conférence internationale réussie. Nous avions gagné notre pari. Des gens importants nous prenaient au sérieux, s'apprêtaient à devoir tenir compte de nous. Mais quand je pensais à l'insensé bricolage dont cette conférence était l'aboutissement, je ne pouvais m'empêcher d'avoir envie de rire, comme à un canular.

Dès le lendemain, cependant, nous enregistrâmes les premiers résultats de notre manifestation. Un peu partout se créèrent des comités nationaux, que nous groupâmes au sein du Comité international pour la paix au Proche-Orient. Tous les partis politiques de gauche répondaient positivement à notre proposition d'avoir des discussions approfondies sur le conflit. Une foule de gens nous rejoignaient, comme l'économiste Victor Halberstadt, l'un des dirigeants du parti socialiste hollandais, Heinz Kubi, secrétaire du Parlement européen, l'infatigable David Susskind, président du Centre laïque juif de Bruxelles, Absi, l'un des dirigeants du F.L.N. en France pendant la guerre d'Algérie. Notre projet prenait forme.

Nous discutâmes beaucoup avec Absi, qui en arriva vite aux mêmes conclusions que nous sur la situation au Proche-Orient. Ouvrier manutentionnaire à la F.N.A.C., il comprenait parfaitement l'existence d'un prolétariat en Israël, avec lequel il fallait parler. D'une intelligence remarquable et d'une logique paysanne rigoureuse, il mettait à l'époque beaucoup d'espoir en Nayef Hawatmeh, leader du Front démocratique et populaire de libération de la Palestine (F.D.P.L.P.). Il nous proposa de nous mettre en rapport avec lui. Nous acceptâmes évidemment. Quelques jours plus tard, il vint nous annoncer, son visage austère illuminé d'un sourire, qu'Hawatmeh était prêt à nous recevoir.

Clara décida de partir le plus tôt possible. Le voyage ne serait sans doute pas de tout repos : il n'était pas sans danger, à l'époque, de défendre dans les pays arabes les idées qui étaient les nôtres. Aussi écrivis-je à Maurice Schumann, ministre des Affaires étrangères — que j'avais connu alors qu'il faisait partie du comité de patronage de mon exposition rétrospective au musée de Picardie à Amiens — pour lui demander aide et protection auprès des ambassades de France à Beyrouth, Damas et Amman, principales étapes de Clara. Trois jours plus tard, une lettre de son chef de cabinet m'assurait que les ambassades en question avaient été prévenues.

Dominique Dupré, qui voulait préparer quelques reportages sur les camps palestiniens, proposa à Clara de l'accompagner. Elles partirent un vendredi matin, chargées de lettres de recommandation, d'adresses secrètes et de numéros de téléphone. A Beyrouth, elles s'installèrent à l'hôtel Saint-Georges, au bord de la mer, comme le leur avait suggéré Eric Rouleau. Tous les journalistes y descendaient.

12

CLARA À BEYROUTH

De l'hôtel, Clara commença aussitôt à essayer de se mettre en rapport avec ses « contacts ». Mais le week-end, s'ajoutant au couvre-feu décrété la veille à la suite d'accrochages entre Palestiniens et Libanais chrétiens, avait vidé la ville. Le samedi, elle réussit pourtant à rencontrer des représentants du Dr Habbache, le plus intransigeant, et des chrétiens de gauche, les plus intolérants, dont un des représentants, Corm, vint chercher Clara et l'emmena chez lui. Là, avec quelques amis, on commença à parler du conflit. Clara proposa d'enregistrer la discussion. Corm accepta, mais, au fur et à mesure que chacun découvrait ses positions, l'atmosphère se dégradait : Corm estimait impensable l'acceptation d'un Etat d'Israël, quel qu'il soit. Il considérait comme de dangereux énergumènes ceux qui, comme nous, défendaient cette idée. Il raccompagna Clara à l'hôtel mais, une heure plus tard, lui téléphona pour lui demander de lui confier la bande enregistrée, qu'il voulait réécouter. Le lendemain matin, il lui fit porter un petit paquet, dans lequel elle trouva une bande neuve et une lettre, expliquant qu'il avait « confisqué » l'autre.

Plutôt déprimée, Clara alla se présenter à la rédaction d'*El Hadaf*, le journal du Front Populaire, où elle devait rencontrer Ghassan Kanafani, porte-parole du mouvement. En attendant Kanafani, elle dut subir l'exposé théorique d'un gauchiste danois sur la lutte palestinienne. Clara lui ayant répondu qu'elle n'était certainement pas venue à Beyrouth pour qu'un Danois en quête d'une cause révolutionnaire lui expliquât ce qu'elle savait déjà, la discussion avait largement eu le temps de s'envenimer quand Kanafani arriva enfin et invita Clara dans son bureau, où trônait le portrait de Lénine. Il accepta facilement que l'interview fût enregistrée.

« Si Israël, demanda Clara, évacuait les territoires occupés en juin 67, pensez-vous que vous pourriez admettre le principe de l'existence de cet Etat ? »

Kanafani n'admettait même pas l'existence d'une nationalité israélienne et, emporté, il compara les Israéliens aux nazis. Clara coupa le magnétophone et lui dit qu'il ne servait à rien d'abuser de ces termes. Mais Kanafani insista pour qu'elle le note dans l'entretien « car les Israéliens, comme les nazis, occupent le territoire d'autrui ».

« Une occupation de territoires ne suffit pas à transformer les gens en nazis, répondit Clara. Et si Israël rendait les territoires occupés depuis la guerre des Six-Jours, changeriez-vous d'attitude ?

— Non. Toute la Palestine nous appartient et pour la récupérer nous sommes prêts à verser jusqu'à la dernière goutte de notre sang...

— Mais vous devez compter avec la résistance des Israéliens.

— Vous pensez vraiment que les Israéliens sont prêts à se battre jusqu'à la dernière goutte de sang ?

— Pas vous ?

— Ce serait très triste... »

Clara put encore rencontrer Rosemary Sayigh, qui dirigeait l'organisme d'information et de propagande baptisé « Le 5 juin » en souvenir de la guerre de 67. Elle lui laissa un numéro d'*Eléments* et Rosemary Sayigh lui promit de l'appeler le lendemain. Ce qu'elle ne fit pas. A partir de ce moment, tous ceux que Clara essayait de joindre disparaissaient dès qu'elle annonçait son nom : Untel était à Damas, Untel était malade, Untel rappellerait... Installé dans le hall de l'hôtel, un jeune homme suivait ses moindres gestes. Clara faisait l'objet d'un boycott organisé et d'une surveillance en règle.

Dominique Dupré connaissait Abou Adal, un magnat

de la presse arabe. Il les reçut chez lui — vaste demeure et superbe collection d'icônes anciennes. Il s'amusa beaucoup des mésaventures de Clara et demanda à son fils et à son collaborateur Antoine Chouery de guider les deux femmes à travers Beyrouth. C'est ainsi qu'elles purent tout d'abord découvrir l'organisation chrétienne libanaise des Kataeb (phalanges), avec ses milices armées et ses camps d'entraînement : « Que les Palestiniens ne se frottent pas à nous, disait le fils d'Abou Adal. Et si nous les gênons, qu'ils aillent chez les Israéliens... »

« Le gros Antoine », comme le surnommaient Dominique et Clara, prenait sa mission très au sérieux. Clara le pria de se renseigner sur les raisons du boycott dont elle était l'objet. Antoine, qui avait ses entrées chez les Palestiniens, lui apporta vite la réponse :

« On dit sur la place de Beyrouth que vous pourriez être une espionne... Certains parlent de vous liquider... Le mot d'ordre officiel est de ne pas vous parler...

— Puisqu'ils vous parlent, à vous, dites-leur donc que je suis l'invitée du Front démocratique, que je ne m'en irai pas d'ici, que je resterai tout le temps qu'il faudra pour rencontrer Hawatmeh. »

Elle tenta de me joindre au téléphone, mais j'étais, avec Fernand Rohman, à Strasbourg où Heinz Kuby avait organisé une rencontre avec des représentants du Parlement européen. Dès mon retour à Paris, je l'appelai. Elle parut heureuse d'entendre ma voix :

« Comment ça va ? demandai-je.

— Mal.

— Pourquoi ?

— Je ne peux pas te le dire, on m'écoute.

— On veut te battre ?

— Pire...

— On veut te violer ?

— C'est pire que ça.

— On veut te tuer ?

— Pire... »

J'étais dérouté.

« On ne veut pas me parler, dit enfin Clara. »

Chez elle, on reconnaît l'intensité de la colère à la

distance qu'elle prend avec ce qui lui arrive... Je lui conseillai de rester à l'hôtel. Je lui téléphonerais dès que j'aurais vu Absi.

Absi vint chez moi le lendemain, après son travail. Il était contrarié. Nous appelâmes Amman, où se trouvait toujours Hawatmeh. Il fallut attendre plusieurs heures. Uri Avnery, de passage à Paris, débarqua à l'improviste et attendit avec nous sans qu'Absi — que cela devait pourtant gêner de parler à Hawatmeh en présence d'un Israélien, même de gauche — fît aucune remarque. Nous eûmes Amman vers minuit.

Après avoir raccroché, Absi m'expliqua qu'Hawatmeh regrettait le malentendu, mais il estimait que Clara avait fait une erreur en ne rencontrant pas d'abord les gens du Front démocratique. Dans cette atmosphère de suspicion et de violence qui l'entourait maintenant, avec la méfiance qui régnait entre les différentes organisations, nous devions comprendre qu'il lui était difficile de la recevoir. Il avait fait le nécessaire pour assurer sa sécurité à Beyrouth, mais lui demandait de reporter son voyage à Amman.

Le lendemain, Nagi Abou Khalil, un des rédacteurs de *Al Houriah,* le journal du F.D.P.L.P., se présenta à l'hôtel Saint-Georges. Mal à l'aise, il pria Clara de bien vouloir excuser tous les désagréments de son séjour. On ne l'accusait de rien, mais étant donné l'attitude négative prise à son égard par El Fath et le F.P.L.P., le Front démocratique ne pouvait la recevoir comme prévu.

Deux heures plus tard, c'est Georges Aïssa qui se présenta au nom d'El Fath. Il dit que certaines accusations avaient été portées contre Clara, mais que si elle souhaitait s'en défendre, les représentants des différents mouvements étaient prêts à l'écouter le soir même. Clara accepta.

A 18 heures, Georges Aïssa vint chercher Clara et la fit monter dans une longue voiture noire où se trouvaient déjà deux Palestiniens. La voiture prit la route de Raouché qui longe le bord de mer jusqu'à la corniche de Mazraa où se trouvent les sièges des états-majors palestiniens. Pas un mot ne fut échangé durant tout le trajet.

La réunion se tenait au siège du Front populaire, où une vingtaine d'hommes attendaient Clara. On lui avança un siège. Autour d'elle, les Palestiniens discutaient bruyamment en arabe, et elle entendit plusieurs fois prononcer son nom. Georges Aïssa, assis près de la fenêtre, écoutait une bande enregistrée où les enfants du camp de Chatila criaient en chœur : « El Fath, El Fath, El Fath... » Aïssa, comme hypnotisé, répétait avec les voix des enfants : « El Fath, El Fath, El Fath... » L'incantation était obsédante, et Clara commençait à prendre peur quand quelqu'un arrêta le magnétophone. Tout le monde s'assit. Le tribunal était en place :

« Pourquoi êtes-vous venue à Beyrouth ? demanda Kamal Nasser, le porte-parole d'El Fath.

— Je l'ai déjà expliqué, répondit Clara. Je suis la rédactrice en chef d'*Eléments*, une revue importante consacrée au Proche-Orient. Nous voulons publier un numéro consacré aux Palestiniens. De plus, je suis membre du Comité international de la gauche pour la paix au Proche-Orient. Vous pourriez ne pas être d'accord avec certaines des idées de ce Comité, mais ce sont celles d'une grande partie de la gauche mondiale.

— Des idées sionistes ? demanda Bassam Abou Cheriff, l'un des dirigeants du F.P.L.P.

— Si pour vous être sioniste, c'est accepter l'existence d'Israël tout en condamnant sa politique, et plus particulièrement sa politique palestinienne, alors la majorité de la gauche mondiale, y compris l'Union soviétique, est sioniste. »

Tout le monde se mit à parler en même temps. On l'accusait d'être une espionne.

Clara exaspérée sortit de son sac la bande enregistrée de son entretien avec Kanafani et la posa sur la table :

« Je suis venue en amie, dit-elle, et j'étais invitée comme telle. Nous soutenons votre lutte, et vous le savez. Mais je vous ai dit nos réserves. Pour nous Israël a droit à l'existence, et nous pensons qu'il y a place pour un Etat palestinien à côté d'Israël : en Cisjordanie, en Jordanie, à Gaza. Nous savons qu'il existe en Israël une gauche qui n'est pas moins révolutionnaire que la vôtre, et il est incompréhensible que vous ne lui tendiez pas la main. Si, en disant cela, je deviens du même coup votre ennemie, alors je m'en vais. Je pars demain pour Paris. Allez donc parler avec ceux qui sont d'accord avec vous, et qui ne représentent que des groupuscules... »

Clara avait débité d'un souffle sa tirade. Personne ne répondit. Elle se leva alors pour partir.

« Asseyez-vous, Lady Clara, intervint Kanafani avec humour, et reprenez la bande. Je vous autorise à reproduire cet entretien dans *Eléments.* Je ne suis pas d'accord avec vous, mais j'ai confiance en vous... »

L'atmosphère se détendit, le ton changea, et la discussion se poursuivit quelques heures encore. Quand ils se séparèrent, Kanafani conseilla à Clara de ne pas se rendre à Amman :

« Ici, dit-il, nous contrôlons la situation. En Jordanie, c'est différent, il s'y trouvera toujours un excité pour vous vider sa mitraillette dans le ventre... »

Et il ajouta en riant :

« Ce serait dommage, nous perdrions peut-être une amie... »

Clara suivit le conseil de Kanafani et rentra le lendemain à Paris.

13

CONTACTS POLITIQUES

A son retour de Beyrouth, Clara nous trouva en pleine effervescence. Uri Avnery était venu à Paris pour la sortie de son livre *Israël sans sionisme,* et nous entendions profiter de sa présence pour organiser un débat public avec un Arabe. Nous ne nous faisions pas d'illusion : nous n'espérions pas qu'un tel débat pût déboucher sur quelque chose de précis ou de concret, mais un dialogue direct entre un Arabe représentatif et un député israélien, même anticonformiste, pouvait constituer un signe encourageant. J'en avais parlé à Lotfallah Soliman, un journaliste écrivain égyptien que je connaissais depuis quelques années. Intelligent et plutôt extrémiste, il accepta après avoir demandé conseil au Caire.

Restait à trouver une salle. La Mutualité était trop chère pour nous. Hébertot, qui craignait des bagarres et à qui je dus promettre de contrôler la situation, finit par nous louer son théâtre pour 2000 francs et un dessin — il aimait l'art. Dès que *Le Monde* eut publié un communiqué annonçant notre réunion pour le jeudi 12 décembre, mon téléphone se mit à sonner pratiquement sans interruption : certains nous assuraient de leur soutien, d'autres menaçaient de faire purement et simplement sauter le théâtre ; pour la droite sioniste, le débat était tronqué, voire truqué, puisqu'il ne mettrait en présence que deux antisionistes ; les extrémistes palestiniens, avec le soutien de certains gauchistes, s'organisaient pour saboter un dialogue qui, pour eux, accréditerait l'idée de la reconnaissance d'Israël...

J'avais proposé à Daoud Talhami, représentant en France de l'Union des étudiants palestiniens, de participer au débat. Il refusa de prendre place à la tribune, mais accepta, si c'était moi qui présidais, de parler de la salle. Plus la date se rapprochait, plus les menaces se faisaient précises. Je demandai à quelques-uns de ceux qui assuraient le service d'ordre à la Sorbonne en mai 68 de bien vouloir venir nous donner un coup de main. Je téléphonai également à Serge Mallet, lui demandant de nous « prêter » le service d'ordre du P.S.U. : il demanda en contrepartie que le P.S.U. prît part au débat, comme si l'intérêt de la réunion ne résidait pas dans le dialogue israélo-arabe plutôt que dans l'intervention de la gauche française ! Nous finîmes par convenir que l'orateur du P.S.U., l'avocat Henri Leclerc, parlerait lui aussi depuis la salle.

Le 12 décembre à 20 heures, une demi-heure avant l'heure fixée, le théâtre était plein, le hall débordait. Le P.S.U. avait envoyé une quinzaine d'hommes, et nos étudiants de 68 étaient arrivés à soixante-dix. Je leur avais distribué à tous des brassards rouges. Leur masse et leur efficacité en imposaient. Hébertot, inquiet, avait convoqué la police et je dus demander à l'officier responsable de bien vouloir éloigner un peu les deux cars noirs qui, devant l'entrée du théâtre, semblaient assiéger une citadelle. La salle était silencieuse, de ce silence électrique que suscite parfois la passion politique. Lotfallah Soliman était venu me voir dans les coulisses :

« Surtout, ne dramatise pas. Ne dis pas que c'est la première fois qu'un Arabe et un Israélien... Tu vois ce que je veux dire... La situation est assez délicate sans cela, et je serai obligé d'être dur... »

Son visage osseux d'inquisiteur espagnol ne semblait effectivement pas annoncer la paix pour la fin de la soirée. A la tribune, il s'assit à ma droite, et Uri Avnery à ma gauche. Au premier rang, les journalistes et les représentants du monde arabe, qu'un siège séparait du conseiller de l'ambassade d'Israël, Avi Primor. Les balcons dorés, à l'italienne, me paraissaient devoir s'écrouler sous la surcharge. La tension de la salle m'inquiétait.

A 20 h 30, nous commençâmes. Je demandai tout d'abord aux participants et à l'assistance de ne pas, comme tant d'autres fois, dénaturer le débat. Je ressentais, presque physiquement, que le moindre court-circuit — une mauvaise phrase, un mot de travers — pouvait tout faire sauter. L'assistance se partageait en trois groupes d'importance à peu près égale : les pro-Israéliens, les pro-Palestiniens et ceux qui soutenaient le Comité. Il fallait absolument désamorcer l'explosion qui menaçait. J'étais si préoccupé que j'en perdis le fil de mon propos et dus terminer mon introduction en lisant le texte que j'avais préparé. Je donnai ensuite la parole à Lotfallah Soliman, qui commença par évoquer les incidents de l'avant-veille à Censier, où la projection d'un film sur la Palestine avait été interdite par l'intervention d'un groupe casqué et armé de matraques. Il dénonça ensuite la propagande sioniste, l'accusant d' « exploiter aussi bien la Bible que les fours crématoires ». Le ton était donné. La paix, disait-il, ne saurait s'établir sur « la tumeur maligne » que constituait l'existence de l'Etat d'Israël ; il était fondamental de réparer l'injustice initiale ; c'est pour cela qu'une force s'était levée, « dont ne viendrait pas à bout tout l'Occident coalisé ». Il en appelait à une Palestine égalitaire et démocratique et récusait formellement toute offre qui serait faite « à la Palestine-peuple de se constituer en peuple-Etat sur une partie seulement de son territoire, celle que voudrait bien lui concéder l'usurpateur... ». Il termina en tendant la main « à ce qu'il y a encore de sain dans le peuple juif », et c'était pour lui, disait-il, « l'extrême limite des concessions possibles ».

Lotfallah Soliman avait été interrompu à plusieurs reprises. Une partie de la salle protestait vivement, demandant quel sort serait réservé à « ce qui n'était pas sain dans le peuple juif ». Il me fallut tenter de calmer tout le monde avant de donner la parole à Uri Avnery.

Uri parlait mal le français, ce qui obligea la salle au

silence et à l'attention. « Le peuple israélien, dit-il, est attaché à son pays et à son Etat. La paix dont on parle ne serait possible qu'après une guerre totale, une guerre d'extermination, peut-être même atomique ou bactériologique. Peut-être détruirait-on ainsi le peuple d'Israël, mais le prix à payer en serait affreux. Et que resterait-il des peuples palestinien ou égyptien ? Les armes d'aujourd'hui sont si terrifiantes que l'on doit cesser ces comparaisons lassantes entre Israël et le royaume des Croisés... » Il regretta ensuite que « ce conflit entre deux peuples sémites n'ait abouti qu'à mettre le Proche-Orient sous l'emprise presque totale des Etats-Unis et de l'Union soviétique ». Il conclut enfin en s'adressant à Soliman :

« Donnez-nous les moyens de convaincre le peuple israélien que la paix est possible, si vous voulez effectivement la paix... »

Leclerc, du P.S.U., se lança alors dans une violente diatribe anti-israélienne que Claude Lanzmann tentait d'interrompre en criant à mon intention :

« Mais arrête-le donc ! Pourquoi as-tu donné la parole à ce con ! Fais-le taire ! »

Le discours de Leclerc était devenu tout bonnement délirant et la situation commençait à m'échapper. Je fis signe au service d'ordre de lui retirer le micro. Quand quatre gaillards impressionnants marchèrent sur lui, il se calma subitement et prit juste le temps, avant de se rasseoir, de féliciter le Comité d'avoir organisé cette rencontre. On m'apporta alors une note de Daoud Talhami, qui était bien là et qui demandait la parole. Il parla de la lutte des Palestiniens et déclara que les représentants de son peuple étaient disposés « à engager le dialogue, et même à coopérer avec les forces de la paix en Israël, mais seulement quand elles manifesteraient concrètement leur hostilité à l'Etat sioniste ».

Je commis alors l'erreur de donner la parole au public. Mal m'en prit. On s'entre-accusait, on s'arrachait le micro ; les cris couvraient les cris. Je pus malgré tout dégager quelques questions et demandai aux orateurs de bien vouloir y répondre. Soliman, énervé, parla alors d'Uri en termes très violents. Je vis Jean Daniel et quelques autres quitter la salle. La semaine suivante, l'éditorial du *Nouvel Observateur* stigmatisait cet « extrémisme bien parisien, cette démesure passionnelle qui ne correspondait nullement à ce qu'on vit en Egypte ou en Israël », regrettant notamment que « le député israélien Uri Avnery, dont les initiatives sont suivies avec sympathie en Egypte, ait été tourné en dérision par l'avocat, d'ordinaire mieux inspiré, du mouvement El Fatah ».

La réunion, toutefois, se termina sans incident, et nous allâmes à quelques-uns dîner à la Coupole. Là, Avnery, Soliman, Rouleau, Lanzmann commencèrent à bavarder et à rire ensemble, comme des acteurs à leur descente de scène se dépouillent des rôles qui les ont opposés le temps d'un spectacle. J'étais révolté. Etions-nous donc comme ces professionnels du show politique qui se déchirent le temps d'une émission télévisée et qui, hors caméras, se rejoignent dans une accolade amicale et un rire complice ? Ce « professionnalisme » me faisait grincer des dents. Pourtant, je ne pouvais que me réjouir de les voir ensemble, mes amis des deux bords, fût-ce le temps d'un dîner.

La presse rendit compte du débat du théâtre Hébertot et, comme tout nous prouvait que nous commencions d'être reconnus, sinon acceptés, par les formations politiques officielles, nous prîmes de nouveaux rendez-vous.

C'est Manuel Bridier, l'air d'un notaire de campagne avec son cartable sous le bras, qui vint le premier nous apporter, au nom du P.S.U., un article pour le numéro spécial d'*Eléments* consacré à l'hypothèse d'un Etat palestinien unitaire. Le lendemain, ce fut le tour d'Alain Krivine. Je l'avais vu, grand tribun, à la Sorbonne en mai 68. Il m'avait alors séduit. A l'époque, ses analyses me paraissaient justes et, en tant qu'organisateur, il n'avait pas son pareil. Il monta nos cinq étages et s'assit sagement, la cravate bien nouée et le cartable sur les genoux. Nous discutâmes longtemps du fameux dialogue israélo-arabe toujours à venir. Pour nous, il ne pourrait se faire que si le processus de la paix se trouvait engagé. Pour lui, il ne pouvait s'engager que dans un contexte révolutionnaire.

« Le dialogue israélo-arabe, disait-il, ne peut être que révolutionnaire. L'état de guerre permanent fait surgir les contradictions internes des pays engagés dans le conflit, fait prendre conscience aux masses et les radicalise.

— Alors, lui demanda Kouchner, tu acceptes l'état de guerre, parce que tu vois dans cette dégradation constante le ferment d'une révolution ?

— Ce n'est pas nous qui avons créé cet état de choses, mais je crois effectivement que cette radicalisation en est la résultante... »

Je trouvais Krivine intelligent et sympathique. Mais le langage stéréotypé dans lequel il s'enfermait me gênait. Je ne croyais pas non plus à sa conception mécanique de l'Histoire. Je pensais que les intérêts des bourgeoisies se manifesteraient plus vite que ceux des masses ; quant à la « radicalisation », elle pouvait tout aussi bien mener à la dictature militaire et au fascisme...

Il était tard, mais Krivine hésitait à partir. Il nous observait, derrière ses lunettes, d'un regard amical, un sourire sur les lèvres. Juif, je crois qu'il comprenait parfaitement notre lutte et nos motivations ; et, malgré les idées qu'il défendait, il pensait que nous pouvions avoir raison. Combien de Juifs engagés dans les mouvements d'extrême gauche m'ont dit avoir eu peur en 1967 pour l'existence d'Israël, ajoutant ironiquement : « Maintenant qu'il n'y a plus de danger pour son existence physique, nous pouvons être anti-israéliens. »

Ne voulant pas, me semblait-il, nous quitter sur un désaccord, Krivine admit que notre action pouvait présenter des aspects positifs : il demanda à rester en contact avec nous et nous fit parvenir lui aussi un article, préalablement corrigé par Nathan Weinstock, l'auteur du *Sionisme contre Israël.*

Claude Estier nous reçut, en compagnie d'Alain Joxe, au siège de la Convention des Institutions républicaines (qui se fondrait plus tard dans le parti socialiste) et nous présenta à François Mitterrand. Je connaissais Estier de l'époque où il travaillait au *Nouvel Observateur*. Nous avions sympathisé et, passionné par tout ce qui concernait le Proche-Orient, il avait adhéré au Comité. Nous n'avions aucun problème avec la Convention, qui prenait sur le sujet des positions très proches des nôtres. Et c'est plus tard vers Estier, devenu secrétaire national du parti socialiste, que je dirigeai une délégation de l'Union socialiste arabe — le parti unique égyptien — quand elle était passée par Paris sous la conduite de Lotfi El Kholi. De cette rencontre avait surgi l'idée d'un voyage de Mitterrand en Egypte.

Avec le parti socialiste (S.F.I.O.) de l'époque, nos rapports étaient un peu différents, certains de ses membres nous considérant comme trop pro-Arabes. Robert Verdier, alors responsable pour les affaires extérieures, nous expliqua les difficultés qu'il avait à nous soutenir, bien qu'il ait repris une partie de nos thèses dans l'article qu'il nous apporta pour *Eléments*.

Les communistes, eux, nous considéraient comme trop pro-Israéliens. Nous les rencontrâmes chez eux, au siège du Parti. Une salle de réunion, une longue table. D'un côté, Clara, Rohman, Kouchner et moi. En face, Elie Mignot, responsable pour les relations extérieures, le député Louis Odry, qui revenait d'un voyage en Egypte, Raymond Guyot, membre du Comité central et Jacques Couland, spécialiste des questions arabes.

Je jouai cartes sur table, présentant nos positions, racontant nos contacts, faisant état de nos projets. Tandis que je parlais, des gens, dont certains membres du Comité central, entraient, écoutaient quelques minutes puis disparaissaient ; nos interlocuteurs se glissaient des mots et se faisaient des remarques à voix basse — au point que je leur fis remarquer qu'ils se comportaient comme s'ils étaient en réunion de routine avec la délégation d'un autre parti politique, ce que nous n'étions pas :

« Relaxez-vous, ajoutai-je, ne soyez pas aussi officiels... Nous nous adressons à vous comme à des amis... Il est possible que vous ne soyez pas d'accord avec nous, mais une collaboration entre nous peut être aussi importante, pour vous et pour nous, que, bien sûr, pour la paix au Proche-Orient... »

A voir l'expression de leurs visages, mon intervention n'avait pas été sans surprendre. Raymond Guyot nous demanda si nous aimerions boire quelque chose et fit apporter des jus d'orange, puis la discussion reprit. Le soutien des communistes à la cause arabe était alors pratiquement inconditionnel. Ils ne remettaient pas en cause l'existence d'Israël, mais Odry et Mignot répétèrent à plusieurs reprises que, « si Israël continuait à se conduire de cette manière, il en subirait les conséquences », ou que, « si la politique israélienne ne changeait pas, alors il faudrait se poser la question de son existence... »

« Depuis quand, demanda Fernand Rohman, étonné, les communistes identifient-ils un peuple et la politique de son gouvernement ?

— Il est vrai, répondit Mignot, que le parti communiste isréalien Rakah lutte depuis longtemps...

— Pourquoi parler seulement du parti communiste ? l'interrompis-je. Il existe en Israël une gauche importante qui n'est pas communiste et qui collabore parfois avec le parti communiste. Il existe des forces de paix qu'il faut soutenir... »

Je parlais des manifestations organisées par le Siah pour le droit des Palestiniens à l'autodétermination. Mais là encore nos positions divergeaient. A l'époque, les communistes français n'étaient pas très intéressés par le problème palestinien. Il s'agissait d'abord pour eux de soutenir les Etats arabes, et principalement l'Egypte et la Syrie, « engagées dans la voie socialiste ». Couland nous demanda pourtant si nous étions prêts à appuyer la lutte des Palestiniens pour un Etat unitaire. Clara lui répondit que nous soutenions les revendications nationales des Palestiniens, mais que cet Etat unitaire n'était ni réalisable, ni même souhaitable. Si cet Etat était démocratique, expliqua-t-elle, il donnerait le pouvoir économique et politique aux seuls Israéliens, les Palestiniens étant transformés en main-d'œuvre à bon marché. Si, au contraire, les Palestiniens imposaient par la police et la force l'Etat dont ils rêvaient, ils créeraient, comme d'ailleurs dans la première hypothèse, toutes les conditions d'une guerre civile qui ne serait certainement propice ni à la gauche en général, ni aux communistes en particulier. Nos interlocuteurs ne furent pas persuadés par l'argumentation de Clara, mais, reconnaissant que la base du Parti s'écartait sensiblement des positions officielles sur le conflit israélo-arabe, ils continueraient de suivre avec intérêt, dirent-ils, tout ce que nous pourrions entreprendre.

Je leur annonçai que nous envisagions d'organiser une conférence pour la paix, à laquelle Israéliens et Arabes seraient conviés. Nous décidâmes de nous rencontrer bientôt de nouveau, et en tout cas de rester en contact par l'intermédiaire d'Elie Mignot.

Par la suite, je vis souvent Mignot, toujours vêtu du même costume luisant d'usure — et dont je n'ai jamais su s'il était noir à rayures grises ou gris à rayures noires —, le visage mal rasé, sa main lourde s'affairant sur quelque dossier. Il souriait rarement et prenait tout très au sérieux. Je pense qu'il me trouvait sympathique, mais je n'avais pas le style de ceux qu'il avait ordinairement à rencontrer, et il se méfiait. Il me semblait qu'il ne comprenait pas très bien pourquoi le Comité central l'avait chargé, lui, l'apparatchik, de rester en contact avec un peintre qui se mêlait de politique — un dilettante...

Pour le numéro spécial d'*Eléments*, le parti communiste nous fit parvenir un article de Jacques Denis, membre du Comité central et proche ami de Georges Marchais.

La C.F.D.T., quant à elle, ne tenait pas beaucoup à se mêler de cette affaire complexe qui risquait de diviser ses militants. Pourtant, la majorité de ses dirigeants se déclarèrent d'accord avec nos positions. Je proposai à Yves Arcadias, responsable pour les affaires internationales, d'envoyer une délégation en Israël et en Egypte : il s'agissait de montrer qu'il était possible à une centrale syndicale d'entretenir des rapports amicaux avec les classes ouvrières des deux camps. Cette idée, j'en avais parlé à Yitzhak Ben Aharon, secrétaire général de la Histadrouth, ainsi qu'au Dr Fawzy El-Sayed, secrétaire général de la Confédération internationale des syndicats arabes. Tous deux avaient été intéressés, mais il fallut pourtant plusieurs années avant qu'une délégation de la C.F.D.T. visite les pays arabes et qu'Edmond Maire accepte l'invitation du syndicat israélien.

Ces deux semaines d'entretien avec les états-majors politiques me laissèrent un sentiment étrange, comme si je revenais d'un autre monde. Moi, j'aime parler, je crois à la communication et à son pouvoir. Je me sens comme ces héros de la littérature russe qui, dès qu'un problème vient à se poser dans leurs relations avec leurs amis, commencent par s'en expliquer. « Il faut que je te parle », dit un personnage de Dostoïevski à un ami. Dehors, sous la neige, ils font quelques pas ensemble. « Je voulais te dire que je te hais ! » — « Pourquoi ? » Ils vont boire de la vodka, et il lui explique.

Combien de fois, au cours de ces entretiens figés, eus-je envie de dire : « Arrêtons ce jeu ! Allons nous promener, et déballons ce que nous avons vraiment sur le cœur ! » Mais à quoi bon ? La plupart de nos interlocuteurs n'avaient pas d'autonomie de décision ni même d'indépendance d'esprit : ils étaient les exécutants d'une stratégie décidée par une direction. Avec les uns, nos discussions furent théoriques, abstraites et vaines ; avec d'autres, nous dûmes nous borner à un échange formel, dûment enregistré dans des comptes rendus solennels à l'usage de la hiérarchie.

Je n'ai jamais pu, pour ma part, me borner à n'être qu'un militant, exécutant avec conscience des plans élaborés par d'autres. Il m'a toujours semblé que, dans notre société, nous n'avions que trois chances : être un chef pour prendre les décisions, créer un microcosme sans chef où les décisions sont prises en commun, ou partir. Je suis sans cesse passé de l'une à l'autre.

14

BERLIN-EST

Le ronronnement du moteur à hélices m'avait endormi. Il faisait sombre et quelqu'un me demandait l'heure. Je dus grimper sur un escabeau pour atteindre une planche fixée au plafond et sur laquelle étaient gravées les heures. Je sortis un mètre de ma poche et me mis à mesurer le temps. « Avez-vous l'heure ? » me demanda de nouveau la voix. J'ouvris les yeux. Il me fallut quelques secondes avant de comprendre que j'étais dans l'avion de la ligne aérienne polonaise L.O.T. Un visage me souriait, celui de Mme Nguyen Thi Binh, ministre des Affaires étrangères du G.P.R.A. sud-vietnamien. Nous allions à Berlin-Est, où se tenait l'assemblée du Conseil mondial de la paix. Le Comité avait été invité et nous étions partis à trois : Fernand Rohman, Bernard Kouchner et moi.

Quitter mon atelier m'avait coûté. Je venais à peine de publier l'album de mes dessins de Mai et de terminer une exposition ; j'avais entrepris une autre série de dessins sur le quotidien, et j'aurais aimé la terminer avant de me lancer à nouveau dans l'arène politique. J'étais un peu las de rebondir d'aéroport en aéroport, au gré des espoirs et des rendez-vous. Mais mes amis m'affirmaient que ma présence à Berlin pouvait être utile. Pourtant, je m'interrogeais sur l'importance de ce genre de congrès. Pouvait-on vraiment s'y faire entendre ?

« S'il faut crier, tu crieras, m'avait dit Edgar Morin. Tu es un personnage de tes dessins, toujours en mouvement et toujours prêt à réagir contre la violence. »

« Pourquoi toujours crier, pourquoi toujours se battre ? » demandait souvent mon père. Pourtant, c'est quand je crie qu'on réagit. Tous ceux qui ont écrit sur mes dessins parlent de leur violence, les uns pour l'exalter, d'autres pour la regretter. « La violence est de notre époque, mais faut-il que l'art s'y mette aussi ? » demanda un critique belge. « L'image, chez Halter, n'est qu'une fonction de jugement, et le pinceau, l'encre et le fusain que les outils de l'intelligence », notait Claude Roy à propos de ce qu'il appelait mon « journal dessiné ». Et le critique belge ajoutait : « D'accord, mais tout cela ne calmera pas la violence qui se déchaîne aujourd'hui partout dans le monde. Il est des spectacles à décanter pour les artistes qui aiment la nature dans ses hauts moments de lyrisme. Ce n'est pas le revolver au poing qu'on les découvrira... » Ou encore, dans *Le Monde,* Pierre Viansson-Ponté : « Ainsi milite Marek Halter. Peintre abstrait, figuratif, réaliste, classique, révolutionnaire ? Qui le sait ? Il s'en moque : il parle, il explique, il frappe, il émeut. Il milite, en un mot. Et comme c'est un bon militant, c'est aussi un bon peintre. Ou l'inverse, à votre guise. »

« S'il faut crier, tu crieras ! » Fallait-il vraiment continuer de crier, de laisser le plus clair de mon temps, le plus ardent de mes forces dans ce combat sans fin pour une entente entre les Arabes et les Israéliens, pour la paix ici et la paix là, pour une société meilleure ? Le moment n'était-il pas venu de m'arrêter enfin de courir et de me dire : « C'est formidable ! moi, le petit Juif de Varsovie, me voici accepté partout, et par les plus grands ! »

Ce besoin permanent d'être rassuré, cette quête d'amour et de certitudes, Clara appelait cela mon « complexe de Chagall ». Un jour, alors que, jeune étudiant, je passais des heures à copier les fresques de Michel-Ange à la Chapelle Sixtine, j'entendis, dans mon dos, une voix qui disait en français :

« Il a du talent, celui-ci... »

Je m'étais retourné. Un couple. Il m'avait semblé reconnaître Chagall. J'avais demandé :

« Vous êtes Chagall ?

— Un peu », avait-il répondu extraordinairement.

Nous avions bavardé et il m'avait invité à lui rendre visite à Paris. Quand ils s'étaient éloignés, je l'avais entendu dire, en russe cette fois :

« On m'a reconnu ici !

— Même ici », avait ajouté sa femme en lui tapant tendrement l'épaule...

Pour moi, ç'avait été un choc. Quel besoin avait Chagall, au sommet de sa gloire, d'être reconnu par un jeune étudiant anonyme ? Je ne le compris que plus tard : lui, le petit Juif de Vitebsk, le déraciné, avec son accent, n'était sûr de rien, même pas sûr d'être bien ce Chagall fêté par le Metropolitan, le Louvre et l'Ermitage. Qu'un inconnu le reconnaisse le rassurait. Cette reconnaissance lui tenait lieu d'identité.

Et alors ?

J'ai toujours en tête ces lignes de Swift : « Tous les efforts que j'ai faits pour me distinguer n'ont eu d'autre raison que celle de mon défaut de fortune et d'un grand titre, afin que je fusse traité comme un lord par ceux qui savaient apprécier mes talents. Que j'eusse raison ou tort, peu importe ! Ainsi donc, la réputation d'homme d'esprit et de grand savoir joue le même rôle que celui d'un ruban bleu ou d'un carrosse à six chevaux. »

N'étais-je pas, comme tant d'autres, en train d'acheter mon carrosse sous prétexte que l'on n'écoute que ceux qui roulent en carrosse ? Et n'étais-je pas sur le point d'oublier que ce carrosse n'était qu'un moyen de se faire entendre ? Peindre, vendre, vivre mieux. Toute satisfaite que soit ma vanité quand je lis des articles qui traitent de moi, je ne peux m'empêcher pourtant de me sentir différent de ces peintres qui, posés à la Coupole, heureux d'eux-mêmes, se complaisent à raconter leurs expositions, à détailler les fluctuations du marché de l'art, à parler de leurs maisons de campagne et de leurs prochaines vacances au soleil de la mode. Ils ne roulent certes pas carrosse pour être admis : ils le sont déjà. Au moins sur ce plan, ils ne sont pas dans la situation contradictoire qui est la mienne, moi qui critique cette société à qui je m'adresse et qui me nourrit. Mais tout compte fait, je préfère mes contradictions, mes angoisses, mon impatience et mes problèmes à leurs problèmes, à leur tranquillité et à cette satisfaction qui leur vient quand, au son des fourchettes, papotent les mondains.

Bref, je partis pour Berlin.

J'aime les avions, j'y rêve bien... Je regardai ma montre :

« Il est deux heures, dis-je à Mme Binh. Nous devrions arriver... »

L'aéroport de Berlin-Est paraissait vide. Il tombait une pluie fine et si triste que le bâtiment de briques rouges semblait être gris. Un silence sans rien nous enveloppa soudain quand les moteurs se turent. Cela ne dura que quelques secondes, et, d'un coup, la piste s'anima extraordinairement : des centaines de Vietnamiens, une rose à la main, couraient vers nous en criant leurs salutations à Mme Binh, qui les attendit sur la passerelle.

Transfert à l'hôtel Unter Den Linden, attente, distribution de dossiers, speech de bienvenue, répartition de bons pour le restaurant. Etrange atmosphère, contrainte et formaliste : je vis même une femme de l'Amitié franco-arabe demander à un fonctionnaire, comme à l'école, si elle pouvait se rendre aux cabinets. Enfin, nous reçûmes un questionnaire sur lequel nous devions indiquer aux travaux de quelle commission nous souhaitions participer. Nous choisîmes évidemment le Proche-Orient, nous partageant les trois sous-commissions : Fernand la sous-commission politique, Bernard la sous-commission de l'information, et moi la sous-commission juridique.

Après nous être installés dans les chambres qu'on nous avait attribuées — nous en avions deux pour nous trois —, nous sortîmes faire un tour Karl-Marx Allee, l'ex-Staline Allee. Je gardais le souvenir de mon premier voyage en Allemagne, en 1964, à l'occasion d'une exposition à Cologne. Le seul son de la langue suffisait alors à me hérisser, et je ne pouvais regarder un homme de plus de quarante ans sans me demander : et celui-ci, où était-il ? Dans la belle ville de Munich, à deux pas du camp de mort de Dachau, j'avais vu pleurer la fille d'un vieux leader socialiste, Carlo Schmid : « Devrons-nous payer toute notre vie pour ce qu'ont fait nos parents ? » Je ne demandais pas vengeance, avais-je répondu, mais je l'avais exhortée à ne pas oublier, ni à pardonner...

Cette fois, en ce vendredi pluvieux de la fin juin 1969, c'est nous qui, avec Bernard et Fernand, constituions le spectacle. Nous nous promenions de vitrine en vitrine, entre les immeubles style salle de bains de l'époque stalinienne, blaguant et riant, et les gens nous regardaient avec un mélange de méfiance et d'envie.

Le lendemain, nous commençâmes à travailler. La foule colorée, venue de tous les coins du globe, emplissait l'impressionnante salle de conférences où, parmi les drapeaux, les slogans et le mot PAIX écrit dans toutes les langues, les noms de Mme Binh et de Walter Ulbricht, chef du parti communiste est-allemand, déclenchèrent un formidable enthousiasme. Mes deux amis n'avaient pas eu de chance avec leurs sous-commissions ; surtout Fernand, dont l'intervention fut brillante, mais qui resta jusqu'à la fin en marge, comme s'il s'était mis à jouer du violon dans une fanfare. Bernard, lui, s'arrangea plus facilement — son tempérament l'y portait — avec les membres de sa sous-commission, mais chacun y resta soigneusement sur ses positions.

Nous, nous n'étions qu'une douzaine, et j'étais le seul à ne pas être juriste. Il fallut tout d'abord élire un président. Le Palestinien Jamal Sourani proposait Abib Daoudy, ambassadeur de Syrie en Belgique, et moi le professeur Igor Blichtchenko, de l'Institut des rapports internationaux de Moscou, homme nuancé et pondéré avec qui j'avais pu échanger quelques mots en russe avant la séance. Blichtchenko fut élu à la majorité. Dès que la discussion s'engagea, je m'aperçus qu'une fois de plus c'étaient les étrangers au conflit israélo-arabe qui se montraient les plus intransigeants, en l'occurrence une Belge, un Grec, un Yougoslave. Ils décrivaient avec une passion mauvaise les atteintes d'Israël au droit international et en venaient à s'insurger contre l'existence même de l'Etat juif. Mon tour venu, je leur demandai s'ils étaient prêts à accepter Israël au cas où une révolution y changerait le régime.

« Pour devenir Palestine ? demanda Sourani.

— Non, pour rester Israël, mais socialiste.

— Pour nous, il n'est pas question d'accepter ce produit de l'impérialisme américain ! s'écria le Yougoslave.

— Pourquoi alors se donner tant de mal pour prouver la culpabilité d'Israël, puisque vous le récusez de toute manière ? »

J'ajoutai que je n'étais pas venu défendre la politique israélienne, mais que j'avais espéré pouvoir participer à un débat serein et constructif. Je rappelai enfin, et non sans malin plaisir, que c'est l'Union soviétique qui avait été la première à reconnaître l'Etat d'Israël, et qui lui avait fourni ses premières armes...

Le Syrien Abib Daoudy m'attaqua personnellement, l'Autrichien Alfons Dur et le juriste roumain Emil Furnica me soutinrent. Inévitablement, deux camps se formèrent, entre lesquels Blichtchenko s'efforçait avec habileté de rester neutre — même si, comme il me semblait, il soutenait le plus souvent mes positions. Avec Daoudy, nos rapports étaient amicaux en dehors des débats, mais je sentais que les autres, qui ne me saluaient plus ou m'évitaient carrément, me vouaient ce sentiment fait de haine ou de suspicion que je reconnaissais.

Le soir, avant d'aller voir *Don Juan*, qu'on donnait en notre honneur à l'Opéra, je trouvai les deux Roumains, Furnica et le vice-président de la télévision Grigoresco, venus m'attendre, tels des conspirateurs, à la porte de ma chambre ; ils voulaient seulement m'assurer de leur soutien et me serrèrent la main avec chaleur :

« C'est important que quelqu'un ose dire ce que vous dites... »

A la séance du lendemain, un nouveau venu, l'ancien ministre de la Défense de Nehru, Krishna Menon, m'attaqua avec une extrême violence : je n'étais plus qu'un suppôt de l'impérialisme israélien... Un vrai délire... Je dis mon étonnement : il ne me connaissait pas, ni ne connaissait les positions que je défendais... Bien que n'étant pas juriste, je lui rappelai que le ouï-dire est irrecevable, puis profitai des incidents créés à la frontière sino-indienne par les revendications territoriales de New-Delhi pour soutenir le point de vue de Pékin. Krishna Menon s'énerva de plus belle :

« Rien à voir avec le conflit israélo-arabe ! s'écria-t-il.

— Au contraire, ce qui se passe là-bas peut servir d'exemple pour le Proche-Orient, si tant est que ce sont les précédents qui créent les jurisprudences... »

Il ne répondit pas et préféra quitter la séance.

En rentrant à l'hôtel avec Fernand et Bernard, nous aperçûmes Yehia Hamouda, de l'O.L.P. Nous lui demandâmes pourquoi il n'avait jamais répondu à la lettre que lui avait envoyée le Comité (1), mais il prétendit ne l'avoir jamais reçue. Un groupe d'Arabes s'approcha à ce moment, parmi lesquels je reconnus Mehdi Alaoui, le représentant de l'U.N.F.P. marocain. Ils expliquèrent fébrilement quelque chose en arabe à Hamouda et nous l'arrachèrent littéralement, disparaissant aussitôt comme s'ils avaient touché le feu...

Pour changer un peu d'atmosphère — et de menu — nous sortîmes, Fernand, Bernard et moi, accompagnés des trois hôtesses qu'on nous avait affectées, pour nous offrir un bon repas dans l'un de ces grands restaurants du centre ville. Au « Varsovie », on nous dit que toutes les tables étaient réservées. Même chose au « Budapest », où nous ne voyions pourtant que trois couples dînant à la lueur des bougies. Au « Sofia », même réponse. Kouchner, qui commençait à s'énerver, demanda des explications au maître d'hôtel : c'est, nous dit celui-ci, qu'un certain nombre de tables étaient réservées en permanence pour les dignitaires de l'Etat et du Parti...

En désespoir de cause, nous revînmes à l'Unter den Linden, où nous retrouvâmes nos places, le morne chuchotement des délégués, le menu habituel et le lourd

(1) Cf. page 69.

rideau gris tiré sur le monde extérieur. Cette fois, pourtant, nous avions droit à un verre de Sekt, le champagne allemand. Nous entamions le potage quand Kouchner, encore furieux, se leva soudain, le verre à la main, droit et fier sous sa crinière blonde, et porta un toast au camarade Ulbricht. Nous le trouvions si beau, Fernand et moi, avec ce regard lumineux qui défiait la salle, que nous nous levâmes à notre tour et trinquâmes avec lui. Alors, un à un, les deux cents délégués se levèrent, attendant dans le calme et la dignité la suite de la cérémonie. Nous nous rassîmes en rigolant : une seconde plus tôt, nous étions les seuls debout parmi les assis, et, du coup, nous fûmes les seuls assis parmi les debout. On eût dit un film de Charlot. Le silence était accablant. Les délégués, le verre à la main, s'entre-regardaient discrètement, ne sachant que faire. Enfin, ils se rassirent l'un après l'autre, résignés à ne pas comprendre. Avant que nous ayons terminé la compote de pommes, deux fonctionnaires allemands s'approchèrent et nous demandèrent nos noms. Ils crurent bon de préciser qu'il y a des choses dont on ne rit pas, et qu'ils espéraient ne pas avoir à nous le répéter...

Cette même nuit, après avoir été chanter de vieux chants révolutionnaires allemands chez les parents d'une de nos hôtesses, nous cherchions en vain un restaurant ou un café ouvert : le menu type conférence internationale nous laissait sur notre faim. Nous n'étions pas les seuls : nous rencontrâmes un groupe de délégués arabes, avec Mehdi Alaoui, qui cherchaient comme nous un complément à la compote de pommes. En unissant nos efforts, nous finîmes par trouver du pain et quelques bouteilles. Nous les partageâmes et passâmes le reste de la nuit à nous raconter des blagues.

« Tu vois comme la faim lie les gens, dis-je à Mehdi, celui-là même qui, quelques heures plus tôt nous arrachait Hamouda.

— C'est une amitié de classe », répondit Mehdi.

Et nous restâmes amis.

Les délégations arabes partageant la vedette avec celle du Vietnam, Khaled Mohieddine, chef de la délégation égyptienne et ancien compagnon de Nasser, était très entouré. Je ne pus l'approcher que le dernier jour pour lui parler, comme à mon habitude, de notre idée de convoquer une conférence internationale à laquelle Israéliens et Arabes participeraient. Il me répondit y avoir pensé lui-même, mais qu'il craignait des complications si l'on y mêlait trop les Européens et leurs partis politiques. Puis il me présenta Lotfi El Kholi, rédacteur en chef de la revue égyptienne de gauche *Al Talia* — sourire engageant, œil malin, réplique vive. C'est lui qui, après la clôture solennelle de l'Assemblée, nous dit que si nous voulions organiser une conférence pour la paix au Proche-Orient, il fallait commencer par aller en Egypte en discuter avec les responsables.

15

FOUAD EL CHAMALI

JE m'étais engagé à préparer une exposition à Genève et je voulais terminer mon album sur le quotidien (1). En rentrant de Berlin, je me mis donc au travail. Je me rappelle que je m'interrogeais beaucoup, à cette époque, sur la signification que je donnais à cet album : j'étais en effet incapable de faire la part de ce que j'aurais aimé en dire et de ce qu'en disaient mes amis. Ainsi Giacometti expliquait-il ses sculptures en reprenant purement et simplement l'analyse que Sartre en faisait, comme si c'était la sienne depuis toujours ; ainsi Baudelaire reproduisait-il sans guillemets des pages entières de Poe, tant elles correspondaient à ce qu'il aurait voulu écrire. Il arrive toujours un moment où les idées de l'artiste sur son œuvre en viennent à se confondre exactement avec ce qu'on en dit et qui le gratifie. J'en parlai à Maurice Clavel et Edgar Morin, dont les questions me troublaient.

Pourtant, une fois de plus, ce qui se passait dans le Sinaï me détourna de moi-même. Nasser, dans l'espoir d'épuiser Israël en le mobilisant aux frontières, s'était lancé dans la « guerre d'usure », et la liste des morts s'allongeait chaque jour — Israël y perdit autant de soldats que pendant la guerre des Six-Jours. Et surtout, les raids en profondeur de l'aviation israélienne entraînèrent l'Egypte à demander l'assistance des Soviétiques,

(1) Album publié en 1971, avec une préface de Maurice Clavel et Edgar Morin.

trop heureux qu'on les invite là où justement ils voulaient aller. Nos démarches restaient vaines et la paix se faisait de plus en plus lointaine.

C'est cependant à ce moment que les Givet me proposèrent une réunion, à Genève, avec le C.A.P.M.O. (Centre d'action pour la paix au Moyen-Orient), à laquelle participeraient un Israélien et un Palestinien. Lettres d'invitation, liste des personnalités : nous commencions à avoir l'habitude de ces préparatifs. L'Israélien serait Saul Friedlander, un jeune historien toujours prêt au dialogue ; le Palestinien, Fouad Chamali, représentant d'El Fath à Genève, militant passionné qui écrivait des poèmes sous le nom de Fouad Khaled. L'intérêt qu'il portait à l'art et à la littérature lui permettait d'échapper au dogmatisme politique où se complaisaient d'autres propagandistes moins intelligents. Il n'était pas d'accord avec moi, mais comprenait qu'un mouvement comme le nôtre pouvait faire admettre certaines au moins des revendications palestiniennes à cette partie de la gauche qui ne se voulait pas anti-israélienne. Nous nous vîmes beaucoup. Il acceptait de participer au colloque, mais à condition que sa présence ne fût pas annoncée : la polémique ne l'intéressait pas. Nous nous mîmes d'accord : le président de séance devait déclarer, aussitôt après l'exposé de Friedlander, qu'il apprenait la présence d'un Palestinien dans la salle et qu'il serait heureux de lui donner la parole. Friedlander accepta de se prêter au jeu, mais il craignait que Fouad ne s'esquive au dernier moment.

C'est le vieux Jules Humbert-Droz, ancien secrétaire général du Kommintern, qui, à la demande de Jacques Givet, présida le débat. Il se montra moins brillant que lorsqu'il évoquait ses années de lutte au sein de la IIIe Internationale et ses discussions avec Lénine. Il s'intéressait au Proche-Orient depuis le fameux congrès des partis communistes d'Asie à Bakou en 1920, mais l'évolution des événements, comme l'impossibilité de réunir les gauches israéliennes et arabes, semblaient le déconcerter quelque peu.

Le dialogue de cette soirée, que nous reproduisîmes intégralement dans *Eléments*, fut néanmoins l'un des plus élevés auxquels il m'a été donné d'assister. Après l'intervention intelligente et mesurée de Friedlander, je passai un mot à Humbert-Droz, lui signalant la présence dans la salle d'un Palestinien prêt à prendre la parole. Humbert-Droz, que nous n'avions pas mis au courant de notre scénario, se leva alors et annonça avec une grande solennité la présence de Fouad Chamali, qui s'approcha et parla longuement, de sa manière poétique, du combat des Palestiniens :

« Je ne suis pas ici pour relever un défi, affirma-t-il. Le seul défi qui m'intéresse, c'est d'être pris au mot, et je demande qu'on me prenne au mot... Tout en n'engageant personne d'autre que moi, je crois bien refléter l'opinion de ceux de ma génération, la génération qui a le souvenir de la terre de Palestine. Ce souvenir est, en vingt ans, devenu un rêve. Les vingt années de l'enfance et de l'adolescence, de l'apprentissage, de la connaissance, du militantisme dans les partis arabes, de la grève, des manifestations de rue pour Nasser, contre Nasser, pour Hussein, contre Hussein... Pour cette génération du rêve, le rêve apparut, exactement en 1957, non pas marqué d'impuissance, mais plus proche de la réalité que les deux lèvres d'une même blessure... Et c'est ce rêve-là qui, actuellement, non seulement forme un peuple, mais est en train de révolutionner la région... Les Palestiniens ne revendiquent pas simplement cette terre parce qu'elle est leur maison ; ils la revendiquent parce que c'est la dimension qui leur manquait pour qu'ils redeviennent eux-mêmes, entièrement, pour qu'ils se réalisent, qu'ils s'affirment. Et au moment où ils s'affirmeront, tout deviendra possible... »

Il termina sur le projet palestinien de créer un Etat unitaire. Friedlander me passa un mot : « Merci, c'est vous qui aviez raison. » Il demanda à répondre. Je craignais qu'il ne tente de réfuter un à un les arguments de Fouad : la discussion n'aurait pu que s'envenimer, et le débat se perdre. En fait, Friedlander parla très brièvement :

« En tant qu'Israélien, dit-il, je voudrais seulement remercier Fouad Chamali d'être ici en tant que Palestinien... Il est tellement rare que nous participions ensemble à une discussion publique que j'y vois pour ma part un élément d'espoir. Bien sûr, je n'accepte pas l'idée que la lutte armée du peuple palestinien est la seule façon de régler le problème de la coexistence avec Israël. Je voudrais ajouter enfin, ce que notre ami ne sait peut-être pas, qu'il y a beaucoup de gens en Israël qui sont conscients du fait national palestinien... Venez assister aux débats que nos hôtes organiseront dans l'avenir, et vous verrez que, par-delà toutes nos divergences, beaucoup d'entre nous pensent un peu comme vous — et alors la discussion sera certainement possible... »

La presse salua cette rencontre comme un événement. Peut-être une petite pierre était-elle effectivement tombée de ce mur qui séparait encore les Israéliens des Arabes, mais, pour moi, je constatai surtout qu'il leur était plus facile de se comprendre quand ils acceptaient de se parler directement que par l'intermédiaire de leurs supporters respectifs. Chamali était d'accord avec moi, et il me raconta comment un gauchiste parisien du Comité Palestine lui avait reproché de se compromettre avec nous :

« Que fais-tu ? lui avait demandé Fouad.

— Mes études de droit.

— Quand les auras-tu terminées ?

— L'année prochaine.

— Et que fais-tu pendant tes vacances ?

— Je ne sais pas encore.

— Alors viens donc rejoindre les feddayin en Jordanie... »

L'autre n'avait pas répondu et s'était éclipsé.

« Vous vous rendez compte, conclut Fouad scandalisé, c'est moi le Palestinien, c'est moi qui lutte, souffre, espère, et c'est lui, tranquillement installé à Paris, qui prétend choisir mes propres amis... »

Chaque fois qu'il passait par Paris, où il suivait un traitement médical, nous le voyions. Intérêt politique sans doute, mais aussi, je crois, sympathie personnelle. Trois ans plus tard, les journaux m'ont appris sa mort. On l'y présentait comme le « cerveau » de Septembre

Noir, on lui attribuait la responsabilité de diverses opérations, comme le sabotage des réservoirs de pétrole de Trieste et la prise d'otages israéliens aux Jeux olympiques de Munich. A Beyrouth, on lui fit des funérailles nationales.

Terroriste, mon ami Fouad? Peut-être. Faut-il le condamner ? Il est né et il est mort au siècle d'Auschwitz et de Hiroshima, il a vu le massacre des Biafrais et le règne du goulag. Pour affirmer son droit, il a pris les moyens que le siècle mettait à sa disposition.

J'ai été éduqué dans une certaine idée du bien et du mal. J'étais dépositaire d'une espérance insensée : les forces de la lumière triompheraient toujours des forces de l'ombre, le genre humain ne pouvait aller que de progrès en progrès. Vaincu, le nazisme disparaîtrait — ce nazisme au nom duquel deux soldats me saisirent un jour et dirent à ma mère : « Dites-nous où se cache votre mari, et nous vous rendons votre fils. »

Je ne savais pas encore, à ce moment, que l'ombre masquerait pour toujours la lumière, que le nazisme s'était incrusté en chacun de nous, que la vie avait perdu sa valeur absolue pour ne devenir qu'une monnaie d'échange.

Cette idée nous répugne. Je crois bien qu'elle répugnait aux nazis eux-mêmes : comment expliquer autrement le besoin qu'ils avaient de justifier tous leurs actes par des théories et des discours ? C'est peut-être pour cela que je prends tellement au sérieux les proclamations et les programmes, les condamnations et les soutiens : ils cachent ou révèlent ce qui en nous appartient aux forces de l'ombre. Et j'ai peur.

16

OPÉRATION ELIAV

Un matin, je reçus un appel de Guido Fubini, qui se trouvait à Turin. Il semblait très excité :

« Es-tu au courant de l'affaire Goldmann ?

— Quelle affaire Goldmann ?

— Goldmann est invité au Caire par Nasser ! »

Je lui dis ne pas partager son exaltation : ces sortes de rencontres, on ne les annonce qu'après qu'elles ont eu lieu !

« Tu penses donc que c'est raté ? »

Je répondis que oui. Effectivement, Goldmann ne se rendit pas au Caire. L'affaire fit grand bruit à l'époque : on prétendit que Golda Meir, devenue Premier ministre à la mort d'Eshkol, ne lui aurait pas donné son accord. En Israël, les étudiants et la gauche sont même descendus dans la rue pour manifester contre la prise de position de Golda Meir.

Personnellement, tout cela m'étonnait : Goldmann, président du Congrès juif mondial et titulaire de trois passeports, n'avait aucun besoin de l'autorisation du gouvernement israélien pour se rendre au Caire — sauf si, évidemment, il entendait représenter officiellement Israël dans ses conversations avec Nasser.

Nahum Goldmann a toujours été très amer de ne pas occuper la place qu'il pensait devoir lui revenir sous la direction de l'Etat juif. Ses collaborateurs l'admiraient pour sa culture et son humour, mais les Israéliens se méfiaient de lui comme de tous ceux qui, prétendant parler en leur nom, ne se trouvent pas parmi eux à l'heure de l'épreuve : début juin 1967, alors que l'étau des armées arabes semblait s'être refermé sur Israël, j'ai vu Goldmann faire tranquillement son shopping à Paris.

Ce que je savais de lui à l'époque me rendait l'homme plutôt sympathique, mais quand il nous a reçus, Clara et moi, dans son appartement de l'avenue Montaigne, je découvris un vieux beau parfumé, en robe de chambre écarlate, qui nous parlait d'un ton condescendant. Un mur nous séparait de ce notable à l'ancienne.

Je le revis pourtant quelquefois : il avait promis de nous aider financièrement à organiser notre première conférence internationale pour la paix au Proche-Orient. Il me faisait asseoir dans un fauteuil massif et tournait autour de moi comme autour d'une proie, m'extirpant des informations dont, je l'appris plus tard, il se servait comme s'il les avait lui-même obtenues de première main. Il voulait tout savoir de nos contacts en Europe, aux Etats-Unis, dans les pays arabes ; l'opinion de l'intelligentzia allemande l'intéressait tout particulièrement, et il me demanda de lui apporter les lettres qu'Ernst Bloch et Gunther Grass nous avaient adressées.

Mes questions ne recevaient que des réponses évasives. Notre action ne semblait pas le concerner. Quant aux idées, il se contentait des siennes. Il séduisait les gens pour s'en servir et n'était pas à une promesse près : il ne tint jamais celle qu'il avait faite de nous aider à monter notre conférence. Sans doute aurais-je dû lui en proposer la présidence...

Ses préoccupations n'étaient pas les mêmes, pas plus que les motivations qui nous faisaient nous intéresser à Israël. Pour lui, le sionisme était encore une réalité ; pour moi, ce n'était plus que de l'histoire. L'existence d'Israël lui semblait capitale pour les communautés juives dans le monde ; alors que je n'y voyais que les trois millions d'Israéliens vivant, rêvant d'avenir et se battant pour des idées politiques dans cet Etat dont la création représentait la fin du sionisme en même temps que son aboutissement.

Seule la « realpolitik » dictait la conduite de Goldmann et ses démarches : ouverture vers l'Egypte, considérée comme la seule puissance véritable du monde arabe ; contacts avec l'Union soviétique, présente au Proche-Orient depuis 1956 ; ignorance presque complète des Palestiniens, qui ne représentaient pas encore une force digne de son intérêt. Ses critiques du gouvernement israélien étaient surtout tactiques.

Je préférais de beaucoup le style « écorché vif » de Golda Meir aux manœuvres calculées de ce politicien sans pouvoir. Je cessai de voir Goldmann.

Quant à sa démarche égyptienne dont me parlait Fubini, je ne fus pas aussi scandalisé que beaucoup par le blocage de Golda Meir. Quelques jours plus tard, j'expliquai mon point de vue à deux amis égyptiens :

« Goldmann est une personnalité intéressante, et il représente une organisation juive mondiale. Sa rencontre avec Nasser aurait certainement pu être un premier pas. Mais vous, les Egyptiens, ce n'est pas aux Juifs que vous faites la guerre, c'est aux Israéliens... C'est donc les Israéliens qu'il vous faut rencontrer...

— Les Israéliens ne sont-ils pas juifs ?

— Ce sont des Juifs israéliens... C'est comme si vous acceptiez de régler avec Israël le problème palestinien sous prétexte que vous êtes arabes... Vous savez ce que dit Golda Meir : Goldmann est libre, il peut aller en Egypte quand il veut, mais il ne peut prétendre y représenter Israël...

— A votre avis, qui aurions-nous pu inviter ? Parler avec un marginal, même israélien, cela n'a pas non plus beaucoup de sens... »

Je leur expliquai qu'il existait, au sein même de l'establishment israélien, des personnalités qui, tout en jouissant de la confiance de la population, défendaient des positions assez proches des nôtres. Je pensais en particulier à Lyova Eliav, alors secrétaire général du parti travailliste au pouvoir, et qui avait souvent pris des positions « colombe », notamment dans un entretien que Clara avait publié dans *Eléments*.

« Nous pourrions voir ces textes ? » demandèrent mes amis égyptiens.

Je leur apportai les documents à l'hôtel le lendemain matin. Je les connaissais tous deux depuis longtemps ;

l'un était diplomate, et plutôt modéré, le second, journaliste de gauche, était proche du pouvoir (1). Bien que la gauche, dans les pays arabes, soit beaucoup plus intransigeante que les autres mouvements d'opinion, ils semblaient accepter l'idée d'une rencontre avec les « progressistes israéliens ». Je ne savais s'ils recevaient mon argument de principe — le droit à l'existence d'un Etat juif — ou si leur démarche ne visait, tactiquement, qu'à manifester devant l'opinion publique mondiale de la bonne volonté arabe et de l'intransigeance israélienne, mais je laissais volontairement persister l'équivoque : peu m'importaient les raisons qui conduiraient Arabes et Israéliens à se rencontrer ; le principal était de les réunir. Pour le reste, je comptais sur la dynamique même de ces rencontres.

Mes amis égyptiens m'appelèrent l'après-midi même :

« Ces textes sont très intéressants... Nous avons réfléchi à ce que vous nous avez dit... Nous partons ce soir pour Le Caire, nous allons tâter le terrain et si nous nous rendons compte que Nasser est intéressé, nous vous téléphonerons... »

Un mois plus tard, alors que j'avais déjà oublié la promesse — combien ne m'en a-t-on pas fait de ce genre ! — nous fûmes réveillés par un coup de téléphone d'Egypte. C'était la voix du diplomate :

« Ici, disait-il, nous sommes intéressés, mais nous ne voulons pas de publicité... Nous voulons être certains que la personne dont nous avons parlé ne sera pas désavouée par la suite... »

Je répondis, en veillant, comme lui, à ne pas prononcer de nom, que j'allais me rendre sur place le plus tôt possible pour obtenir toutes les assurances nécessaires. Je le tiendrais au courant.

En raccrochant, j'étais surexcité. Le soir même, j'avertis le « petit comité » et commençai à préparer mon voyage. Je me rendis compte alors que je n'avais plus l'argent nécessaire pour acheter mon billet, et que

(1) On me permettra de ne pas donner leurs noms ici : ils sont toujours en poste.

la caisse du Comité était vide — nous avions même dû emprunter pour sortir le dernier numéro d'*Eléments*.

Le lendemain, au *Nouvel Observateur*, je rencontrai Josette Alia et son perpétuel sourire de petite fille qui sait où sont cachées les confitures. Je lui demandai si Jean Daniel serait d'accord pour me payer un voyage en Israël :

« Quelque chose de neuf ?

— Un projet qui peut être important...

— C'est secret ? Il faudra bien que je lui donne une explication... »

J'aime bien Josette, et cette manière qu'elle a d'être et de rire, apparemment nonchalante dans ce monde de journalistes sérieux et toujours affairés. Nous nous donnâmes rendez-vous à La Régence, à l'heure où les vieilles dames viennent prendre le thé. Je lui racontai toute l'affaire en chuchotant. Josette était aussi enthousiaste que moi. Nous devions avoir l'air d'apprentis espions, et nous pensâmes même changer de place quand, à la table voisine, on se mit à parler arabe...

Elle sut convaincre Jean Daniel : *Le Nouvel Observateur* me paya le voyage et, du même coup, l'envoya en reportage en Israël.

Aussitôt à Tel Aviv, je rencontrai Lyova Eliav au siège du parti travailliste, rue Hayarkon. Il était en bras de chemise, l'œil toujours aussi bleu et le sourire aussi timide. Il me présenta ses deux collaborateurs, Mischa Harich et Yoram Peri. Je lui demandai en russe si je pouvais parler devant ses amis ou s'il fallait attendre d'être seuls :

« Tu peux parler », répondit-il.

Je racontai donc l'histoire depuis le début, l'échec du voyage Goldmann, ma conversation avec mes amis égyptiens...

Eliav m'interrompit :

« En as-tu déjà parlé à Golda ?

— Non, dis-je. Je voulais d'abord t'en parler à toi, puisque c'est de toi qu'il s'agit... »

Il pâlit, me sembla-t-il, puis reprit, en russe cette fois :

« Tu avais raison, nous aurions sans doute dû en parler seul à seul... Tu comprends, quand Golda a dit non à Goldmann, son refus a fait en Israël l'effet d'une bombe, et si cela devait se reproduire avec moi, ce serait une explosion atomique... »

Il reprit, en hébreu :

« Veux-tu que moi je téléphone à Golda ? »

Je lui dis que, s'il n'y voyait pas d'inconvénient, je préférais la mettre d'abord au courant. En quittant Eliav, j'appelai Simha Dinitz, alors chef de cabinet de Golda Meir, et qu'Avi Primor, de l'ambassade d'Israël à Paris, m'avait chaudement recommandé. Dinitz, sans doute averti de mon arrivée par Primor, me donna rendez-vous le lendemain à Jérusalem : « Je vais prévenir Golda Meir que vous désirez la voir... »

Le soir, j'expliquai à Josette Alia qu'Eliav redoutait un refus de Golda. Et j'ajoutai que je pensais pouvoir la convaincre. Nous dînâmes chez Reni et Hezi Carmel ; j'étais très gêné de ne rien pouvoir leur dire, mais je continuais à penser qu'il valait mieux éviter toute publicité. Ce soir-là, on vola, dans la Méhari qui m'avait été prêtée, le paquet des numéros d'*Eléments* que j'avais apportés, ce qui permit à la presse israélienne d'annoncer ironiquement qu'on avait volé en Israël les « éléments pour la paix au Proche-Orient de Marek Halter »...

Le lendemain, je me présentai comme prévu chez Simha Dinitz à qui je dus à nouveau exposer l'affaire. Derrière ses lunettes son regard riait. Il avait le sens de l'humour, et cela me réconforta ; ceux qui, en politique, n'ont pas le sens de l'humour sont de l'espèce dangereuse.

Il me demanda d'attendre et alla demander à Golda Meir si elle voulait me recevoir. Je ne sais si j'attendis un quart d'heure ou une heure. La salle où je me trouvais — longue table de teck, grande carte murale d'Israël — était sans doute celle où se réunissaient les conseillers du Premier ministre. Je me demandai vaguement ce que j'y faisais, moi le peintre, quand Dinitz revint. Golda, dit-il, avait gardé un bon souvenir de notre première rencontre. Elle m'attendait.

Elle était derrière un grand bureau, forte, carrée, ne paraissant faire qu'un avec le meuble. Elle souriait. Elle écrasa sa cigarette, se leva et me tendit les bras :

« Je suis contente de vous revoir... »

Quel changement en elle ! Deux ans plus tôt, j'avais rencontré une vieille femme malade, qu'il fallait soutenir et ménager. Je la retrouvais solide comme un rocher du désert, enchaînant cigarette sur cigarette. Je lui dis à quel point je trouvais curieux de constater combien l'exercice du pouvoir ou des responsabilités — elle était Premier ministre depuis 1969 — pouvait changer les gens. Nous philosophâmes un peu, puis elle se mit à me poser des questions, aussi bien sur ma peinture, sur la gauche, que sur ce qui m'amenait en Israël. Nous parlions yiddish. Elle m'écouta sans m'interrompre quand je repris, depuis l'affaire Goldmann, le récit de l'entreprise qui m'amenait jusqu'à elle, ajoutant que, s'il n'y avait qu'une chance sur mille de succès, cela valait la peine d'essayer...

« Bien sûr, dit-elle, je ne peux vous demander de me donner des garanties... Eliav n'est pas Goldmann. Il est de chez nous, il fait partie d'Israël... Mais j'espère que vous comprenez à quel point il est difficile pour moi de nous lancer dans une aventure dont nous ne savons à quoi elle nous engage. »

Je répondis qu'Israël n'avait rien à perdre — et tout à gagner — en prouvant sa volonté de saisir toute chance de dialogue. Elle avait pu constater qu'une bonne partie de l'opinion publique israélienne, ainsi qu'une bonne partie de l'opinion publique mondiale la tenait elle, personnellement, pour responsable de l'échec de l'opération Goldmann.

Brusquement, elle insista :

« Vos deux amis égyptiens parlaient sérieusement d'un voyage d'Eliav au Caire ?

— Tout à fait sérieusement. »

Elle se tut un moment, puis reprit :

« Personnellement, je n'ai rien contre... Et, comme je vous l'ai dit, Eliav n'est pas Goldmann... Tout ce qui peut faire avancer la paix est important... Depuis que je suis responsable de cet Etat et de tous les Juifs qui y vivent, je ne pense qu'à cela, croyez-moi... Mais je ne peux m'engager seule. Notre gouvernement est un gouvernement d'union nationale (1). Si votre entreprise réussit, le gouvernement sautera. Cela m'est égal, mais je ne voudrais pas qu'il saute pour rien... Je voudrais être sûre que nous ayons quelque chance de succès... Je vais réunir quelques amis du cabinet... Revenez me voir demain... Dix-sept heures, à mon bureau de Tel Aviv... »

Elle se leva et me tendit la main :

« Bonne chance...

— Bonne chance à vous aussi... »

Ces vingt-quatre heures me furent très longues. Longtemps avant l'heure du rendez-vous, je rôdais déjà autour de la Kirya, où sont regroupés les bâtiments du gouvernement et de l'administration. J'entrais et sortais du café qui fait l'angle d'Ibn Gvirol et de Kaplan. Je ne tenais pas en place. Je me présentai finalement un quart d'heure en avance au bureau de Golda Meir. Au bout de vingt minutes, j'en vis sortir Dayan et Galili, éminence grise des gouvernements successifs d'Israël, expert en conciliations et compromis. Cinq minutes plus tard, Golda Meir me reçut, toute souriante :

« Mes amis sont d'accord avec moi, dit-elle. Nous avons confiance en vous... Vous avez mon feu vert... Je voudrais seulement que vous me rendiez compte, à moi directement, de la suite des événements... »

Elle ajouta :

« J'espère que vous réussirez... Pour nous, pour les Arabes, pour nous tous... »

En quittant son bureau, je volais, j'avais des ailes. J'avais envie de partager la nouvelle avec quelqu'un, mais il me fallait garder le secret. Je ne pouvais en parler qu'à Eliav et à Josette Alia. Eliav savait déjà que j'étais autorisé à poursuivre mes démarches. Quant à Josette, j'allai la trouver à l'hôtel, où elle écrivait son « papier » :

(1) Formé à la veille de la guerre des Six-Jours, ce gouvernement d'union nationale éclata en 1970, quand la droite s'en sépara au cours de la « guerre d'usure » imposée par Nasser sur le canal de Suez.

« Alors, c'est gagné ! », dit-elle.

Je pris soudain conscience que nous n'en étions qu'au début et que presque tout restait à faire. Cela me rappela une histoire de Sholem Aleicheim, le fameux humoriste yiddish du début du siècle :

Un marieur avait passé des heures et des heures à essayer de convaincre un pauvre paysan de marier sa fille avec le fils de Rothschild. Il y avait usé tout son talent, toute son expérience, toute sa persuasion. Tant de talent, d'expérience et de persuasion que le paysan accepta enfin. « Bon, dit alors le marieur, il ne me reste plus qu'à convaincre Rothschild... »

Le doute m'envahissait. En exploitant la situation privilégiée qui était devenue la mienne, je ne faisais peut-être que donner des illusions à des gouvernements... Qui étais-je pour leur demander de s'engager sur ma seule bonne volonté, ma foi dans l'homme et le mouvement ?... Je ressentais avec anxiété combien tout cela était disproportionné... Et puis, que savais-je des véritables données politiques d'ici et d'ailleurs, des projets et des arrière-pensées de tel ou tel ?... Comment réagiraient mes amis égyptiens à la réponse de Golda Meir ?...

Je décidai de rentrer à Paris le plus tôt possible afin de prendre contact avec Le Caire.

De Paris, je pus joindre mon ami diplomate. Il parut surpris — et ravi — de la réponse israélienne. Il me promit d'en parler à Nasser :

« C'est seulement, dit-il, un problème de date à fixer. »

Il me rappela une dizaine de jours plus tard, et me proposa d'amener Eliav au Caire, via Athènes, aux environs du 7 août. Il me préciserait ultérieurement la date. Je prévins Jérusalem. Enfin, quelque chose s'était déclenché, l'événement se précisait. Jean Daniel lui-même, d'ordinaire si difficile à l'enthousiasme, parut s'émouvoir.

Pourtant, début août, un coup de fil du Caire me demanda de reporter la date de la rencontre. Puis ce fut le silence. A bout de patience, je demandai à Jean Daniel d'aller voir l'ambassadeur d'Egypte en France,

Esmat Abdel Meguid. Abdel Meguid était au courant de nos tractations ; il pensait qu'Eliav était effectivement la personne la plus apte à mener la mission à bien, que tout cela finirait par aboutir, mais qu'il fallait être patient : l'Egypte avait encore de nombreux problèmes internes à résoudre. Une nouvelle date fut fixée : début septembre.

Une nouvelle fois, un coup de téléphone du Caire me fit remettre le rendez-vous : Nasser devait se rendre en Union soviétique — déplacement qui resta longtemps secret.

Le massacre des Palestiniens par l'armée jordanienne — « Septembre noir » — nous retarda encore. Cette fois, Nasser était occupé à réconcilier, au nom de l'unité arabe, Hussein et Arafat. Le voyage d'un Israélien en Egypte était devenu difficile à imaginer dans une telle atmosphère. Attendre. Je restais en contact permanent avec Le Caire, mais attendre que des événements que nous ne contrôlions pas évoluent en faveur de notre projet, marquait cruellement les limites de notre entreprise.

Enfin Lacouture me téléphona :

« Nasser est mort, je pars pour Le Caire.

— Nasser est mort ? »

Je voulais demander quand, comment, mais il avait déjà raccroché.

Il fallait repartir à zéro.

17

« JUSQU'OÙ ALLEZ-VOUS GALOPER, MONSIEUR ? »

« IL faut persévérer », me dit Jean Daniel.

Nous étions dans son bureau du *Nouvel Observateur*. La main devant la bouche, les pieds sur la table, le regard lointain, la voix douce, le ton neutre, il avait mis à son habitude entre nous cette barrière qu'il fallait chaque fois forcer. Je lui posai des questions pièges qui l'obligèrent peu à peu à sortir de sa réserve, à prendre position. Il finit par ôter la main de devant sa bouche, les pieds de sa table ; sa voix s'anima, ses yeux se mirent à briller. Avec lui, c'est toujours la même chose : il commence par m'irriter et, à la fin, je l'aime.

« Je comprends, poursuivit-il, que vous soyez découragé. Sentir la réussite à portée de la main pour finalement échouer... »

Il avait lui-même eu l'occasion d'assister à une tentative de rapprochement entre Castro et Kennedy — et à son échec. En 1963, il se trouvait, à La Havane, chez un Castro prêt à rencontrer Kennedy quand ils avaient appris l'assassinat du président américain. Une autre fois, le roi Hassan II du Maroc, de passage à Paris, lui avait fait dire qu'il avait élaboré un plan de paix pour le Proche-Orient et qu'il aimerait s'en entretenir avec lui et moi : il pensait qu'un groupe indépendant comme celui qui publiait *Eléments* pourrait le prendre à son compte. Le roi était descendu à l'hôtel Crillon et devait nous fixer rendez-vous. Ce qui fut fait, à cette réserve près que Jean Daniel, ne parvenant pas à me joindre, s'y rendit seul et que j'appris quelque temps après, comme tout le monde, qu'il était parti avec Nahum Goldmann au Maroc.

Cette entreprise — à laquelle je croyais peu, Hassan II se trouvant à l'époque en marge de la politique interarabe et Goldmann toujours en marge de la politique israélienne — m'est longtemps restée sur le cœur. J'étais, après tout, l'ami de Jean Daniel, et n'avais pas de secrets pour lui. Dans son livre *Le Temps qui reste*, il a expliqué son voyage par la possible présence, à Alger, d'Arafat dont Hassan II aurait obtenu l'accord pour le principe d'une rencontre ultra-secrète à Rabat avec Goldmann. Et Jean demande : « Comment vous dire ce qui aurait pu se passer entre Goldmann et Arafat ? » Mais Arafat n'était pas à Alger : il était à Damas, en pleine réunion de l'O.L.P...

« Il ne s'agit pas de découragement, dis-je à Jean Daniel. Mais ce qui est remis en cause, c'est un des principes de base de mon éducation : la puissance de la volonté, le pouvoir des idées... »

Jean sourit. Je repris :

« Que des gens qui ont, ou prétendent avoir la même conception du monde, même s'ils sont citoyens de deux pays en conflit, ne puissent pas se rencontrer, se parler, cela implique l'effondrement de tout ce en quoi je crois. Ne pas avoir été capable, et le plus souvent n'avoir même pas essayé, de réunir les gauches israélienne et arabe, n'est-ce pas notre échec à nous, la gauche ? »

La gauche m'exaspérait. Elle se noyait dans sa « verborragie » révolutionnaire au lieu de penser à assumer ses responsabilités, et nous, sous l'œil complaisant des médias, nous lui servions d'alibi. Ne valait-il pas mieux refuser le jeu, les mots qui ne veulent plus rien dire, les concepts sans réalité ?

Là-dessus se greffait mon problème intime. Artiste peintre était ma raison sociale. J'étais né en Pologne, j'avais vécu en Russie et en Argentine, j'étais français, je parlais l'ouzbek et le yiddish, bref j'étais assez exotique pour que la société reconnaisse en moi un artiste conforme à son imagerie. Mais a-t-on jamais vu un peintre se mêler de politique ?

J'étais amer et déçu. J'avais envie de partir, comme le

héros de ce conte de Kafka qui dit à peu près : « Je donnai l'ordre d'aller chercher mon cheval. Le domestique ne me comprit pas. J'allai donc seul à l'étable, sellai mon cheval et le montai. J'entendis au loin une sonnerie de trompette. Je demandai au domestique ce que cela signifiait. Il ne savait pas, il n'avait rien entendu. Devant le portail, il m'arrêta pour me questionner : " Jusqu'où allez-vous galoper, monsieur ? " " Je ne sais pas. Je veux seulement partir d'ici. Seulement partir d'ici. Partir toujours, sortir d'ici. Seulement ainsi j'atteindrai mon but. " " Connaissez-vous votre but ? " me demanda-t-il. " Oui, répondis-je, je vous l'ai déjà dit. Sortir d'ici, voilà mon but. " »

Ce texte, que je donne ici de mémoire, je l'avais découvert en Argentine quand, quittant Paris et l'Ecole des Beaux-Arts, j'avais entrepris de voir comment allait le monde. J'avais dix-huit ans. La pampa était plus vaste que les steppes kazakh et la Cordillère des Andes plus haute que le Pamir. J'avais appris la langue, trouvé des amis et commencé à exposer. Je m'étais vite passionné pour ce nouveau pays dont les problèmes m'étaient proches. La répression fasciste commençait alors à s'installer dans certains régimes d'Amérique latine et, à quelques-uns, nous avions proposé la création d'un bataillon de solidarité, une sorte de force d'intervention toujours mobilisable.

En 1955, les « Marines » débarquèrent au Guatemala pour empêcher le président libéral Arbenz de nationaliser des entreprises appartenant aux grands trusts américains. On avait alors commencé à prendre notre projet au sérieux. Louis Franco, écrivain argentin ami de Trotski, nous avait invités à Belen, dans le nord du pays, pour en discuter. Nous avions passé une semaine chez lui, mais des divergences personnelles et des querelles de chapelles nous avaient opposés : nous avions dû renoncer à notre bataillon. Je me rendais bien compte de la naïveté de notre projet et du décalage effrayant qui existait entre le pouvoir des « Marines » américains et celui de notre petit groupe discutailleur. Mais pour moi, les idées étaient plus fortes que tout à condition qu'on tente de leur donner corps. J'étais révolté — je le suis toujours — par l'incapacité des intellectuels de la gauche à dépasser les abstractions pour affronter la réalité. Comme s'il ne s'agissait en fait que de ne pas avoir à reconnaître ce décalage des pouvoirs.

En tout cas, j'avais quitté le grand domaine de Louis Franco, nos discussions véhémentes et les chants nostalgiques des gauchos. J'avais attrapé au vol l'autocar qui devait me ramener à Tucuman, d'où je rejoindrais Buenos Aires. Le tacot levait dans la pampa un nuage de sable et d'épines de cactus. Nous laissions derrière nous une longue traînée de poussière qui meublait un moment le vide du paysage. Je me sentais fatigué, mort un peu, comme toujours après l'échec d'un projet qui me tient à cœur. J'avais envie de partager ma déception et ma tristesse, mais les deux Indiens aux yeux bridés qui étaient devant moi regardaient l'horizon depuis toujours et je n'osai pas les déranger.

Le soir, je m'étais retrouvé à Catamarca : dans ma hâte à quitter Belen, je n'avais pas pris le bon autocar. Catamarca est une ville fantôme du bout de la pampa : des maisons ternes, des façades sans fenêtres, des rues vides où des tourbillons de sable pourchassaient les rares passants. Une angoisse trouble et douloureuse — que je ressens encore aujourd'hui avec autant de violence — m'avait envahi.

Dans l'obscurité, un homme m'avait proposé un hôtel. Je l'avais suivi. Il m'avait mené jusqu'à une pièce bourrée de lits de fer, m'en avait désigné un et m'avait demandé un peso avant de disparaître. Tout le monde dormait. Formes sans visages, définitivement étrangères. Personne ne s'était soucié de moi, que mon voisin qui, interrompant un instant son ronflement, m'avait enjoint de le réveiller à sept heures et demie. Il s'était rendormi aussitôt.

Je m'étais allongé tout habillé sur une couverture sans couleur. J'étais resté seul. Mon amour, mon amitié, mon espoir, personne n'en voulait. J'avais envie de crier : « Réveillez-vous donc! Comment pouvez-vous dormir quand, partout dans le monde, des hommes tuent des hommes! Nous sommes tous des survivants!

Réveillez-vous ! » Je ne l'avais évidemment pas fait. Eperdu comme un enfant dans le noir, j'avais pleuré longtemps.

Au matin, le soleil avait donné des visages aux ombres. J'avais reconnu l'un des Indiens de l'autocar. Il m'avait recommandé à un camionneur de Tucuman. J'avais rejoint Buenos Aires.

Une semaine plus tard, un cargo, du nom de *Lamartine,* m'avait ramené en France...

« Jusqu'où allez-vous galoper ?

— Je ne sais pas. Je veux seulement partir d'ici. »

Cette fois encore, comme à dix-huit ans, je n'avais qu'une idée en tête : partir, sortir d'ici. Jean Daniel ne trouva pas les mots qui, peut-être, auraient conjuré mon désenchantement. Je partis donc.

Je me retrouvai aux Etats-Unis. Mais je ne pouvais m'empêcher, partout où j'allais, de me demander si je ne ferais pas mieux d'en rester à ma peinture. L'art aux artistes et la politique aux politiciens. Nos rêves, nos visions, nos obsessions, la société les célèbre aux murs de ses musées et dans les catalogues de ses expositions. A condition que nous ne nous mêlions pas de vouloir bousculer l'ordre des choses.

18

L'ARTISTE ET LA POLITIQUE

L'ART et la politique ! Ayant appris l'anglais à l'université Harvard, dont j'étais l'invité, je m'étais trouvé chargé d'animer des débats sur ce thème. J'aime bien, chez les étudiants américains, cette curiosité permanente où l'Européen croit reconnaître une incurable naïveté, mais qui témoigne plutôt d'une grande disponibilité d'esprit. Comment, me demandaient-ils, l'artiste peut-il se contenter d'être le témoin de son temps ? Regarder la société d'une certaine façon ne doit-il pas conduire obligatoirement à susciter une action politique ? Quelles possibilités l'artiste a-t-il d'influencer la marche des événements ? Même si nous formulions davantage de questions que nous n'y apportions de réponses, ces discussions m'étaient chères, et les inlassables *pourquoi* des étudiants me menaient finalement à tenter de me situer dans le monde où je vivais.

« Pourquoi, me demandaient-ils par exemple, t'es-tu lancé dans l'action politique ? »

Je répondais qu'il fallait peut-être en chercher les raisons dans mon passé, mais que, de plus, cela correspondait à l'idée que je me faisais du rôle de l'artiste dans la société…

« Tes dessins ne suffisent pas ?

— Ils ne touchent que ceux qui s'intéressent à l'art… »

Je leur parlais de l'évolution du marché de l'art depuis Laurent de Médicis, de l'influence de l'artiste par l'intermédiaire de ceux qui, privilégiés par leur naissance ou leur éducation, étaient à même d'en comprendre les messages et en devenaient inconsciemment ou non les propagateurs... Mais en vérité, je n'osais pas leur dire ce que je pensais vraiment : l'art, au fond, je n'y crois pas. L'art a sans doute une influence sur l'évolution de la société, mais il est impuissant à y provoquer des changements radicaux. C'est d'ailleurs pourquoi elle en accepte toutes les provocations au lieu de les ressentir comme des agressions : elle n'a rien à en craindre. Le musée de Sao Paulo, quelques années plus tard, exposa sans hésiter une série de mes dessins sur les événements du Chili, dessins qu'on s'accordait à trouver extrêmement violents : les censeurs brésiliens connaissaient les limites de l'emprise de l'art sur la réalité quotidienne. L'art — que mes étudiants écrivaient avec une majuscule et mettaient en théories —, je n'y crois qu'en tant que solution individuelle, comme la psychanalyse pour d'autres. Même à mes amis les plus intimes, je n'oserais parler de ma peinture. J'y verrais comme une indécence. Tout cela, j'avais scrupule à le dire — à l'avouer — à ces jeunes gens éperdument désireux de croire que l'art est révolutionnaire par essence, qu'il est la chance ultime de voir et de faire voir le monde autrement que ne le font les conformismes imposés.

« Comment expliques-tu, demandaient-ils encore, que tes dessins ne soient achetés que par ceux que tu critiques et que tu dénonces ? Tout est-il donc récupéré ?

— Il reste l'artiste... La société a besoin de l'artiste, c'est son alibi et sa manière de s'approprier le Beau... »

La puissance de récupération de nos sociétés paraît, c'est vrai, sans limites. Pouvait-on plus que Marcel Duchamp se moquer de la bourgeoisie ? Trente ans plus tard, il en est devenu l'idole. Accepter les termes de culture, d'art, d'artiste, d'intellectuel, c'est déjà jouer le jeu, même si l'on ne feint d'en reconnaître les règles que pour mieux le combattre. Pour asservir l'artiste, il suffit de transformer sa production en valeur marchande ; les médias créeront le mythe. C'est pourquoi l'artiste, quelles que soient ses prises de position politiques, a les médias à sa disposition. C'est pourquoi aussi on proposait à Sartre de s'exprimer en toute liberté à la télévision de l'Etat qu'il combattait. Le piège est parfait. A tel point que, en désespoir de cause, Sartre a pu se dire partisan de la seule forme d'action irrécupérable par la société bourgeoise : la violence. Autre manière d'accepter l'impuissance politique de l'artiste dans la société telle qu'elle est.

En mai 68, nous avions tant parlé de Marcuse, le dénonciateur de la récupération, que j'allai, dès que je pus, le voir à l'université de la Jolla, en Californie.

Tchékov raconte quelque part qu'il avait longtemps rêvé de rencontrer un oncle extraordinaire, dont il entendait parler depuis son enfance. Bien des années plus tard, alors qu'il enseignait dans un village, on lui annonça la visite de l'oncle. Il vécut fébrilement les jours qui le séparaient de la rencontre. Enfin, l'oncle est là. Bel homme malgré son âge avancé, il fait forte impression à Tchékov. Quelque chose, pourtant, le gêne : l'oncle porte une perle piquée dans l'écharpe de soie qu'il a autour du cou. Cette perle l'obsède tout le temps de la conversation, il ne peut en détacher son regard ; cette perle, pense-t-il, doit nécessairement tenir quelque part un rôle dans la vie de celui qui la porte. Effectivement, elle apparaît dans la discussion quand ils en viennent à parler de la fin du servage : Tchékov est pour, l'oncle s'y oppose. Et Tchékov, ce soir-là, ne retint même pas à dîner l'oncle extraordinaire...

Marcuse, comme l'oncle, fut enfin devant moi. Il me parlait en français. Il penchait sa tête aux cheveux blancs et appuyait ses mots par des gestes. Quand une question l'embarrassait, il triturait nerveusement de ses mains marquées de taches de rousseur un crayon mal aiguisé, s'y accrochant comme à une planche de salut. Ce crayon me fascinait comme la perle avait pu fasciner Tchékov. C'est d'ailleurs là l'essentiel de ce qui me reste de cette rencontre.

Le mouvement étudiant de mai 68, qui se recommandait de lui, l'avait surpris, mais avait renforcé l'idée qu'il se faisait du rôle du philosophe dans la société : mettre la réalité en concepts, mais éviter l'action. L'action, pour Marcuse, était suspecte, voire impure. La façon dont Sartre prenait parti l'irritait. Il se méfiait des intellectuels toujours prêts à descendre dans la rue. Il préférait la force des idées aux engagements des hommes.

Invité à Jérusalem par l'Institut Van Leer, il était tenté d'accepter, car le conflit israélo-arabe le passionnait — au point de provoquer des heurts entre sa femme, délibérément anti-israélienne, et lui — mais il était contrarié d'être invité par l'establishment. Je lui suggérai de se faire inviter par le Siah, la nouvelle gauche israélienne.

« Mais alors, demanda-t-il, ne devrais-je pas aller aussi dans les pays arabes ? »

Je lui promis de faire en sorte que la revue *Al Talia* lui demande d'aller en Egypte. Il était ravi, « bien que, dit-il avec un sourire timide, cela ne résoudra probablement pas le conflit israélo-arabe...

— Si vous parvenez à intéresser aux mêmes problèmes les uns et les autres, cela contribuera peut-être à les rapprocher...

— Avez-vous déjà exposé à la fois en Israël et dans les pays arabes ?

— Oui, à Tel Aviv et à Beyrouth.

— Vous a-t-on censuré ? »

J'étais gêné de comprendre que Marcuse, en fait, était un vieillard douillet qui craignait de quitter sa bibliothèque : sortir, c'était risquer de se cogner aux angles durs des hommes et des choses de tous les jours.

L'engagement de l'artiste était ce qui m'intéressait. C'était justement ce qui ne l'intéressait pas. Cela lui paraissait peccamineux. Il ne voulait pas en parler. Pourtant, si en tant qu'artiste je ne peux pas grand-chose, en tant qu'artiste reconnu ici ou là, je dispose quand même d'un certain pouvoir d'action. Ma concierge et moi avons ainsi les mêmes idées politiques : aucun journal ne publiera ses lettres, alors que si j'écris, on m'imprime. Je deviens du même coup le porte-parole de ma concierge. Les privilèges de ce genre que m'octroie la société, je peux évidemment les exploiter pour devenir riche et célèbre, m'acheter une deuxième voiture ou une maison de campagne. Puis-je les mettre au service d'une cause politique ? Et comment ?

Lors de l'inauguration de la maison de la culture d'Amiens, où j'avais une exposition, j'eus l'occasion de regretter devant Malraux que des artistes reconnus croient devoir accorder inconditionnellement leur soutien au pouvoir, y perdant sans doute le crédit qu'ils s'étaient acquis dans la société. La mécanique complexe de ses tics s'accéléra soudain, déformant son visage. Il répondit que, quand le pouvoir reprend à son compte certaines de nos idées, il ne faut avoir ni peur ni honte de le soutenir ; qu'il est trop facile de garder les mains propres en défendant des théories idéales sans rien faire pour les voir mettre en application. Quant à l'influence que nous pourrions exercer sur les événements, ajouta-t-il, n'est-elle pas plus puissante quand elle peut effectivement s'exercer à travers le pouvoir ?

Noam Chomsky, lui, pense exactement le contraire. Nous en avons discuté un jour chez Dreyfus, ce restaurant français de Cambridge où nous allions parfois déjeuner et où ceux qui ne le connaissaient pas le prenaient souvent pour un étudiant, avec son regard timide, la jeunesse de son sourire et cette manière qu'il a de toujours traîner avec lui des quantités de livres et de papiers.

Pour lui, l'intellectuel ou l'artiste doit mettre à profit sa situation privilégiée pour défendre l'idéal qui lui tient à cœur, même s'il ne lui semble pas immédiatement réalisable. A son sens, c'est cela le réalisme.

« Mais, répondis-je, c'est encore une manière de ne pas affronter la réalité, d'ignorer les problèmes urgents du quotidien au nom d'un but lointain... »

Il n'y voyait pas de contradiction. Pour le Proche-Orient, m'expliqua-t-il, il proposait comme solution idéale un binationalisme socialiste, objectif évidemment lointain, mais qui ne l'empêchait pas de participer à la lutte de tous les jours :

« D'ailleurs, il y a longtemps que je soutiens comme je le peux l'action que tu as entreprise... »

Noam m'étonnait toujours autant. L'accumulation extraordinaire de ses informations et de ses connaissances me sidérait. Il avait réponse à tout. Son argumentation était logique et formidablement cohérente, comme s'il possédait une clé capable d'ouvrir toutes les portes. Quelque chose me gênait pourtant : pour que sa clé fonctionne, il était amené à réduire tous les types de société, capitaliste, socialiste ou fasciste, à un même mécanisme. Il ne laissait pas, comme moi, sa part au hasard, à l'accidentel, au personnel.

L'art et la politique... Moi, l'artiste, je ne retrouvais finalement, au bout de mes questions, que cet ancien sentiment de solitude et d'impuissance. S'y résigner ?

Ce jour-là, en quittant Chomsky, alors que je traversais Harvard Square, une étudiante s'approcha de moi :

« Que fais-tu maintenant ?

— Je rentre chez moi.

— Tu ne veux pas m'inviter au cinéma ? C'est mon anniversaire.

— Quel âge as-tu ?

— Vingt-deux ans... »

Je lui souhaitai un bon anniversaire. J'ajoutai :

« Mais il faut que je rentre... »

Elle me regarda de ses yeux bleus, à la fois déçue et amusée :

« Dommage... Bye... »

Je ne pus m'empêcher de la regarder disparaître dans la foule des étudiants qui s'engouffrait dans le cinéma du square. Pourquoi avais-je refusé, moi qui aime suivre le hasard ? Parce que je devais aller à New York discuter avec Rachid Hussein d'une réunion israélo-palestinienne qui n'aboutirait pas. Une de plus. Et ma peinture ? N'aurais-je pas été mieux dans mon atelier ? Quel bonheur que de sentir l'odeur des couleurs, de plonger dans l'encre et d'oublier le temps...

Pourtant, une heure plus tard, j'étais dans l'avion de New York.

19

LA PAIX PASSE-T-ELLE PAR ROME ?

TOUTE action est faite d'espoir et de désespoir. Pour certains, les deux s'équilibrent, ce qui leur permet de parcourir la vie au petit trot. Quant à moi, je suis comme ces bêtes de Hiëronymus Bosch qui, une fois au fond du puits plein de fantasmes et de tentations, grimpent sans fin vers la lumière, s'accrochant à toutes les branches d'espoir. Je me suis donc remis à croire quelques semaines plus tard, en Israël.

Avec Ran Cohen, secrétaire du kibboutz Gan Shmuel, et Yossi Amitay, secrétaire du kibboutz Gvoulot, nous avions décidé de voir comment remobiliser la gauche israélienne. Tous deux avaient quitté le Mapam quand celui-ci avait rallié la coalition gouvernementale. Ils avaient participé à la création du Siah (mot qui signifie à la fois arbuste et dialogue, choisi par la nouvelle gauche israélienne). Yossi le nerveux, Ran le tranquille et moi avons passé la journée à parler. Le lourd khamsin accablait le paysage et, dans la chambre de Ran, le ventilateur faisait beaucoup de bruit pour rien...

« Il faut absolument que tu continues, disait Yossi. Tu as la chance d'avoir tous ces contacts. Il faut absolument que nous puissions rencontrer les Palestiniens, c'est le seul moyen d'arriver à régler notre différend...

— Ils préféreraient peut-être parler à Dayan », suggéra Ran avec l'un de ses sourires frais, éclatants.

Ran avait sans doute raison. Dayan représentait le pouvoir, nous ne représentions que des idées et, à la rigueur, une partie de l'opinion publique. Mais peu à peu, nous finîmes par nous entre-convaincre de la nécessité d'organiser une conférence israélo-arabe où, pour éviter aux intellectuels arabes de se trouver seuls à seuls avec les Israéliens, nous inviterions une centaine de personnalités du monde entier, qui serviraient à la fois de paravent et de caution. Nous pensions à des gens comme Sartre, Gunther Grass, Heinrich Böll, Chomsky, Mailer. L'enthousiasme de Ran et de Yossi était si contagieux qu'à la fin de la journée nous avions pratiquement éliminé tous les problèmes et que, dès le lendemain, j'allai à la Histadrouth présenter à Ben Aharon notre conférence comme une solution à la fois évidente et pour ainsi dire acquise.

Je rentrai à Paris avec le plan que nous avions préparé et la liste des personnalités que nous nous proposions d'inviter.

« Etes-vous sûr qu'ils viendront tous ? » me demandèrent mes amis arabes.

Je m'aventurai à répondre que oui. Ils me demandèrent aussi si j'avais prévenu Lotfi — je l'avais fait. Il ne restait plus à attendre que les choses, après leur lent cheminement souterrain habituel, remontent à la surface.

Il n'y eut pas, cette fois, à patienter longtemps. Je reçus un coup de téléphone de Michel Langignon, du Mouvement de la Paix, me demandant si je pouvais organiser une rencontre de notre comité et d'une délégation du Mouvement de la Paix égyptien. Zittoun, Jean-Pierre Faye, Rohman et moi — Alfred Kastler et Jean Daniel furent empêchés au dernier moment — nous reçûmes donc la délégation égyptienne que conduisait un des compagnons de route de Nasser, Khaled Mohieddine, tout essoufflé d'avoir monté les cinq étages jusqu'à mon atelier. Discussion parfaitement amicale : Mohieddine connaissait nos projets ; or le Mouvement de la Paix égyptien avait un projet similaire ; pourquoi ne réaliserions-nous pas ensemble cette grande conférence internationale pour la paix et la justice au Proche-Orient ?

Mohieddine, visage jovial dans une tête ronde,

paraissait content d'être parmi nous. Il se servait de raisins, en enlevait scrupuleusement les pépins et se frottait les mains après chacune de ses phrases. Il acceptait toutes nos conditions : participation d'une délégation israélienne et d'une délégation palestinienne statuts démocratiques et responsabilité commune de l'organisation de la conférence. J'avais l'impression qu'il s'était attendu à ce que nous fassions plus de difficultés.

J'envoyai aussitôt à tous nos amis un compte rendu détaillé de cette réunion et publiai un article dans *Le Monde* (2 avril 1971) appelant la gauche internationale à soutenir l'idée d'une conférence pour la paix au Proche-Orient à laquelle participeraient des Israéliens et des Arabes. Nous apprîmes alors que la conférence préparatoire était convoquée à Rome un mois plus tard. Mohieddine avait envoyé les invitations sans même nous consulter sur la date...

Rome n'est vraiment pas une ville où organiser des réunions politiques. Il faisait beau et la piazza Minerva où se trouvait mon hôtel, n'était que couleurs et mouvements. Le marchand de journaux d'en face vendait aussi des fleurs. Une jeune femme brune achetait des roses et j'eus envie de lui demander de m'accompagner jusqu'à la piazza Navona. Nous étions bien loin du conflit israélo-arabe.

Personne de Paris n'avait pu m'accompagner ; Guido Fubini devait me rejoindre de Turin et j'avais rendez-vous hôtel Minerva avec Aldo Zargani, que je ne connaissais pas encore. J'étais arrivé deux jours à l'avance pour prendre contact avec les différents leaders politiques...

« C'è un signore che la cerca », me dit le portier.

C'était Aldo Zargani, maigre, expansif, grands yeux sombres et gais, petite barbiche. Il me serra dans ses bras, et dit qu'il se mettait à ma disposition. Il commença par faire le point de la situation. Plusieurs délégués étaient déjà arrivés, pour la plupart communistes ou affiliés aux différentes organisations proches du parti communiste. Le P.S.I.U.P., l'extrême-gauche socialiste, était lui aussi très actif : Luzzatto, son représentant, ne quittait plus la Casa della Cultura, où devait se tenir la réunion :

« Il ne t'aime pas du tout ! me prévint Aldo.

— Mais il ne me connaît pas...

— Le bruit court à Rome que tu essaieras de saboter la conférence... »

J'étais sidéré. Moi, saboter cette conférence ! A moins que certains des participants, évidemment, ne se soient mis dans l'idée d'en faire exclusivement une tribune de propagande... Ceux-là, c'est sûr, devaient me considérer comme l'emmerdeur de service... Nous verrions bien. En attendant, je devais rencontrer de Pascalis, qui faisait partie du comité d'organisation au nom du parti socialiste, et Riccardo Lombardi. Tandis qu'Aldo prenait rendez-vous, je téléphonai au metteur en scène Bertolucci : j'avais promis à un groupe de résistants grecs que m'avait recommandés Vidal-Naquet de leur apporter une de mes toiles pour une vente aux enchères — le produit de la vente devait être consacré à l'achat d'armes. Ni Bertolucci ni l'écrivain Carlo Levi, qui organisaient cette vente, n'étant là, je laissai le tableau à l'hôtel et suivis Aldo au siège du parti socialiste, où Lombardi nous attendait.

Marcher dans les rues de Rome avec Aldo Zargani, c'est toute une aventure. Il connaissait jusqu'à la plus petite histoire de la plus petite pierre de la plus petite rue, et aimait à raconter — anecdotes souvent sanglantes qu'il ponctuait d'éclats de rire. L'Histoire vue par Aldo n'était qu'une suite de bonnes blagues. Il m'arrive aujourd'hui de penser qu'il n'a peut-être pas tort. Il suffit d'un peu de recul...

Via del Corso, Lombardi, grand et maigre baronnet aux allures d'aristocrate, nous attendait au bas du building qui abritait le siège du parti socialiste. Il nous accueillit sous les drapeaux rouges comme s'il eût été sur le perron de son château ancestral. Nous montâmes dans son bureau parmi la cohue des militants qui l'arrêtaient à chaque instant :

« Savez-vous que vous êtes très redouté ici ? me demanda-t-il.

— Aldo me l'a dit, mais je ne comprends pas pourquoi.

— Certains pensent que vous êtes gauchiste, d'autres que vous êtes sioniste...

— Et vous ?

— Moi, dit-il en riant, je marche avec vous... »

Nous nous sommes mis d'accord sur la ligne à suivre : c'est moi qui présenterais nos positions, et le parti socialiste italien les soutiendrait.

Puis nous passâmes dans le bureau de De Pascalis, le responsable du parti pour les affaires étrangères. Des tas de gens étaient là à écouter notre conversation, comme toujours en Italie, et nous ne savions s'il s'agissait de responsables, de militants ou simplement de curieux de passage. Le secret n'y est évidemment pas concevable.

« Pour les socialistes, m'expliqua de Pascalis, il sera plus facile de vous soutenir que de devenir les porte-parole d'une tendance. Comme vous le savez, nous avons des rapports un peu particuliers avec le parti communiste, et une stratégie nationale à défendre... »

Le soir, Luciano Ascoli vint me voir à l'hôtel. Il était déjà au courant de mes déplacements et de mes rencontres, sans parler de mes projets :

« Il paraît, dit-il, que tu vas voir demain les gens de *Manifesto* ? »

Je devais effectivement rencontrer Rossana Rossanda dans la matinée. Luciano ajouta quelques rendez-vous à mon programme, notamment avec Emo Ugoli, un député du P.S.I.U.P., et Lelio Basso ; celui-ci avait lu le numéro spécial d'*Elements* consacré à l'Etat unitaire et avait exprimé le désir de me connaître. Luciano me montra également le livre qu'il venait d'écrire sur le conflit israélo-arabe et que l'*Unità*, le quotidien communiste italien, jugeait sioniste. Polémique intéressante, que nous devrions peut-être publier dans *Eléments*.

Luciano parti, Aldo Zargani et sa femme Helena passèrent me chercher pour dîner. Nous allions sortir quand deux Grecs sympathiques vinrent chercher le tableau, qui parut leur plaire. Toute cette agitation ne me laissait guère de temps pour m'organiser les idées. J'avais pourtant besoin d'un peú de calme : le lendemain ne serait pas de tout repos.

Egoli, le député du P.S.I.U.P., me réveilla pour le petit déjeuner. Il n'approuvait pas l'attitude de son parti dans le conflit israélo-arabe et pensait que le P.S.I.U.P. devait soutenir les positions que je défendais. Malheureusement, son délégué, Luzzatto, pensait le contraire. Egoli se proposait de venir avec quelques amis me soutenir à la réunion.

Au *Manifesto,* je trouvai Rossana en train d'étudier une maquette du quotidien que son groupe se préparait à lancer, et dont Luciana Castellina devait prendre la direction. J'avais rencontré dans les mouvements révolutionnaires tant de femmes qui, pour paraître libérées de l'esthétique bourgeoise, s'enlaidissaient presque à plaisir que je fus surpris par le rayonnement de ces deux militantes intelligentes et belles qui n'avaient pas cru devoir sacrifier leur féminité à leur combat. Rossana avait entendu parler de notre réunion préparatoire mais le *Manifesto,* étant donné ses mauvais rapports avec le parti communiste, n'avait pas été invité à y participer. Elle était persuadée qu'il me serait difficile d'imposer mon point de vue s'il ne correspondait pas aux intérêts des communistes, mais m'ouvrait, en cas de besoin, les colonnes de son journal.

Je me rendis ensuite à pied piazza San Eustachio, chez Lelio Basso. Dans cette pièce blanche tapissée de livres qui donnait sur la baie ensoleillée, il me fit penser — était-ce sa barbichette blanche ou la façon détachée qu'il avait de considérer les choses de tous les jours ? — à un de ces intellectuels du siècle passé, idéologues d'avant la révolution russe. Il avait été invité à participer à notre réunion préparatoire, mais n'était pas sûr de pouvoir venir assister aux débats. En tout cas, il se dit tout disposé à me soutenir.

Emo Ugoli, Rossana Rossanda, Lelio Basso : allons, je ne serais pas seul, et tous ces soutiens m'encourageaient. Suffiraient-ils ?

Passant à l'hôtel, je trouvai Guido Fubini qui débarquait de Turin. Il me posa des quantités de questions, la tête légèrement penchée, clignant de ses yeux roux :

« Il faut absolument que tu fasses partie du comité d'organisation, dit-il après m'avoir écouté.

— Ce sera difficile, ma personne semble provoquer trop de controverses. Il vaudrait mieux limiter aux Italiens la composition du comité d'organisation, et tu en ferais partie. »

En attendant Aldo Zargani, qui devait nous rejoindre, nous décidâmes de faire un saut à la Casa della Cultura pour y prendre le vent. Tant de gens y discutaient, et avec tant de passion, que nous aurions pu croire que la réunion était commencée. Romesh Chandra, le président du Mouvement de la Paix indien, passa près de nous sans même nous saluer ; Luzzatto, dès qu'il m'aperçut, s'esquiva dans une pièce attenante ; Khaled Mohieddine, lui, ne put m'éviter et me tomba dans les bras, m'accueillant à la manière arabe :

« Mais la réunion ne commence que demain, dit-il.

— Je sais... Je voulais seulement savoir si tout se présentait bien...

— Et même très bien, dit Khaled en me montrant une liste ; la plupart des délégués sont déjà arrivés... »

Je lui demandai qui étaient ces gens dont les noms ne me disaient rien. Il empocha le papier :

« Ils représentent des organisations en contact avec le Mouvement de la Paix... »

Raymond Guyot et Elie Mignot, du parti communiste français, vinrent à ce moment me saluer — enfin des voix amicales :

« Il y a un tas de gens qui veulent participer à la réunion, me dit Mignot ; on ne peut tout de même pas accepter tout le monde...

— En effet, dis-je.

— Vous avez vu que la déclaration commune du P.S.U. et du F.L.N. algérien attaque notre conférence, la qualifie de tentative pour liquider le problème palestinien... »

Yves Chaulières, du Mouvement de la Paix français,

vint alors faire signe à Guyot et à Mignot de le suivre vers une pièce, au fond du couloir, où se tenait visiblement une réunion. Ils disparurent.

Je demandai à Guido qui était ce petit bonhomme dont les poches débordaient de paperasses et qui essayait de capter l'attention de Khaled Mohieddine, l'agaçant manifestement.

« Il prétend représenter un mouvement anglais pour la paix au Proche-Orient, et il ne te porte pas dans son cœur », répondit une voix derrière moi.

C'était Varouj Salatian, le secrétaire syrien du Conseil mondial pour la paix. Je lui demandai si cette méfiance à mon endroit était leur plate-forme commune.

« Il ne faut pas généraliser, répondit Varouj. J'en connais d'autres qui, comme moi, ne partagent pas tes opinions, mais qui t'aiment bien quand même...

— Heureusement que tu me le dis », rétorquai-je en entraînant Guido vers la sortie.

Me retrouvant parmi la foule de la via del Corso, je respirai enfin. Guido marchait près de moi en silence. La soirée romaine était douce, bruissante de bouts de conversations et d'éclats de rire attrapés au vol. Il m'était difficile d'accepter sereinement toute cette hostilité déclarée. Moi qui ai tellement besoin de sentir qu'on m'aime, supporterais-je ce climat ? Parviendrais-je à faire passer nos idées ?

Dans le même temps, mon ami Ran, de Gan Shmuel, se trouvait sans doute une fois de plus mobilisé ; à Beyrouth, Ghassan Kanafani et Bassam Abou Cherif préparaient peut-être, discutant sous le portrait de Lénine, une nouvelle action terroriste. Et moi, ici, à Rome, je prétendais préparer leur avenir avec des gens dont les préoccupations m'étaient étrangères... Tout cela n'était-il pas absurde et inutile ? Il fallut la bonne humeur d'Aldo, que nous retrouvâmes à l'hôtel, pour me rendre ma combativité. Car enfin, si nous parvenions à réunir Israéliens et Palestiniens, ce que je ne me résignais pas à croire impossible, n'épargnerions-nous pas des vies humaines ? N'accélérerions-nous pas un peu la marche de l'Histoire ? Après tout, c'est la Conférence méditerranéenne de Florence, qu'organisa Giorgio La Pira, qui permit les premiers contacts entre les Français et le F.L.N. algérien...

Je passai encore quelques coups de téléphone, dont l'un à Umberto Terracini, qui promit de nous soutenir, et Aldo nous entraîna au Piperno, ce restaurant que j'aime tant, dans le vieux quartier juif, à l'ombre du Colisée. La lumière des vieux réverbères et des hautes fenêtres sculptées éclairait doucement les pierres ; il n'y avait pas de voitures, pas de bruit ; j'oubliai un moment la conférence, Mohieddine, Luzzatto et la Casa della Cultura.

Pas longtemps. A peine étais-je rentré à l'hôtel — il était plus de minuit — qu'un coup de fil d'Uri Avnery, de Tel Aviv, me replongea dans la réalité. Il voulait savoir comment s'annonçait la conférence. Il y croyait beaucoup et, parfaitement optimiste, se voyait déjà en train de discuter avec les délégués arabes. Je lui dis brutalement que rien n'était joué, que la majorité des participants ne voyaient en cette conférence qu'une nouvelle manifestation du soutien aux peuples arabes et qu'une rencontre entre Arabes et Israéliens ne leur apparaissait pas comme indispensable ; que nous n'étions même pas certains d'obtenir la présence d'un délégué israélien à la deuxième conférence préparatoire... Pauvre Uri, peut-être avais-je tort d'être si pessimiste. La conférence, après tout, ne commençait que le lendemain...

Je me levai tôt. La Casa della Cultura, où j'arrivai avec Guido et Aldo, était devenue une véritable ruche. En groupes, en grappes, des dizaines et des dizaines de délégués emplissaient les salles et les couloirs de leurs gesticulations et d'éclats de voix polyglottes. Il fallut bien plonger. Nous retrouvâmes heureusement de Pascalis, Egoli, quelques députés du parti socialiste et du P.S.I.U.P., Lagorio, président du parti socialiste de Toscane, et Lelio Basso, venu en coup de vent nous encourager. Origlia, député socialiste autonome, me fit un signe amical.

« Tout le Parlement est là ! » me dit Guido.

Je rencontrai aussi Maxime Rodinson, qui insista pour s'asseoir près de moi. C'est lui qui remarqua que le plafond peint s'ornait d'étoiles de David : Aldo nous expliqua que cette maison de la culture d'obédience communiste avait été à l'origine une maison communautaire juive.

Enfin, Khaled Mohieddine présenta le programme de la conférence. J'intervins aussitôt après lui, m'efforçant d'être aussi clair que possible. J'exposai notre projet initial, ma rencontre avec Khaled, notre décision d'organiser ensemble la conférence. Je précisai que notre objectif primordial était de rendre possible une rencontre des forces progressistes d'Israël, de celles des pays arabes et des représentants des mouvements palestiniens. Je dis encore que notre seule chance de réussir était de limiter la conférence aux groupes politiques, intellectuels ou syndicaux favorables à cet objectif.

C'est Pajetta, secrétaire du Comité central du parti communiste italien, qui m'attaqua le premier. Pour lui, même ceux qui n'étaient pas partisans d'un dialogue israélo-arabe devaient pouvoir, s'ils le désiraient, participer à la conférence :

« Quand je prends le train pour Naples, dit-il, je n'exige pas que les autres voyageurs aillent jusqu'à la même gare que moi ; ils sont libres de descendre où ils veulent, mais nous aurons au moins fait un bout de chemin ensemble... »

Il semblait ravi de son image. Je dus répondre que cette conférence n'était pas un train où il suffisait d'avoir payé sa place pour prétendre aller n'importe où. Nous devions justement fixer la destination, c'est-à-dire le but, avant de convoquer la conférence, sous peine de courir une fois de plus au désordre et à l'échec. Et le but, pour nous qui ne représentions aucun gouvernement, ne pouvait être que cette rencontre entre forces progressistes israéliennes et arabes.

L'atmosphère, je le sentis, s'alourdit aussitôt. Chandra l'Indien chuchotait à l'oreille du psiupiste Luzzatto, et Agnoletti à celle de Mohieddine. Rodinson intervint :

« Il faut s'assurer tout d'abord de la participation palestinienne, car les Israéliens viendront de toute manière.

— Tout à fait d'accord, répondis-je. La participation palestinienne est essentielle. Mais il ne faut pas négliger les Israéliens pour autant. C'est avec eux que les Palestiniens devront engager le dialogue. Pas avec nous.

— Nous ne pouvons obliger les Palestiniens à s'asseoir avec des Israéliens, même progressistes, dit brutalement Chandra. Cette conférence doit d'abord exiger d'Israël la libération des territoires arabes occupés. C'est la première condition d'une quelconque solution au conflit. »

De ma place, je lui répondis que les Israéliens que je leur proposais d'inviter étaient précisément ceux qui militaient pour le retrait israélien des territoires conquis en 1967.

Luzzatto prit immédiatement la foulée de Chandra, stigmatisant ceux — et il montrait du geste l'endroit où je me trouvais — qui tentaient de détourner la conférence de son objet. Il se lança dans un long discours qui m'était destiné, mais j'avais cessé d'écouter.

Je regardais la salle, bleue de la fumée des cigarettes. Sur ma droite, les Russes, empesés et dignes, ne laissaient rien transparaître de leurs sentiments ; le délégué yougoslave opinait de sa petite tête au visage maigre ; les deux communistes libanais parcouraient fébrilement le numéro d'*Eléments* que je leur avais donné avant l'ouverture de la séance. Comme j'étais loin...

L'orateur qui prit la suite de Luzzatto commença par s'en prendre à moi puis il entreprit d'analyser longuement le rôle de l'impérialisme américain au Proche-Orient. Il y eut des glissements de chaises. Deux délégués quittèrent la salle. L'assemblée s'impatientait. Khaled Mohieddine se mit à discuter à haute voix avec son compatriote William Soliman et Raymond Guyot demanda l'heure à Mignot, lui-même plongé dans la lecture d'une feuille ronéotypée. Plus je regardais tous ces bureaucrates de la politique, envoyés ici défendre des idées élaborées ailleurs et par d'autres, plus je me demandais ce que je pouvais avoir de commun avec eux. Nous n'étions que quelques-uns à ne pas vouloir jouer leur jeu cynique, et je compris alors pourquoi quelqu'un comme Rodinson se sentait manifestement, malgré toutes nos divergences d'opinion, plus à l'aise avec nous qu'avec eux : il était venu, lui aussi, défendre des idées vivantes, non des mots d'ordre.

Guido Fanti, responsable communiste de l'Emilie romaine, proposa que la conférence se tienne à Bologne, puis l'unanimité se fit enfin sur la proposition de s'interrompre pour aller déjeuner.

Paul Jacobs arriva à ce moment, débarquant tout droit des Etats-Unis. Cela me réconforta de voir son visage osseux aux yeux vifs et bleus. Il me présenta le syndicaliste américain Sidney Lens, venu avec lui, et nous les emmenâmes, Guido, Aldo et moi, au restaurant. Nous parlâmes évidemment des débats de la matinée. Pour Paul Jacobs, il n'y avait pas de compromis possible : la conférence devait déboucher sur le dialogue israélo-arabe, sinon elle n'avait pas de raison d'être.

A la reprise de la séance — avec deux heures de retard selon la coutume romaine — je fis une déclaration en ce sens. La salle me parut soudain nouvelle. Certains délégués avaient changé de place, semblant s'être divisés en deux camps. J'étais maintenant entouré de gens qui avaient l'air d'être là pour me soutenir. Paul parla au nom des progressistes américains ; son allure et sa voix en imposaient, mais son langage était si différent de celui des autres qu'on l'aurait cru d'une autre planète. Guido, puis de Pascalis, qui reprit nos thèmes au nom du P.S.I., puis Primicezio, de la revue catholique de gauche *Note di Cultura,* prirent ensuite la parole, obligeant Khaled Mohieddine à intervenir à nouveau.

Il cherchait visiblement un compromis. Il se déclara d'accord sur le principe d'établir la conférence sur une base démocratique, d'accord aussi sur l'invitation d'une délégation israélienne. Mais il pensait qu'il serait plus facile de résoudre nos différends en comité restreint, qui siégerait le soir même et préparerait des propositions pour le lendemain.

Je sautai sur l'occasion pour suggérer que ce comité d'organisation serait sans nul doute plus efficace, si, puisque la conférence devait se tenir en Italie, seuls des Italiens en faisaient partie. Khaled accepta. Nous décidâmes d'un commun accord que seraient représentés tous les partis politiques italiens ainsi que le Mouvement de la Paix. Au moment d'établir la liste des membres du comité, je demandai, appuyé par de Pascalis, que soit ajouté le nom de Guido, représentant notre propre mouvement. Peut-être fut-ce en raison de la grande fatigue de tous, mais personne ne s'y opposa. Ainsi embarquai-je Guido sur cette galère où il dut louvoyer pendant presque deux ans...

A l'hôtel, je trouvai un mot de Luciana Castellina me demandant de passer chez elle d'urgence. Elle portait une perruque toute bouclée, blond or, qui la rendait encore plus attrayante. Elle me présenta son fils, un gaillard déjà grand. Décidément, la passion, dans la vie privée ou dans la vie publique, garantit en quelque sorte aux femmes leur éclat et leur beauté. Dans le salon, je trouvai Serge Mallet, un des théoriciens du P.S.U., affalé dans un fauteuil, un whisky à la main. Son visage de bon paysan s'éclaira :

« Je te cherche depuis deux jours ! »

Près de lui, assis sagement sur une chaise, un jeune homme brun, bien habillé :

« Un camarade algérien, me dit Mallet, un responsable du F.L.N. Il voulait te voir aussi... »

L'Algérien sourit et me demanda aussitôt si j'avais pris connaissance du communiqué P.S.U.-F.L.N. Je dis que oui.

« Et comment a-t-on réagi à votre réunion ? », demanda Mallet.

— Agacement... »

Mallet, selon un tic familier, remit de l'ordre dans ses cheveux :

« Pourquoi t'es-tu embarqué dans cette affaire ? Tu ne te rends pas compte que vous êtes l'alibi de cette conférence ?

— Que veux-tu dire ?

— Une conférence du Mouvement de la Paix sur le

Proche-Orient n'a aucune chance de bouleverser les masses... En revanche, vous et les personnalités que vous déplacerez, vous allez drainer derrière vous toute la presse bourgeoise. De plus, c'est votre participation qui donnera l'illusion d'une conférence démocratique...

— Nous prenons le risque, dis-je. Mais si la conférence est détournée de son but, alors nous l'abandonnerons.

— Et pourquoi, me demanda alors l'Algérien, ne viendriez-vous pas plutôt à notre conférence ?

— Quelle conférence ?

— Nous préparons à Alger la conférence des forces révolutionnaires du Bassin méditerranéen.

— Avez-vous invité les Palestiniens ?

— Oui.

— Et les Israéliens ?

— Il n'y a pas de forces révolutionnaires en Israël... »

J'expliquai qu'il existe en Israël des groupes révolutionnaires et antisionistes, qu'on en trouve même qui s'opposent à l'existence d'un Etat juif en tant que tel. L'Algérien, visiblement mal à l'aise, se leva pour se verser un jus d'orange :

« Pourquoi, demanda-t-il, ne viendriez-vous pas dire tout cela à la conférence ?

— Je veux bien, mais je ne remplace pas la gauche israélienne. C'est elle qui est partie prenante, pas notre mouvement. »

Serge s'essuya le front avec un mouchoir à carreaux :

« Pourquoi, dit-il dans son rire voilé, ne fais-tu pas sauter cette conférence à la con ! Tu nous rejoindrais à Alger... Ensemble, nous pourrions organiser quelque chose de vraiment important... »

Je leur demandai quelques précisions sur leur projet. De toute manière je ne me prononcerais pas sur notre participation sans en référer à notre comité. Serge et moi nous reverrions à Paris.

De retour à l'hôtel, j'appelai Guido, qui me rendit compte de la réunion du comité d'organisation. A son habitude, il parla longtemps, citant exactement les interventions des uns et des autres. En bref, le comité d'organisation avait accepté nos propositions, mais avait lancé l'idée d'un autre comité national — en France —, chargeant Guido de prendre contact avec les Israéliens. Cela ne me plaisait guère : le comité italien ayant accepté certaines de nos positions, il s'agissait d'essayer de faire pencher la balance de l'autre côté en créant un comité français où nous serions en minorité ; nous ne saurions jamais d'où viendraient les décisions. Quant au contact à prendre avec les Israéliens, on nous en laissait la seule responsabilité sans même nous donner l'autorisation de les inviter à la seconde réunion préparatoire... Guido fut en partie d'accord avec moi, mais il pensait arriver à obtenir d'inviter les Israéliens à la prochaine réunion. Je lui souhaitai bonne chance et bon voyage : il prenait le premier avion pour Turin.

L'angoisse m'éveilla. J'avais rêvé et, pour une fois, je me rappelai exactement mon rêve. Une plage jaune d'Orient où j'étais seul. Dans la baie, sur la mer au bleu translucide, des dizaines de galères aux cent rameurs remorquaient des remorqueurs dont les cheminées fumaient. Je voulais quitter la plage, mais elle était enclose de montagnes abruptes en chaîne infranchissable. A chercher une issue que je ne trouvais pas, la panique me saisit. Je remarquai alors, accrochée au plus haut de la falaise, une maison de bois et, dans l'embrasure d'une fenêtre fermée, deux femmes dont il m'était difficile de reconnaître les visages. Elles me montraient quelque chose en faisant de grands gestes. Je finis par voir, dans la direction qu'elles m'indiquaient, une grosse corde verte. Je m'apprêtais à y grimper quand j'aperçus une porte. Je l'ouvris et me trouvai dans une tour au pied d'un escalier en spirale que j'escaladai en chantant et en dansant. Les murs étaient blancs, les marches étaient blanches, décorées de fresques de fleurs pastel. En montant ainsi les étages, je dépassai un Arabe en galabiah et turban : c'est lui qui peignait les fleurs. Au-dessus, les murs et les marches de ciment gris étaient nus. L'escalier débouchait sur une porte derrière laquelle s'engageait un long couloir triste avec de multiples portes de bois blanc. J'essayai d'en ouvrir certaines et ne trouvai que des chambres vides. L'affolement me gagnait. J'allais en ouvrir une autre quand je repris conscience...

J'avais l'estomac noué, et je restai longtemps sous l'emprise de ce rêve. Il me fallait téléphoner à Paris, téléphoner à Khaled, me renseigner pour mon avion de retour, il fallait aussi que je passe au *Manifesto* et que je rappelle Lombardi. Tout cela me semblait insurmontable. J'étais las. Je me rappelle très précisément l'angoisse de cette matinée, où il me semblait sentir le temps s'écouler goutte à goutte et venir gonfler la boule sourde qui, au creux de ma poitrine, m'oppressait.

Il fait beau. Les touristes américains et leurs appareils photo envahissent déjà la piazza della Minerva. Je suis devant une fenêtre, à regarder tourner lentement l'ombre des maisons sur le sol de la place. Malgré ses deux hautes baies vitrées grandes ouvertes, la chambre sent le moisi. Je pense à Venise. Une phrase me revient, de *La Condition humaine* : « Il s'était habitué à l'idée de la mort, mais il ne pouvait supporter son odeur. » Est-ce toujours cette idée de la mort qui me fait m'agiter ainsi ? Je dois téléphoner. Les ombres, sur la place. Il me faut aussi préparer une exposition à Paris. Pourquoi me mêler de politique ? L'ambition ? Dans une réception, une femme s'approcha un jour de moi et me demanda avec un sourire fielleux si mon activisme m'aidait à vendre — par coïncidence, un diamantaire d'Anvers venait de décommander deux grands tableaux qu'il avait retenus : ayant lu une interview de moi, il ne voulait pas que son argent serve à des révolutions... De l'artiste, on accepte à la rigueur une signature au bas d'un communiqué ou d'un appel publié par *Le Monde* et cautionné par des Prix Nobel. Le reste du temps, qu'il plane donc sur la réalité, et qu'il attende dans sa solitude la visite des muses. Après tout peut-être fais-je fausse route, et la peinture, où, au moins je me sens chez moi, me permettrait peut-être mieux d'influencer les événements. Je ne sais pas. Et ce temps qui passe sans que j'y comprenne rien me paralyse. Bien sûr, il faut téléphoner à Khaled. Il faut réagir. Mais quel effort de décrocher le récepteur et de composer le numéro ! Et quel soulagement quand une voix me répond que M. Mohieddine est absent !

Je raccrochai, fis ma valise et pris le premier avion pour Paris. De retrouver nos habitudes de travail, avec Loschak et Rohman, me remit peu à peu en selle. Nous préparâmes un compte rendu de la réunion romaine à l'intention de nos amis de partout. Je me mis à peindre, mais, une dizaine de jours plus tard, *Le Monde* publia un bref article dont je compris tout de suite qu'il susciterait des réactions désagréables. Sous le titre : « Des délégations arabes et une délégation israélienne à une conférence pour la paix ? », *Le Monde* du 7 mai rendait compte de la réunion préparatoire de Rome. On y précisait, en se référant à mon article du 2 avril, dans lequel je proposais une telle conférence, que « les participants ont accepté la proposition du Comité international pour la paix au Proche-Orient d'inviter à la conférence une large délégation israélienne et les représentants des mouvements palestiniens ».

L'information était juste. Mais, deux jours plus tard, un communiqué du Mouvement de la Paix en contesta pourtant la véracité. La réunion, précisait-il, avait été convoquée par Khaled Mohieddine, et le but en était la paix et la justice dans cette partie du monde grâce au retrait israélien des territoires occupés et la reconnaissance des droits légitimes des Palestiniens...

Ainsi semblaient se réaliser les sombres prédictions qu'on m'avait faites : les appareils politiques nous kidnappaient notre conférence. Je n'étais pas de taille à lutter.

Et mon exposition ne s'annonçait guère mieux. Notre compte rendu de la réunion romaine était entre-temps parvenu à destination et nos amis commençaient à se manifester. Je ne parvenais pas à me concentrer sur ma peinture. Je devais répondre au téléphone, expliquer sans fin. Parmi tous ces appels, il y eut celui de Mendès France : il voulait me voir.

20

LE « PETIT COMPLOT » DE MENDÈS FRANCE

MENDÈS, je l'ai vu pour la première fois au *Nouvel Observateur,* en 1969, au soir de cette élection malheureuse pour laquelle il avait fait campagne avec Gaston Defferre. Il était entré au moment où l'on donnait à la télévision les résultats du scrutin. Il s'efforçait de sourire, un peu gauche, comme pour dire qu'il était navré d'avoir provoqué tout ce remue-ménage. Il me rappelait une photo que ma mère avait découpée et qui le représentait au Parlement après qu'il eut été mis en minorité sur un vote de confiance : on le voyait assis, ce même regard étonné et ce même sourire d'excuse, tandis que, debout derrière lui, au-dessus de lui, on s'agitait et on gesticulait. Il donnait vraiment l'impression d'être d'un autre monde. Ma mère voyait sur son visage tout le drame juif ; j'y voyais, moi, tout le drame de la solitude, sans être bien sûr qu'il ne s'agissait pas de la même chose.

Je le revis au cocktail donné au Seuil pour la sortie du livre de Jean Lacouture sur Nasser. Jean me présenta à lui comme quelqu'un qui, ayant des amis des deux côtés, pouvait organiser un voyage à la fois dans les pays arabes et en Israël. Ainsi naquit l'idée de ce qu'il appelait « notre petit complot ».

En fait, il s'agissait simplement de profiter du respect que lui témoignaient les uns et les autres pour faire un tour avec lui dans les pays du champ de bataille — nous étions toujours à la recherche d'une occasion ou d'un prétexte pour amener Israéliens et Arabes à se parler, et nous espérions que les discussions menées par Mendès avec les dirigeants des deux camps feraient surgir un dénominateur commun.

Nous prévînmes Israéliens et Arabes, à commencer par les ambassadeurs d'Egypte et d'Israël en France, puis je fis part de notre projet à Adel Amer, chef du bureau français de la Ligue arabe, diplomate intelligent et courtois, pondéré et ouvert malgré ses déclarations fracassantes. Adel Amer s'engagea à en informer Mahmoud Riad, chef de la Ligue arabe au Caire. En attendant les réponses, nous préparions le voyage avec beaucoup de soin, nous rencontrant, Lacouture, Mendès et moi, presque toutes les semaines.

Rue du Conseiller-Collignon, dans le bureau bourré de livres où Mendès nous attendait, j'avais plaisir à suivre la conversation de Lacouture, increvable adolescent, toujours en mouvement, toujours prêt à s'enthousiasmer pour une idée et à brosser de vastes projets, et de Mendès, calme, réfléchi, s'informant avant de suggérer. Mendès relevait de maladie et paraissait très affaibli, mais il suffisait qu'il commence à parler pour qu'on oublie ses traits tirés, son teint trop pâle : on était pris par le charme de la voix autant que par l'intelligence du propos.

Nous reçûmes le même jour les réponses d'Israël et d'Egypte : nous ne pouvions pas ne pas y voir un signe favorable. Arabes et Israéliens étaient prêts à recevoir Mendès, qui devait aller au Caire, à Beyrouth, à Damas et à Amman avant de se rendre à Jérusalem. Si nécessaire, après son séjour en Israël, Mendès retournerait au Caire. Lacouture et moi ferions partie du voyage.

Mendès rencontra Golda Meir, venue à Paris pour la réunion de l'Internationale socialiste, et, le lendemain, Adel Amer. Une date fut fixée : juin — nous étions en 1971. Je ne sais qui parla de notre projet, mais *Minute* l'apprit et titra ironiquement : « Mendès devient le courrier du Caire. »

Sans doute les choses se présentaient-elles trop bien : Mendès tomba à nouveau malade. Nous repoussâmes le voyage à l'automne, mais, passé l'été, il était toujours alité, et les médecins lui interdisaient tout déplacement.

Avions, expositions, hôtels, salles de conférences, rues, taxis, téléphones... Tant de noms, tant de villes, tant de visages... Entre ma table à dessin et mon chevalet, ma vie devenait, d'une réunion à l'autre, si mouvementée que je recommençai à rêver du temps — cette fois, par exemple, où je le mesurais de mes pas dans un paysage où j'étais seul et qui paraissait être un désert...

Je dois faire appel à mes notes pour retrouver l'articulation et la logique de ces jours bousculés, mais les souvenirs qui m'en restent, comme les sages images des albums de famille, suscitent en moi l'odeur et la couleur de ces moments dont je ne savais guère où ils me mèneraient...

... Amsterdam, La Haye, Cologne, Francfort, où nous créâmes le « Sozialistischer Arbeitskreis für den Frieden in Nahen Osten (1) », rattaché au Comité international. Rencontres, rendez-vous. Nous ne pouvions mesurer l'utilité de toutes ces démarches qu'à ce qu'en rapportait *Le Monde,* notre caisse de résonance, ou *Le Nouvel Observateur,* qui salua, par exemple, l'adhésion de Salvador Allende à notre comité : « Nous avons toujours reconnu, disait Allende dans une lettre qu'il m'adressa, le droit de l'Etat d'Israël à l'existence et, bien que nous n'approuvions pas toujours le gouvernement israélien, nous nous élevons contre toute atteinte à sa survie... »

... Budapest, où nous étions à nouveau invités à l'assemblée mondiale du Mouvement de la Paix, et où le comité choisit de déléguer Burnier, Zittoun et moi. Commissions, débats, résolutions, amendements. Je retrouvai avec plaisir Medhi Alaoui et Lotfi El Kholi. Lotfi voulait savoir où en étaient les préparatifs de la conférence de Bologne ; je dus lui dire que des divergences subsistaient entre le Mouvement de la Paix et nous, qui songions moins à la propagande qu'à faire se rencontrer Arabes et Israéliens, et qui voulions limiter

(1) Groupe d'étude socialiste pour la paix au Proche-Orient.

la conférence aux forces progressistes. Lotfi, qui semblait nous approuver, m'invita en Egypte au nom de l'Union socialiste arabe.

Tapis rouges, valses viennoises, buffets somptueux : l'atmosphère était à Budapest infiniment moins réglementaire qu'à Berlin-Est, et il arrivait parfois aux violonistes fonctionnaires des restaurants à touristes de se prendre à leur propre musique. Pourtant, je revois, dans un coin de salon, ces trois Juifs pieux, avec barbe, papillotes et calottes, représentant à une réception la communauté juive. Je m'étais approché et leur avais demandé en yiddish comment ils allaient. Ils m'avaient regardé avec méfiance et répondu sèchement :

« Si cela vous gêne de me parler, au moins dites-le-moi », leur avais-je proposé.

Ils n'avaient pas répondu. Le silence s'était installé entre nous tandis qu'ils surveillaient les alentours à coups d'œil furtifs comme s'ils craignaient d'être pris en flagrant délit de complot. Je les avais laissés.

Je me rappelle aussi ce chauffeur de taxi, qui me dit dans son anglais que « communism no good » : il n'y avait m'expliqua-t-il, aucun endroit à Budapest où faire l'amour avec son amie. La crise du logement leur interdisait de se marier et les hôtels leur étaient interdits puisqu'ils n'étaient pas mariés. Il ne leur restait, comme tant d'autres, que les bords du tendre Danube, où ils se retrouvaient la nuit.

... L'Italie encore, où, à peine rentré à Paris, je partis à l'appel de Guido Fubini, qui nous annonçait la prochaine réunion des participants italiens à la conférence pour la paix au Proche-Orient. Guido pensait qu'il était important que nous rencontrions auparavant les délégués socialistes pour bien préciser les positions qu'ils défendraient. Nous dûmes, Clara et moi, emprunter l'argent du voyage à Daniel Jacoby, secrétaire général de la Ligue internationale des Droits de l'Homme, qui se trouvait alors parmi nous. Nous décidâmes de prendre la route le soir même.

« Bon voyage ! » nous cria Fernand, de la rue.

De la fenêtre de l'appartement, Clara lui répondit en

riant de venir avec nous. Fernand n'hésita qu'un instant : il alla réunir en hâte quelques affaires. Trois quarts d'heure plus tard, nous partions. Nous nous arrêtâmes en Savoie, chez Michel-Antoine Burnier, pour passer la nuit. Avant d'aller dormir, nous l'invitâmes à se joindre à nous. Il refusa : il avait du travail. Pourtant, le lendemain matin, au réveil, j'aperçus sa valise prête devant la porte. Nous arrivâmes donc à quatre à Turin. Ce voyage, pour lequel nous partions fatigués et sans le sou, avait un goût de liberté. L'Italie, nous y avons tous quelques rêves.

Guido, que nous avons rencontré à Turin, nous emmena à quelques kilomètres de la ville, à Pavolo, dans la demeure de sa famille, vieille bâtisse ocre aux vastes chambres peintes. Des adolescents riaient dans l'ombre des cyprès du parc et leurs parents discutaient autour d'une table de bois. Nous nous serions crus dans le jardin des Finzi-Contini ! Nous allâmes nous isoler dans l'extraordinaire refuge de verdure d'un restaurant où des jeunes mariés fêtaient leur bonheur. Images... Guido nous mit au courant de la situation. La réunion romaine devait établir définitivement la composition du comité d'organisation, définir les thèmes de discussion et dresser la liste des délégués pour la seconde réunion préparatoire, qui serait aussi la dernière avant la conférence. Or le parti socialiste italien, qui soutenait nos positions, connaissait quelques divergences internes : il convenait donc de repréciser ce qui nous semblait important, et notamment la présence de délégués israéliens à côté des délégués palestiniens à la réunion préparatoire. Nous devions également revoir le texte qui devait servir de plate-forme à la conférence, texte critiqué aussi bien par les Israéliens et les Palestiniens que par beaucoup de nos propres comités à travers le monde. Nous corrigeâmes donc le texte initial et travaillâmes sur les listes. Guido ne pouvait partir avec nous : il nous rejoindrait par avion à Rome. La nuit était tombée depuis longtemps dans le jardin quand nous prîmes la route de Bologne. Les jeunes mariés étaient toujours là, silencieux maintenant, et ils me semblèrent mystérieusement heureux.

Bologne. Dans la nuit, notre lit se mit à bouger bizarrement. Rien d'anormal à l'inspection. Et pourtant, il bougeait. Je sortis dans le couloir et y trouvai Michel-Antoine en pyjama :

« Mon lit bouge, m'annonça-t-il avec gravité.

— Il bouge quand tu es dessus ?

— Non, quand je le regarde.

— Alors, ferme les yeux », lui conseillai-je.

Nous nous mîmes à rire comme des collégiens. Nous n'apprîmes qu'au matin ce qui s'était passé : « Nuit de terreur à Bologne » titrait un journal. « Un tremblement de terre a secoué la ville... »

A Rome, quelques députés socialistes nous attendaient dans un café près du Parlement. Contrairement à ce que craignait Guido, nous nous mîmes facilement d'accord sur la ligne de conduite et décidâmes de renforcer par Zargami la délégation du comité. Nous laissâmes Guido et Aldo, arrivés entre-temps, à l'entrée du Parlement, et allâmes prendre des glaces piazza del Popolo en attendant, le soir, le compte rendu de Guido.

A son habitude, il nous raconta la réunion par le détail. Pour l'essentiel, il semblait à Guido que nos idées avaient toutes chances d'être défendues avec succès par le nouveau comité d'organisation, mais il craignait qu'on n'essaie de lui retirer son pouvoir politique pour ne lui laisser que les tâches d'organisation ; les fonctions politiques seraient réservées au Comité international de la conférence de Bologne, au sein de laquelle nous étions minoritaires. Quant à la participation des Palestiniens et des Israéliens à la réunion préparatoire, le principe en était acquis, mais Guido pensait qu'il ne serait pas mauvais que je le rappelle dans une lettre à Fanti.

Nous quittâmes Rome le soir même, passâmes la nuit à Florence et, dès le lendemain matin, commençâmes à chercher Giorgio La Pira. L'adresse qu'il m'avait communiquée était celle d'un monastère. Par une fenêtre du premier étage, un moine nous communiqua sa nouvelle adresse... où nous trouvâmes une maison soigneusement fermée. Cette fois, c'est un voisin qui nous indiqua l'endroit où nous trouverions certainement Giorgio. Il s'agissait d'un garage, où l'on ne connaissait pas de La Pira. Nous retournâmes au monastère reprendre la piste. On nous y suggéra d'aller voir dans un couvent près de la cathédrale. Nous commencions à nous prendre au jeu. La mère supérieure du couvent ne sembla pas surprise, et nous dit de demander dans la maison voisine. Là, un gardien que nos coups de sonnette mirent longtemps à réveiller nous informa avec déférence que le Professore était à Rome... Nous partîmes en sens contraire.

« Venise : 150 km. » Fernand lut le texte du panneau sur l'autoroute et ajouta :

« Je ne suis jamais allé à Venise...

— Moi non plus, dit en écho Michel-Antoine.

— J'y retournerais bien », ajouta Clara...

Nous suivîmes la flèche. En arrivant à Venise, le moteur de la voiture toussa faiblement et mourut. Au grand garage de Piazzale Roma, ils demandaient une semaine pour changer les bielles. Nous nous installâmes à la pension Chichi, près de la Cà d'Oro, et demandâmes à Paris qu'on nous expédie ce qui pouvait rester de nos économies. Puis nous nous mîmes, et cette fois sérieusement, en vacances.

Venise, c'est pour moi Le Tintoret, les chats borgnes de la place du Ghetto Vecchio et Thomas Mann. Mais c'est surtout l'odeur, cette odeur insidieuse et glauque qui, où que je sois dans le monde, me submerge quand je pense à Venise. Nous nous baladions dans les rues étroites de la Giudecca, buvions des cafés près de l'Accademia et mangions Piazza San Paolo. Nous nous offrions le luxe, pour une fois, de laisser le temps passer sans nous. Un soir, il nous fallut constater, au moment d'aller dîner, que nous n'avions plus de quoi nous rendre au restaurant. Ce qui nous restait, je proposai de le jouer au casino. L'entrée était payante, j'y allai seul. Clara, Fernand et Michel-Antoine attendirent dehors, et non sans inquiétude, les résultats de l'opération. Elle fut réussie, et nous avons dîné avec plaisir près de l'Opéra. L'argent arriva de Paris le dernier jour, et suffit tout juste pour payer l'hôtel, les bielles et l'essence du retour...

Etrange périple, dont il me semble aujourd'hui qu'il fut vécu comme en une autre vie. Je ne sais pourquoi, il est indissociable, dans mon souvenir, d'une histoire que raconte Orson Welles : il avait remarqué que, dans le cimetière d'un village arménien, les dates gravées sur les tombes n'indiquaient jamais qu'un écart de deux, trois ou cinq ans. Il s'était dit que les enfants y mouraient jeunes et s'attendait donc à ne trouver au village que quelques vieillards. Or, il découvrit à son grand étonnement un village normal, où la population, normalement constituée d'enfants, d'adultes et de vieux, vaquait à des occupations normales. Il demanda à un villageois assis sur le seuil de sa maison le sens des inscriptions du cimetière. « C'est simple, lui répondit ce dernier, chez nous, la vie d'homme compte le temps d'une amitié... »

A Paris, je trouvai une lettre de Lotfi El Kholi. Il fallait, y disait-il, continuer ce que nous avions entrepris pour faire se rencontrer Israéliens et Arabes, et, insistant sur l'importance de notre venue au Caire, réitérait l'invitation de l'Union socialisre arabe.

21

ESPOIR AU CAIRE

NOUS avions décidé, Clara et moi, de commencer par Beyrouth, où nous débarquâmes un mois plus tard. Par-delà les douaniers débordés, les voyageurs en galabiahs et turbans blancs attendant l'avion pour Koweit, les enfants en pleurs et les cages bourrées de poulets affolés, je remarquai qu'un homme gesticulait à notre intention. Je ne le connaissais pas. Dehors, il se fraya un chemin vers nous et me demanda :

« C'est vous, Marek ? Je suis le père de votre ami André... Il m'a prévenu de votre arrivée, alors je suis venu... »

Il nous avait réservé une chambre à l'hôtel Alcazar — « c'est juste à côté de l'hôtel Saint-Georges, et c'est moins cher » —, nous y conduisit en taxi, nous y installa, donna un pourboire au portier, ferma la porte à clé, attendit un moment, aux aguets, puis s'approcha de nous et dit, dans un murmure de conspiration :

« Alors, comment c'est, là-bas ?

— Où, là-bas ? »

Il sembla surpris... de ma surprise :

« Mais chez nous ! » dit-il.

Je finis par comprendre qu'il voulait parler d'Israël. Nous nous assîmes sur le lit et nous efforçâmes de répondre à ses multiples questions. Quand il nous quitta, il nous promit de nous téléphoner. Il ne le fit jamais : sans doute l'interview que nous donnâmes le lendemain à *L'Orient-Le Jour*, quotidien libanais de langue française, ne lui parut-elle pas assez pro-israélienne...

Le père de mon ami parti, nous regardions du balcon de notre chambre, la magie tranquille de la mer et des voiliers quand un certain Jean-Pierre Sara nous appela, de la part cette fois d'André Bercoff : il avait préparé une petite réception à notre intention dans sa maison d'été du Sofar, sur la route de Damas. Il nous expliqua comment y aller, nous assurant qu'il nous attendrait près d'une pompe à essence, à l'entrée du village.

Nous partîmes donc. Les gens sont ma drogue, je ne peux résister à l'appel d'un inconnu. Seuls les êtres vivants donnent un sens à l'espace, qui, sans eux, n'est qu'un espace mort. Pour moi, les événements sont abstraits quand les personnages sont abstraits ; ils ne prennent leur vraie dimension que si les personnages se matérialisent. Dans ma peinture, les paysages ne commencent à vivre qu'avec les personnages. Que de gens, dans ma vie !

Jean-Pierre Sara nous attendait bien près de la pompe à essence. Il nous emmena chez lui, une de ces villas accrochées au flanc des montagnes qui entourent Beyrouth et où, les mois d'été, se réfugiaient les familles aisées. Nous y passâmes la soirée à discuter de la paix au Proche-Orient. Il y avait là une quinzaine de personnes, qui lisaient *Eléments* depuis qu'on le trouvait à la librairie Antoine, et s'interrogeaient avec curiosité sur l'avenir de notre action. Jean-Pierre Sara lui-même était en train d'écrire un livre :

« Ces derniers temps, expliqua-t-il, j'ai beaucoup évolué, comme de nombreux intellectuels arabes. Au début, j'écrivais à la Choukeiry, croyant qu'il suffisait qu'Israël cesse d'exister sous ma plume pour cesser réellement d'exister. Puis j'ai lu, je me suis documenté, j'ai réfléchi... »

C'est cette évolution qu'il entendait raconter dans son livre, aboutissant au projet qui lui tenait à cœur : une fédération comprenant Israël, Palestine, Jordanie et Liban. Il avait même mobilisé un ordinateur pour démontrer la viabilité économique d'un tel ensemble. Au loin, les lumières de Beyrouth se reflétaient dans la mer et, une fois de plus, nous refaisions le monde…

Le lendemain, il me fallut arranger une histoire de visa que j'avais oublié de prendre — je fus tenu comme suspect une demi-journée —, puis Clara enregistra un entretien pour *Eléments* avec Jad Tabet, architecte et président de l'Union de la jeunesse démocratique, et Amin Maalouf, économiste et journaliste d'*Al Nahar*. Nous déjeunâmes chez Fouad Zehil, du journal *Al Nida*, qui nous dit qu'à son avis les masses arabes commençaient à se détacher de la résistance palestinienne « à cause de son caractère officiel, de son manque de sens démocratique, de ses communiqués de victoire extravagants et de la manière dont elle se conduisait au Liban comme en territoire conquis ».

De retour à l'hôtel, je voulus téléphoner au Caire, pour confirmer à Lotfi notre prochaine arrivée :

« Il vous faudra patienter », me prévint le téléphoniste.

Je m'y attendais évidemment et j'avais réservé mon après-midi.

« Combien de temps ? » demandai-je.

Le téléphoniste se renseigna et dit enfin, le plus normalement du monde :

« Six jours… »

Et il ajouta :

« Si tout marche bien… »

A Beyrouth, il nous restait à essayer de rencontrer Yasser Arafat. J'allai donc voir Marwan Dajani, Palestinien et homme d'affaires prospère, propriétaire du Strand Building, dans le quartier chic du Hamraa. Je le savais très lié à El Fatah, et c'est à son hôtel que descendaient Arafat et ses amis. La réceptionniste me dit de passer « par-derrière », où des feddayin armés filtraient les visiteurs. Marwan m'attendait dans son bureau, au quatrième étage. Mobilier moderne, téléphones, secrétaires : Marwan semblait incarner l'image du businessman compétent et dynamique. Il me demanda ce qu'il pouvait faire pour nous. Je le lui dis…

« Arafat et Abou Ayad seront ici demain, répondit-il.

Appelez-moi dans la matinée, je vous dirai à quel moment vous pouvez passer les voir. »

Quant à Habbache, il l'appela sur-le-champ. Ils discutèrent quelques minutes, puis il me dit sans raccrocher :

« Il part dans une heure pour Bagdad. Il vous propose, en attendant son retour, de voir Ghassan Kanafani.

— Non, dis-je, pas Kanafani.

— Pourquoi pas Kanafani ? s'étonna Marwan.

— Parce qu'il ne s'est pas bien conduit avec Clara. »

Je lui racontai en quelques mots la façon dont, en 1969, elle avait dû comparaître devant le « tribunal » organisé au siège du F.P.L.P. Marwan traduisit à Habbache, et me transmit la réponse de celui-ci :

« Habbache est désolé de ce qui est arrivé et va demander à Bassam Abou Sharif de vous recevoir à Beyrouth. »

Effectivement, Bassam Abou Sharif m'appela quelques minutes plus tard pour nous inviter, Clara et moi, à prendre un café. Nous le retrouvâmes au siège du F.P.L.P., corniche de Mazraa, dans un immeuble qui me rappela ceux de Tel Aviv, et où deux feddayin nous firent entrer. Bassam nous tendit la main :

« C'est bien la fameuse Lady Clara ? », demanda-t-il.

Une carte de la Palestine où Israël n'existait pas ornait, avec les posters de Guevara et de Lénine, les murs du vaste bureau où on nous servit le café.

Bassam était très sympathique. Nous parlâmes de nos désaccords et il nous raconta les histoires fantastiques qui couraient à Beyrouth au sujet de Clara. La porte s'entrouvrit et nous vîmes apparaître le beau visage, orné de moustaches, d'un homme pâle qui dit quelque chose en arabe et se retira aussitôt...

« C'est Kanafani », me dit Clara.

Bassam nous resservit le café et la porte s'ouvrit de nouveau : Kanafani, l'air gêné, entra, dit bonjour sans regarder Clara et s'assit. Il boudait.

« J'ai beaucoup entendu parler de toi », lui dis-je.

Il grogna je ne sais quoi. Je pris le parti d'en rire.

« Tu ne vas quand même pas bouder jusqu'à la fin de

tes jours ! Il y a un malentendu entre Clara et toi, alors expliquez-vous... »

Il poussa, toujours en silence, un cendrier devant Clara, puis se leva d'un coup, bondit vers le bureau, lutta un bon moment avec une clé et une serrure, sortit enfin un gros dossier d'un tiroir et le jeta sur la table :

« Voilà, dit-il, voilà ce qu'elle a fait ! »

Le dossier débordait de lettres et de coupures de presse.

La situation m'amusait énormément.

« Tu ne me feras pas croire que c'est elle qui a écrit tout cela ! » dis-je en blaguant.

Il rit aussi, et entreprit de s'expliquer :

« Clara a publié une interview de moi dans *Eléments*. Cette interview a été reprise dans le monde entier, et un groupe de professeurs américains en a tiré de quoi orchestrer une campagne antipalestinienne.

— Certainement, dit Clara, à partir du passage que je t'avais conseillé de supprimer.

— C'est vrai », reconnut Kanafani.

Il se tut un moment et ajouta :

« Parmi toutes les personnes dont je n'accepte pas les idées, c'est elle la plus intelligente... »

Puis il abandonna la troisième personne pour s'adresser directement à Clara et lui tendre la main. L'incident était clos.

Nous discutâmes longuement. Nous n'étions d'accord ni sur les buts de leur lutte ni sur les moyens de parvenir à leurs fins. Puis Kanafani me demanda si j'avais envie d'illustrer un recueil de nouvelles qu'il était en train d'écrire et dont l'action se déroulait en Palestine. J'acceptai. Je lui dis que l'écrivain israélien Benyamin Tammuz, un ami, me parlait avec admiration de ses nouvelles, dont certaines avaient été traduites en hébreu. Kanafani avait lu aussi les nouvelles de Tammuz et les trouvait très intéressantes :

« Mais ce qui est curieux, ajouta-t-il, c'est que Tammuz commence chaque nouvelle comme un homme de gauche et la termine comme un homme de droite... »

Kanafani aimait beaucoup les livres de l'Israélien Amos Oz, qu'il lisait en anglais. Clara en profita pour proposer une rencontre entre écrivains palestiniens et israéliens :

« Peut-être un jour, répondit Kanafani, dans la Palestine libérée... »

Avec Bassam, il nous raccompagna à l'hôtel dans la voiture qu'il venait d'acheter avec l'argent d'un prix littéraire, et qu'il avait retapée lui-même.

« J'en suis très content, disait-il en descendant à fond de train par la route de Raouché... Elle marche très bien... Sauf les freins... »

Bassam et lui, que le vent de la course mettait de bonne humeur, se mirent à chanter une chanson arabe qui nous rappelait un air que nous avions nous-mêmes chanté chez Ran Cohen, au kibboutz Gan Shmuel. Clara le fit remarquer à Kanafani, qui nous demanda de lui faire parvenir les documents que nous possédions sur le Siah. Et nous reprîmes la chanson ensemble.

Le lendemain, en attendant d'appeler Marwan Dajani pour savoir à quelle heure nous pourrions rencontrer Arafat et Abou Ayad, nous allâmes à l'ambassade de France, où le chargé d'affaires Renard nous avait invités à prendre le petit déjeuner. Salon à l'orientale, poufs et tables basses : c'est là que, quelques années plus tard, le ministre français des Affaires étrangères Sauvagnargues rencontrerait officiellement Arafat. Renard était très au courant de la politique arabe et entretenait de bons rapports avec les Palestiniens. Nous parlâmes un moment, puis il s'offrit à téléphoner à l'ambassade d'Egypte pour que nous puissions obtenir sans trop de retard les visas que nous avions omis de prendre à Paris :

« On vous attend, dit-il en raccrochant. Allez-y tout de suite. »

D'une cabine proche de l'ambassade d'Egypte, j'appelai Marwan Dajani :

« Arafat et Abou Ayad sont ici, dit-il. Terminez-en vite et venez. »

Gamal Abderahman Ibrahim, le chargé d'affaires égyptien, nous reçut dans son bureau face à la mer. Il nous dit combien notre visite l'honorait et proposa de nous établir nos visas sur-le-champ. Malheureusement, le fonctionnaire chargé des timbres était sorti prendre un café. Nous attendîmes. Nous attendîmes longtemps. Tandis que le chargé d'affaires nous parlait de l'Egypte et nous préparait même avec obligeance une liste des sites à visiter, je me demandais avec inquiétude si nous arriverions à temps pour rencontrer Arafat. Gamal Abderahman Ibrahim, qui, malgré toute sa patience et toute sa courtoisie, commençait à s'énerver, en était aux couleurs du couchant sur le Nil quand, enfin, revint l'homme aux timbres. Avec l'air important de qui se sait indispensable, il en colla deux sur chaque passeport et nous sautâmes dans un taxi. Le chauffeur, à qui j'avais demandé de se dépêcher, fit du zèle, faillit écraser une vieille femme, prit le temps de s'engueuler longuement à propos d'un feu peut-être rouge avec d'autres chauffeurs de taxi et nous débarqua finalement à l'hôtel Strand une heure et demie après mon coup de fil à Marwan :

« Ils sont partis, nous dit celui-ci. Je les ai retenus autant que j'ai pu, mais ils devaient prendre l'avion pour Damas, où se tient une réunion de la direction de l'O.L.P... Arafat vous invite à Damas... »

Arafat avait chargé un grand Palestinien maigre de nous organiser le voyage et le séjour de Damas. Nous l'accompagnâmes au siège d'El Fatah. Il nous remit un papier tamponné où seul mon nom était écrit en caractères latins. Cette lettre — je me la fis traduire plus tard — recommandait « le frère Marek Halter, accompagné de sa femme » aux responsables d'El Fath à Damas et les priait d'organiser dans les plus brefs délais une rencontre avec Arafat et Abou Ayad.

Mais nous n'allâmes pas à Damas. Le soir même, nous reçûmes un télégramme de Lotfi : on nous attendait au Caire le lendemain.

Notre taxi, qui n'avait pas davantage de freins que les autres véhicules hantant les routes du Liban, emboutit une charrette tirée par un cheval fourbu et nous arrivâmes à l'aéroport de Khaldé trop tard pour prendre l'avion prévu. Je télégraphiai à Lotfi pour lui annoncer notre retard, mais j'étais sans illusions quant à l'acheminement de mon message. Effectivement, quand nous arrivâmes au Caire, dans l'après-midi, personne ne nous attendait.

Je téléphonai à Lotfi, que je trouvai chez lui. Il n'avait évidemment pas reçu mon télégramme et se demandait ce qui nous était arrivé. Il était navré :

« Nous vous attendions, dit-il, avec des fleurs et une voiture officielle… »

Il nous avait retenu une chambre à l'hôtel Sheraton, sur le Nil. En route, je vis, du taxi, une pancarte indiquant : « Suez : 120 km ». Cela signifiait qu'à 120 kilomètres d'où nous étions, les armées d'Egypte et d'Israël étaient face à face, et qu'ici il était inconvenant de parler d'Israël sans le vouer aussitôt au néant. Nous considérerait-on comme des agents sionistes nous qui défendions le droit à l'existence de l'Etat juif ? Mon estomac se serra. Ecouterait-on au moins ce que nous venions dire ?

En attendant de rencontrer les Egyptiens, leur ville nous séduisit. La lumière, d'abord, ocre d'avoir traversé l'impalpable poussière venue du désert ; les maisons, lourdes comme les Pyramides ; la foule sans nombre où domine le bleu passé des galabiahs, les grappes accrochées aux tramways bondés. L'immense portrait de Nasser devant le square de la place Midhan el Tahrir. Nous suivîmes le flot des voitures qui avançait à coups de klaxon vers le pont Kasr el Nil, brûlâmes un feu rouge devant un policier souriant avant d'arriver rue El Guiza, où, à deux pas de la résidence de Sadate, se trouve le Sheraton. Dans le hall, des hommes d'affaires allemands ou anglais, des touristes français, des journalistes italiens et les cheikhs du golfe Persique, enveloppés de soie blanche, venus pour une réunion de la Ligue arabe.

Sous nos fenêtres, le fleuve. Je serais resté des heures à regarder les vieilles barques aux lourdes voiles de toile blanche ficelées à la hâte, les amoncellements, sur les ponts, de balles de coton blanc, le ballet des hommes en caftans blancs, coiffés de turbans blancs, qui faisaient de l'équilibre au bout de leurs longues rames. Tous ces blancs, différents les uns des autres, se reflétaient dans les eaux grises et grasses du fleuve qui, large et puissant, coulait tout lentement vers le nord.

Je ne parvenais pas à y croire. Dans mon souvenir d'enfant juif polonais, l'Egypte restait le pays où, comme le raconte la légende de la Pâque, les Hébreux avaient vécu en esclavage. C'est là qu'ils avaient construit les Pyramides et c'est ici, au bord du Nil, qu'ils s'étaient libérés et étaient partis vers la Terre promise...

Le soir, Lotfi et sa femme vinrent nous chercher et nous emmenèrent manger du poisson au bord du Nil. Lotfi semblait connaître tout le monde, racontait des blagues et les gens riaient de bon cœur. Il venait, avec Youssef Shahine, de terminer un film, *Le Moineau*, que la censure retenait encore à cause des critiques qu'il portait contre Nasser. Nous étions au début de la « dénassérisation », et le terrible humour égyptien ne ménageait pas l'ancien Raïs :

« Sais-tu, me demanda par exemple Lotfi, qu'on a découvert un centre d'écoutes téléphoniques dans la propre maison de Nasser ? »

Il attendit un instant et ajouta :

« Il paraît qu'il préférait s'écouter lui-même... »

La gauche égyptienne était tenue en laisse, nous expliqua-t-il : tantôt libre afin d'attirer les Soviétiques, tantôt bridée afin de les presser. « Nous avons eu, dit Lotfi, jusqu'à dix-sept partis communistes de tendances différentes ; nous n'en avons plus que deux : l'un est interdit, et l'autre en prison. » Khaled Mohieddine était en résidence surveillée, et Lotfi nous demanda de mentionner, à l'occasion, l'intérêt que nous lui portions : « Cela pourrait l'aider. »

Il voulut savoir comment s'annonçait la conférence de Bologne, où en étaient les préparatifs et ce que nous en pensions. Il nous donna enfin un aperçu de notre programme, très chargé. Beaucoup de gens avaient manifesté le désir de nous rencontrer...

« Ici, dit Lotfi, nous ne savons rien. Expliquez-nous ce qui se passe en Israël... »

Le lendemain, cependant, en visitant le journal *Al Ahram*, nous vîmes un centre d'études israéliennes, le seul dans le monde arabe où l'on pût trouver des revues, des journaux et des livres en hébreu, certains articles importants étant traduits en arabe dès leur parution ; mais ce centre était réservé à l'information intérieure, le moment n'étant pas venu, nous expliqua-t-on, de donner aux citoyens égyptiens des informations sur ceux qu'ils combattaient et avec qui ils devraient bien un jour faire la paix.

Al Ahram, le grand quotidien du Caire, était un Etat dans l'Etat, installé dans un grand building moderne où le rédacteur en chef Hassanein Heykal, ancien confident de Nasser, exerçait sa puissance. On disait que les deux seuls ordinateurs travaillant en arabe se trouvaient à *Al Ahram*. Ce qui était sûr, c'est que les grands bureaux, clairs et confortables, abritaient les cerveaux les plus brillants d'Egypte : qu'ils soient de gauche ou de droite, Heykal préférait les avoir près de lui. Partout des tableaux : Heykal voulait aider les peintres égyptiens. Ce personnage sans qui, apparemment, rien ne se faisait en Egypte, nous voulions évidemment le rencontrer, mais il se trouvait alors en vacances à Alexandrie, et personne ne savait quand il rentrerait.

Nous visitâmes néanmoins le journal du haut en bas. A l'imprimerie, les linotypistes proposèrent aussitôt de composer nos noms en arabe. Je savais de quoi il s'agissait. Mon père, à Varsovie, le faisait toujours : de ses doigts durcis par l'habitude, il tendait au visiteur, touché de l'attention, la ligne de plomb brûlant où s'inscrivaient, à l'envers, les lettres de son nom. Le visiteur prenait le plomb sans se méfier et, surprise et douleur mêlées, le lâchait aussitôt sous les rires de la corporation. « Une blague d'imprimeurs », disait ma mère. Je me demandais si elle se pratiquait au Caire. Effectivement, un lino composa mon nom et me tendit la ligne en surveillant mes réactions. Il fut déçu. Je pris le plomb, feignis de m'intéresser au graphisme et, comme si cela ne me brûlait pas le moins du monde, les remerciai vivement. Je les laissai quelques instants à leur stupéfaction puis leur expliquai que j'avais moi-même travaillé plusieurs années comme linotypiste avant de commencer à vendre ma peinture. Ils se mirent tous à rire et à parler en même temps. Lotfi, débordé, ne parvenait plus à faire suivre la traduction. Un vieil ouvrier s'approcha de moi et dit, avec un accent qui me toucha :

« Worker french, jew, arab, the same (1)... »

Je me demandai si le charme de ces heures était l'expression d'une complicité entre gens de métier ou le signe timide que nous pouvions nous accorder sur les mêmes idées. J'aurais sans doute pu poser la question sans détour, mais, à la vérité, je craignais de lever cette ambiguïté qui était pour le moment ma seule alliée.

Plus tard, le ministre de la Planification Ismaïl Sabri Abdallah, homme brillant, qu'on nous présenta comme le marxiste du gouvernement, nous reçut au ministère et nous entrâmes avec lui dans le vif du sujet. Pour lui, en effet, Israël ne pouvait continuer d'exister. Il ajoutait aussitôt :

« Mais soyons clairs sur ce point, il est hors de question d'éliminer les Israéliens et de les jeter à la mer.

— Comment allez-vous vous y prendre, demandai-je, pour leur expliquer qu'ils doivent abandonner leur Etat ?

— Je vois l'avenir sous la forme d'une vaste fédération arabe qui comprendrait des minorités nationales.

— Vous approuvez donc le projet palestinien : la destruction des structures étatiques d'Israël et la création d'un Etat unitaire ?

— J'ai souvent eu des divergences de vues avec nos frères palestiniens. Evidemment, ils sont les plus lésés, les plus concernés par ce conflit, mais ils ont trop tendance à penser en termes de tout ou rien. Personnellement, je suis persuadé qu'on ne liquidera ce conflit qu'en tenant compte des évolutions à long terme, en procédant par étapes, en aménageant des délais...

Au lieu de lui exposer carrément nos idées, au risque d'une rupture, je préférai l'amener à se contredire. Je lui dis que j'étais d'accord avec lui, mais qu'il fallait proposer la première étape.

(1) « Travailleur français, juif, arabe, la même chose... »

« La résolution de l'O.N.U. est une base pour cette première étape, et nous l'avons acceptée, répondit le ministre.

— Et si, après l'avoir réalisée, Arabes et Israéliens décidaient d'en rester là ? Rien ne serait réglé sur le fond...

— C'est effectivement une possibilité », admit-il.

Du coup, cette première étape ne semblait plus tellement importante à Ismaïl Sabri Abdallah. Pour lui, l'avenir ne pouvait être que socialiste. Je lui fis remarquer qu'il trouverait en Israël beaucoup de gens prêts à se battre à ses côtés pour l'avènement d'une société socialiste, ajoutant :

« Mais il faudrait avant tout que vous acceptiez de les rencontrer... Peut-être trouveriez-vous alors le chemin de la paix...

— Vous êtes un idéaliste, ce n'est pas ainsi que se fait la politique... »

Tout cela ne nous menait nulle part. En fait, à l'époque, comme nous nous en rendions compte tout au long de notre séjour, le conflit avec Israël n'était pas la préoccupation principale des Egyptiens : on ne parlait plus de la guerre de 67, on ne parlait pas encore de la prochaine, le Sinaï était un désert vide qui n'intéressait personne et les Palestiniens jouaient les emmerdeurs. La bourgeoisie attendait de Sadate le retour aux anciens privilèges et l'instauration d'une société de consommation à l'américaine ; l'intelligentzia était préoccupée par l'avenir économique du pays et le peuple, comme récemment à Hélouan, commençait à bouger. Ali Chalakani, l'un de ceux qui venaient d'être congédiés du grand complexe industriel pour avoir soutenu la grève, nous raconta comment les ouvriers avaient occupé les usines et séquestré les représentants de l'Union socialiste arabe, demandant une augmentation des salaires et une meilleure gestion. Pour montrer que cela est possible, ils avaient remis les machines en route et, en quelques jours, produit plus que d'habitude en quelques semaines. A ceux qui leur reprochaient de faire « le jeu de l'ennemi israélien », ils avaient répondu qu'Israël aussi connaissait des grèves, ce qui ne l'empêchait pas de gagner les guerres...

Pierre Butros Ghali, professeur à la faculté des sciences politiques, estimait que le retard économique de l'Egypte était accablant, au point de compromettre la solution qu'il avait imaginée au conflit israélo-arabe : une fédération d'Etats indépendants groupés en une sorte de Marché commun du Proche-Orient :

« Je serais curieux de savoir, nous demanda-t-il, si vous avez rencontré, parmi tous les gens que vous voyez ici, quelqu'un d'aussi pessimiste que moi... Et si je suis seul à penser ce que je pense, c'est encore pis que je ne le crois... Souvent, je me dis que cela suffit, qu'une chaire m'attend à Princeton, que je pourrais m'installer comme professeur associé à Nice ou à Paris... Je serais payé cinq fois plus qu'ici, je ferais ce qui m'amuse, j'écrirais... Dans les rues du Caire, la misère me pèse, la misère physique comme la misère intellectuelle... La réalité ne se laisse jamais oublier, elle est là, toujours présente, elle vous oppresse... »

Nous dûmes laisser Pierre Butros Ghali à ses doutes et à ses incertitudes pour nous rendre chez Abdel Salem El Zayat, secrétaire général de l'Union socialiste arabe et conseiller du président Sadate — nous étions officiellement ses invités. Le soir était venu. L'énorme building qui abritait le parti unique égyptien était vide. Dans l'antichambre du bureau de Zayat, seul un garde était assis sous les portraits de Nasser et de Sadate. Clara remarqua la différence d'expression entre le sourire éclatant de Nasser et la mine contrainte de Sadate. Pour meubler le temps, elle demanda à Lotfi, qui nous accompagnait :

« Pourquoi est-ce que l'un rit, et pas l'autre ? »

Lotfi, amusé, traduisit la question au garde.

« C'est parce que le président Sadate rit intérieurement », répondit celui-ci sans se démonter.

Zayat nous donna l'accolade traditionnelle. Petit de taille, la tête dans les épaules, le regard modeste et réfléchi, il me rappelait physiquement un vieil ami de mon père, Zvi Assaf, secrétaire général du syndicat des imprimeurs israéliens. Je fus vite amené à reparler de l'importance, pour l'opinion publique israélienne, d'une rencontre avec les Arabes, seul moyen, à mon avis, d'entamer le mur de méfiance qui séparait les deux parties. Je racontai nos efforts pour amener chez Nasser l'Israélien Eliav, et lui demandai de parler à Sadate de la reprise de cette idée.

« Eliav est une personnalité intéressante, dit Zayat, mais il n'est plus secrétaire général du parti travailliste. Sadate préférerait sans doute quelqu'un qui soit plus proche du pouvoir... »

Je lui répondis que, le principe acquis, je pourrais proposer à Sadate quelques noms acceptables pour le gouvernement israélien, et qu'il n'aurait qu'à choisir.

« Nous n'en sommes malheureusement pas encore là », dit Zayat.

Et, comme pour me réconforter, il ajouta en souriant :

« J'espère qu'on y arrivera... »

Ce n'était peut-être qu'une promesse formelle, mais, venant de lui, elle nous donna de l'espoir.

Nous devions nous revoir le surlendemain : il donnait une soirée en notre honneur.

Les deux jours suivants, nous courûmes de rendez-vous en rendez-vous. Les discussions tournaient toujours autour de notre projet majeur : une rencontre israélo-arabe. Les gens que nous rencontrions étaient avides de nous entendre parler d'Israël, mais nos histoires et nos analyses dérangeaient l'idée sommaire qu'ils s'en étaient faite. Nous nous rendions compte que notre insistance agaçait, que ce que nous disions était tenu pour suspect.

La plupart des membres de la gauche égyptienne sont issus de ces mêmes grandes familles qui régissent le pays. Dans un pays où trois habitants sur quatre sont analphabètes, le cousin de gauche bénéficie des mêmes innombrables privilèges que le cousin de droite : ils sont de la même classe. La notion de socialisme étant également exploitée par le pouvoir, c'est sur le conflit israélo-arabe que cette gauche tente de se définir ; et comme la droite, tournée vers les Etats-Unis, accepte le principe d'un règlement avec Israël, il ne lui reste qu'à refuser tout compromis.

Ainsi les trois spécialistes des questions israéliennes que nous rencontrâmes pour un « échange de vues » et qui exprimèrent les propos les plus durs que nous ayons entendus au Caire. Ils ne nous écoutèrent jusqu'au bout, cachant mal leur agacement, que parce que nous étions des invités officiels. Tous trois avaient écrit des livres sur Israël, dont ils ne savaient pourtant pratiquement rien. Il nous fallut nous aussi faire effort pour rester calmes devant tant d'ignorance, d'incompréhension et de haine.

A la réception de Zayat, Lotfi, ravi, nous avait ménagé une surprise : il avait fait venir Abou Ayad, le n° 2 du Fath, et Abou Khol, le représentant de l'organisation au Caire. Abou Ayad regrettait, nous dit-il, de nous avoir manqués à Beyrouth.

Avec son paquet de cigarettes dans la pochette de sa chemise blanche à col ouvert, qu'est-ce qui le différenciait d'un Meir Païl, le « colonel rouge » israélien ? Et qu'est-ce qui différenciait cet appartement simple, avec sa terrasse vers le jardin, les reproductions aux murs et les sandwiches sur les tables, de n'importe quel appartement de n'importe quel député de la Knesseth ?Je faillis faire remarquer que, selon toute vraisemblance, ils étaient beaucoup plus proches les uns des autres qu'ils ne le pensaient, mais m'en abstins pour ne pas, une fois de plus, avoir l'air de vivre dans les nuages...

« Vous êtes en faveur de l'existence de deux Etats, l'israélien et le palestinien, me demanda Abou Yayad, mais, en tant qu'homme de gauche, ne pensez-vous pas que notre proposition est plus progressiste ? »

C'est Liliane, la femme de Lotfi, qui traduisait.

« Vous voulez parler de l'Etat unitaire ?

— Oui.

— Le fait que l'Etat soit unitaire n'est en soi ni progressiste ni réactionnaire. Tout dépend des structures politiques et économiques envisagées. Et vous êtes très discrets sur ce chapitre...

— Il est inutile pour le moment de donner des

précisions et des définitions, répliqua Abou Ayad, puisque l'idée même de l'Etat unitaire est repoussée par ceux d'en face.

— Raison de plus pour les rencontrer et chercher ensemble un moyen de coexister... Peut-être parviendriez-vous à les persuader...

— Les rencontrer serait les reconnaître.

— Le seul fait que vous les combattiez implique que vous admettez qu'ils existent.

— Peut-être, mais vous ne voudriez quand même pas que les Palestiniens reconnaissent l'Etat d'Israël !

— Pourquoi pas ?

— Parce que ce sont les Israéliens qui ont créé le problème palestinien, et que, de plus, ils occupent aujourd'hui un territoire peuplé d'un million de nos frères... N'est-ce pas à eux de reconnaître d'abord nos droits ?

— Vous parlez tantôt de l'Etat d'Israël, tantôt de son gouvernement et tantôt des Israéliens, du peuple des Israéliens. Je ne vous demande pas d'être d'accord avec la politique d'un gouvernement avec laquelle nous sommes nous-mêmes en désaccord. Mais vous devez vous adresser à ceux qui, parmi les Israéliens, vous ont déjà reconnus et ne manquent jamais l'occasion de se manifester en faveur des droits nationaux des Palestiniens...

— Qui sont-ils ? » demanda Abou Ayad.

Clara décrivit brièvement la société israélienne, expliqua les positions des différents groupes et tendances politiques, démontra enfin qu'un contact entre les « colombes » d'Israël et l'O.L.P. pourrait provoquer un courant populaire pour lequel une entente avec les Palestiniens et la restitution des territoires occupés ne seraient plus considérées comme une embuscade de plus que l'Histoire tend aux Juifs.

« On m'a dit, demanda alors Abou Ayad, que vous organisez une conférence à Bologne pour la paix et la justice au Proche-Orient. Avez-vous invité ces Israéliens dont vous parlez ?

— Nous ne sommes pas les seuls à organiser cette

conférence, dis-je, et nous ne sommes toujours pas d'accord là-dessus avec nos partenaires.

— Pourquoi ?

— Parce que, contrairement à eux, nous voulons limiter la conférence aux forces progressistes pour essayer de créer la base d'un dialogue. »

Lotfi intervint et demanda à Abou Ayad :

« Pourquoi n'iriez-vous pas aussi à la conférence, expliquer aux Israéliens votre idée de l'Etat unitaire ? »

Lotfi qui reprenait mon argument, me fit un clin d'œil avant de poursuivre :

« Et si vous parveniez à les persuader, ce serait la sensation de la conférence...

— Si vous voulez y aller, nous ne nous y opposerons certainement pas, répondit Abou Ayad en riant. D'ailleurs, nous ne nous opposons pas à un règlement pacifique entre l'Egypte et Israël... Nous pensons que, à condition que les Etats arabes ne fassent pas de concessions en ce qui nous concerne, c'est une solution de nature à renforcer la résistance... »

Il faisait chaud, et Zayat nous proposa de sortir sur la terrasse. Abou Ayad et Abou Khol s'assirent près de nous. Le premier parlait un peu anglais, le second un peu allemand : assez pour nous mettre d'accord sur Septembre noir et sur les fautes commises par la résistance palestinienne en Jordanie. Clara dit qu'elle se demandait depuis 1969 pourquoi les Palestiniens ne prenaient pas le pouvoir à Amman. Abou Ayad lui donna raison et nous apprit que le Fath était en train de former un front jordano-palestinien pour renverser le roi Hussein :

« La population jordanienne est palestinienne à 70 %, ajouta-t-il, et je pense qu'une fois le régime hachémite renversé, la création d'un Etat démocratique serait possible... »

Nous parlâmes longtemps et regrettâmes de n'avoir pas pris notre magnétophone. Abou Ayad nous dit encore que notre analyse était juste, et que l'étape des deux Etats était nécessaire, mais que les Israéliens ne l'accepteraient que si la Résistance était forte et reconnue par les nations. Nous lui répétâmes que s'ils tendaient la main au moins à certains d'entre eux, les Israéliens l'accepteraient beaucoup plus vite qu'il ne le croyait.

« D'après vous, demanda encore Abou Ayad, où se trouve la Palestine ?

— Aujourd'hui, dis-je, en prenant les réalités en considération, elle est là où les Palestiniens sont majoritaires, c'est-à-dire en Cisjordanie, en Jordanie et à Gaza... »

Abou Ayad ne répondit pas. Clara lui demanda si elle pouvait publier dans *Eléments* l'entretien que nous venions d'avoir avec lui.

« Bien sûr, répondit-il.

— Mais nous n'avons rien enregistré, je préférerais que nous le fassions, pour ne pas risquer de déformer votre pensée...

— J'ai confiance en vous », dit-il en riant.

Clara insistant, il nous donna rendez-vous pour le lendemain dans le bureau de Lotfi, où il répéta à peu de chose près ce qu'il nous avait dit sur la terrasse de Zayat. Ali Chalakani traduisait, et un jeune journaliste d'*Al Talia* prenait des notes ; sages précautions : la publication de cette interview devait susciter de violentes polémiques quelques semaines plus tard.

Ce même jour, Heykal téléphona d'Alexandrie à Lotfi : il voulait nous voir dès son retour, une semaine plus tard. Nous décidâmes de retourner à Beyrouth interviewer les leaders des différents mouvements de la résistance palestinienne. Nous reviendrions au Caire pour rencontrer Heykal — nous nourrissions beaucoup d'espoir sur notre entrevue avec celui qui était l'un des personnages les plus influents d'Egypte.

A l'hôtel Alcazar de Beyrouth, on nous accueillit comme des habitués, et un garçon courut chercher des fleurs pour Clara. Amin Maalouf nous avait laissé un message : Kanafani nous attendait, ainsi qu'Hawatmeh.

Nous travaillâmes quelques jours, mais ne pûmes finalement rencontrer Hawatmeh : c'est lui qui, cette fois, avait dû partir pour Damas, dans ce carrousel ininterrompu que menaient entre les différentes capitales arabes les leaders palestiniens. A sa place, nous vîmes Abou Leila, l'idéologue du F.D.P.L.P. (1), jeune, cheveux blonds, qui nous expliqua comment la gauche de la Résistance, après une période sombre, serait amenée à prendre la direction du combat palestinien, et comment la lutte purement nationale deviendrait une lutte pour la transformation de la région tout entière.

Nous rencontrâmes aussi Kanafani, porte-parole du F.P.L.P. Il nous fit impromptu un développement extrêmement brillant sur la stratégie et les buts du Front populaire ainsi que sur ses rapports avec Israël et les pays arabes. Je ne comprenais pas pourquoi Clara n'avait pas branché son magnétophone :

« Tu avais peur d'enregistrer ? lui demanda Kanafani en riant.

— Après la scène que tu m'as faite la dernière fois...

— Tu as eu tort, répliqua Kanafani, cette fois, c'est Habbache qui m'a demandé de vous parler... »

Il ne voulut évidemment pas recommencer, mais demanda à Clara de lui préparer ses questions par écrit : il nous ferait parvenir ses réponses à Paris.

De retour au Caire, je fis un détour par la route qui longe la « cité des morts », un immense cimetière où s'étaient installés les paysans du Haut-Nil venus chercher du travail au Caire ; le soir, la fumée des popotes montait dans l'air tranquille tandis que s'allumaient, aux quatre coins de l'insolite nécropole, des lueurs fragiles et que s'affairaient entre les tombes le petit peuple des ombres...

La veille de notre arrivée, une bataille aérienne avait mis aux prises au-dessus du canal de Suez des avions égyptiens et israéliens. La presse du Caire l'annonçait en gros titres : le seul fait que les pilotes égyptiens aient accepté le combat avec l' « ennemi invincible » représentait déjà, pour l'opinion publique, une victoire considérable. Dans le même temps, le procès engagé par Sadate contre Ali Sabri, considéré comme l' « œil

(1) Front démocratique et populaire de libération de la Palestine, né en 1969 d'une scission du F.P.L.P. (Front populaire de libération de la Palestine).

de Moscou » et accusé de complot contre l'Etat, se déroulait dans l'indifférence générale. Enfin, la République arabe unie — fédération de l'Egypte et de la Syrie — ayant été dissoute, les Egyptiens retrouvaient avec joie le nom de leur patrie. Il ne restait plus grand-chose du rêve de Nasser. Comme on nous le fit remarquer, le monde arabe poursuit trois buts depuis vingt-cinq ans : l'unité, le socialisme et la liberté ; quand il en réalise deux, c'est toujours aux dépens du troisième. On parlait beaucoup, à l'époque, d'une nouvelle fédération, cette fois entre l'Egypte, la Syrie et la Libye ; un référendum en avait même entériné le principe — pourtant, personne n'y croyait…

Nous avions rendez-vous avec Heykal le lendemain. En attendant, je me rendis à une réunion avec des étudiants, parmi lesquels Ala'Hamrouche, fils du directeur de l'hebdomadaire *Rose Al Youssef* et président de l'Union des étudiants égyptiens. A la première question que je leur posai, ils feignirent de chercher partout les micros, sous les tables, sous les chaises, dans l'encoignure des fenêtres, puis conclurent :

« Nous allons pouvoir vous dire ce que nous pensons vraiment.

— Pas tout quand même, ajouta Ala'Hamrouche, nous avons peut-être mal cherché… »

En fait, ils déguisèrent si peu leurs idées que je n'eus plus à poser de questions : ils passèrent la soirée à s'engueuler. Pour les uns, c'était le conflit avec Israël qui était la cause de la situation déplorable de l'économie égyptienne ; pour d'autres, au contraire, le conflit permettait de camoufler les vraies raisons de la détérioration des conditions de vie ; pour d'autres enfin, dont Ala'Hamrouche, les véritables raisons étaient à chercher dans la remontée de la bourgeoisie, les profits qu'elle voulait tirer pour son propre compte, l'absence de planification et la mauvaise gestion. A minuit passé, nous discutions encore dans les rues…

Le bureau de Hassanein Heykal était conforme à ce que l'on pouvait en attendre : vastes fenêtres, meubles de bois foncé ; interphone, batterie de téléphones, télévision en circuit fermé. La tête bien plantée sur de larges épaules, le sourire éclatant dans la mâchoire carrée me firent penser à Nasser : je fus surpris, quand Heykal se leva pour nous accueillir, de voir qu'il était bien moins grand que je ne me l'étais imaginé.

« Alors, les intellectuels, attaqua-t-il, il paraît que vous voulez faire la paix entre Israël et nous ?

— Ce n'est pas une bonne idée ?

— L'idée est peut-être bonne, mais encore faudrait-il avoir les moyens de la réaliser...

— C'est-à-dire ?

— Les moyens économiques et politiques.

— Cela ne concerne donc que les grandes puissances... »

Il s'approcha de la fenêtre et nous fit signe de le rejoindre :

« Venez ici, regardez... A chaque coin de rue, on peut investir... Voyez ces grappes humaines accrochées aux tramways, c'est de la main-d'œuvre en quête de travail... Notre problème, ce n'est pas seulement la paix ou la guerre avec Israël, mais aussi le développement industriel, et donc l'apport de capitaux... »

Heykal était impressionnant. Par l'assurance que lui donnait son pouvoir et la désinvolture qu'il semblait éprouver à son égard, il me rappelait Dayan. Son allure massive et dure me faisait penser aux Pyramides.

« Mais nous sommes un pays cinq fois millénaire, poursuivit-il, et nous avons tout le temps devant nous... »

Il souriait. En un flash, je revis les Israéliens nerveux, anxieux, courant dans les rues de Tel Aviv, se disputant les plans de paix, rédigeant des appels, dévorant les journaux, organisant des colloques, et j'eus peur pour eux...

« Tant que la guerre durera, dis-je, les capitalistes n'investiront pas au Caire. Et en attendant, vous devenez de plus en plus dépendants des grandes puissances.

— Je sais que vous êtes peintre, dit Heykal, et j'ai

aimé votre album de Mai, je sais aussi que vous êtes idéaliste, ce qui est bien, mais la politique, ce n'est ni la peinture ni l'idéalisme. La politique, c'est le jeu du pouvoir.

— Vous ne pensez pas que nous pourrions y tenir notre rôle ? »

Heykal serra plus fort son cigare entre ses dents :

« Comment cela ?

— Nous apportons une alternative, des contacts, le soutien des médias, et nous ne demandons rien en échange... »

Je ne parvenais pas à trouver d'autres arguments pour justifier notre présence chez lui. Heykal éclata de rire :

« Mon cher Marek, j'ai reçu plusieurs propositions de ce genre en quelques mois.

— Par exemple ? demanda Clara, visiblement agacée.

— Par exemple, un message que Dayan m'a fait porter par un diplomate anglais... Il me proposait une rencontre... Par exemple, un message de Shimon Peres... Il y a moins de deux semaines, le nonce apostolique, en habit d'apparat, sans doute pour m'impressionner, m'annonça en grand secret qu'Abba Eban voulait me voir...

— Et qu'avez-vous répondu ? demanda Clara.

— J'ai lu les déclarations de Dayan et de Peres, et je ne vois pas très bien de quoi nous pourrions parler... Ce qu'ils disent est pour nous inacceptable... »

Il alluma un autre cigare...

« Ne pensez-vous pas qu'à lire vos propres déclarations, les Israéliens pourraient avoir la même réaction que vous ?

— D'abord, moi, je ne demande pas à les voir... Mais quand ils disent qu'ils ne rendront jamais Charm el-Cheikh, et que moi je veux précisément récupérer Charm el-Cheikh, cela signifie que nous ne tenons même pas le début d'une discussion.

— Mais si Dayan vous propose une rencontre, c'est sans doute parce qu'il a autre chose à vous dire que ce que vous pouvez lire dans les journaux... C'est comme au poker, on n'annonce pas son jeu avant de miser...

— Au poker, il faut payer pour voir, mais si le prix est trop élevé, on passe.

— Si on passe trop souvent, on perd tout.

— Alors on sort son revolver et on reprend sa mise !

— Vous voyez, vous parlez encore le langage de la force ! »

Les téléphones commencèrent à sonner et, sur l'écran de télévision, on voyait arriver de nouveaux visiteurs. Heykal prit pourtant encore le temps de nous parler de la conférence pour la paix. Il nous dit ne pas croire à l'importance que nous accordions à « une rencontre entre intellectuels » : je dus lui rappeler que le refus arabe de parler aux Israéliens était perçu en Israël non seulement comme la non-reconnaissance de leur Etat, mais aussi comme leur négation pure et simple en tant qu'individus ; n'importe quelle amorce de dialogue, et les intellectuels semblaient les mieux placés pour jeter les premiers jalons, serait préférable à ce silence et à cette méfiance.

« Qui représentent, demanda-t-il, ces gens que vous pensez pouvoir amener à une telle conférence ?

— L'opinion publique.

— Joue-t-elle un rôle ? »

Il semblait sceptique...

« En Israël, oui... »

Il sourit de toutes ses dents, puis reprit :

« Tout cela ne suffira pas à régler le conflit.

— Alors, la guerre ?

— Peut-être... Vous savez, notre armée n'est plus l'armée de 1967...

— Vous gagneriez la prochaine guerre ? »

Heykal devint grave et pointa son cigare vers moi :

« Nous ne pensons pas gagner la guerre. Il nous suffirait de provoquer sur le canal un clash assez dur pour faire peur à tout le monde... Israël comprendrait qu'il n'est pas invincible et les grandes puissances se rendraient compte qu'elles pourraient être entraînées dans une guerre mondiale... Alors on s'affairerait de nouveau autour de nous et on obligerait les uns et les autres au compromis... »

Les nouveaux visiteurs, maintenant, faisaient la

queue. Heykal se leva. Il ressemblait à ces pharaons des fresques de Sakhara. Lentement, comme s'il avait un regret, il nous raccompagna jusqu'à la porte. Nous allions en passer le seuil quand il nous rattrapa et nous attira à nouveau dans son bureau :

« Après tout, dit-il, si vous avez quelque complot à me proposer, je suis votre homme... »

Nous devions quitter Le Caire le lendemain matin. La nuit tombée, nous allâmes passer notre dernière soirée égyptienne chez Hussein Fahmi, qui s'était construit une maisonnette au pied des Pyramides. Il y avait avec nous Lotfi, Mourad Ghaleb et leurs épouses. Mourad Ghaleb, ambassadeur d'Egypte à Moscou, était en vacances ; nous l'avions rencontré au bar de l'hôtel, alors que nous regardions le manège des serveurs faisant semblant de ne pas comprendre qu'un groupe de techniciens russes demandait de la pastèque...

Ce soir-là, Hussein Fahmi nous raconta l'époque où il était le confident attitré de Nasser. Il ponctuait ses anecdotes d'un rire rauque qui nous éclaboussait et nous faisait rire à notre tour. A minuit, nous étions tous un peu ivres quand une voiture officielle vint chercher Mourad Ghaleb : le Président le convoquait d'urgence. Nous ne savions pas ce que cela signifiait, et cela nous dégrisa quelque peu.

Nous eûmes le lendemain matin le fin mot de l'histoire.

Quittant l'hôtel pour l'aéroport, je rencontrai Mourad dans le hall :

« Félicitez-moi, dit-il, je suis devenu ministre des Affaires étrangères ! »

De retour à Paris, *Le Nouvel Observateur* nous interrogea longuement sur notre voyage, et Jean Daniel publia cet entretien sous le titre : « Deux pèlerins juifs en Egypte. » Fernand Rohman, Clara et moi commençâmes à décrypter toutes les bandes que nous avions enregistrées : nous voulions sortir au plus vite le numéro d'*Eléments* consacré à « la nouvelle réflexion arabe ». Puis Clara écrivit l'introduction et Fernand la conclusion. Il ne nous manquait plus que le texte de Kanafani, que nous n'avions pas encore reçu. Clara lui téléphona à Beyrouth : il n'était pas chez lui, mais on lui donna un nouveau numéro de téléphone, où elle l'obtint après avoir dit qui elle était.

« Tu sais d'où je te parle ? demanda Kanafani... De prison... On m'a mis en prison pour quinze jours parce que j'ai attaqué le roi Fayçal dans *El Hadaf*...

— Alors, dit Clara, tu as eu le temps de me préparer l'entretien pour *Eléments*...

— Je te l'enverrai, c'est promis », put-il dire avant que la ligne fût coupée.

Nous reçûmes son texte quelques jours plus tard, accompagné d'une lettre en anglais dans laquelle il demandait à Clara de lui donner de ses nouvelles : « Ici, ajoutait-il, tout est ennuyeux. Je lis beaucoup et essaie de travailler. Encore sept jours et je serai libre... »

La presse arabe rendit largement compte de ce numéro d'*Eléments* et commenta tout particulièrement les déclarations d'Abou Ayad, se demandant si elles signifiaient un changement dans les buts et la stratégie de la résistance palestinienne. Un communiqué d'El Fath, publié à Beyrouth, mit fin à ces espoirs : « Le bureau d'El Fath, y lisait-on notamment, a affirmé que M. Abou Ayad, n° 2 du mouvement, n'avait pas accordé d'interview à la revue française *Eléments*. (...) Selon *Eléments,* Abou Ayad a déclaré que la résistance ne s'oppose plus à un règlement pacifique du conflit au Proche-Orient et cherche à prendre le pouvoir en Transjordanie pour y établir un régime démocratique. El Fath, qui qualifie d'imaginaires les propos attribués à Abou Ayad, rappelle que la libération totale de la Palestine est un objectif clair sur lequel il n'est pas question de revenir. (...) »

A notre tour, nous fîmes parvenir un communiqué aux agences de presse, confirmant la teneur de l'entretien que nous avions eu avec Abou Ayad en présence de plusieurs personnalités, entretien dûment enregistré au Caire en septembre 1971. Une chance que Clara eût insisté pour enregistrer Abou Ayad !

Mais l'affaire ne faisait que commencer. Mahmoud

Hamchari, le représentant de l'O.L.P. en France, Adel Amer, de la Ligue arabe, Lotfallah Soliman, entre autres, firent notre siège pour obtenir cet enregistrement que nous refusâmes évidemment de laisser sortir de chez nous. Nous ne connaissions pas par le détail les querelles intérieures de l'O.L.P. et nous ne voulions pas nuire à Abou Ayad, dont nous n'imaginions pas qu'il se fût amusé à nous déclarer n'importe quoi. Finalement, Lotfallah vint écouter la bande, avec la traduction en français d'Ali Chalakani. Soudain, heureux comme un chercheur d'or qui vient de découvrir le filon de sa vie, il tourna vers moi son visage osseux et s'écria :

« J'ai trouvé !

— Tu as trouvé quoi ?

— Chalakani a mal traduit ! Quand vous dites qu'Abou Ayad a déclaré ne pas s'opposer à ce que les gouvernements arabes règlent d'une manière pacifique leur différend avec Israël s'ils récupèrent leurs territoires et s'ils ne portent pas atteinte aux intérêts du peuple palestinien, il aurait fallu dire en réalité : " Nous n'avons pas d'objection à ce que les gouvernements arabes récupèrent leurs territoires de la manière qu'ils estiment être la meilleure, à condition qu'ils ne portent pas atteinte aux intérêts du peuple palestinien et à la révolution. " »

Nous étions en plein « pilpoul ». Cela me rappelait l'histoire de Sholem Aleichem : une ménagère emprunte une casserole à sa voisine et ne la lui rend pas ; quelques jours plus tard, la voisine, qui commence à s'énerver, vient réclamer sa casserole.

« Quelle casserole ? demande la ménagère... Je ne vous ai jamais emprunté de casserole ! Et puis, en plus, elle était toute petite et toute percée ! Il n'y a vraiment pas de quoi s'énerver... »

Le 26 février 1972, *Le Monde* publia une mise au point de Mahmoud Hamchari, dans laquelle le représentant de l'O.L.P. en France soutenait que « Mme Halter a admis avoir mal interprété les déclarations d'Abou Ayad, etc. » Le procédé n'était pas très élégant. Nous rédigeâmes un nouveau communiqué. Si nous n'avions été si sûrs de ce que nous avions entendu sur la terrasse de Zayyat, puis à nouveau le lendemain dans les bureaux d'*Al Ahram,* nous aurions pu finir par en douter... J'écrivis une longue lettre à Abou Ayad.

Deux semaines plus tard, nous eûmes la confirmation, par l'intermédiaire de Lotfi El Kholi, que notre interprétation était la bonne : Abou Ayad avait bien parlé de « règlement pacifique » entre Israël et les pays arabes à propos des territoires occupés. Jean Daniel, qui l'apprit par un de ses reporters, ne me cacha pas sa satisfaction :

« Vos amis arabes ne vous abandonnent pas... »

C'est à cette époque que nous apprîmes la mort de Ghassan Kanafani, déchiqueté par une bombe qu'on avait placée dans la voiture sans freins dont il était si content. Les Palestiniens accusèrent les Israéliens, et les Israéliens accusèrent les Jordaniens. Nous avons pleuré.

22

LA « DEMI-VICTOIRE »

FORTS de la demi-proposition de Heykal, nous brûlions de l'envie d'aller en Israël fomenter quelque nouveau « complot ». Mais il nous fallut d'abord nous occuper de la conférence de Bologne : la deuxième réunion préparatoire devait se tenir à Rome en mars.

Les complications ne manquaient pas. Pour Khaled Mohieddine, entre-temps revenu en grâce, il restait exclu d'inviter les Israéliens : « L'objectif de la conférence, écrivit-il à Guido Fanti, qui devait en assurer la présidence, n'est nullement de mettre les adversaires en présence. (...) L'objectif de la conférence est la mobilisation pour le soutien d'une juste et pacifique solution du conflit, fondée sur la résolution du Conseil de sécurité n° 242. » Quant à nous, nous posâmes à nouveau nos conditions : les Israéliens et les Palestiniens assisteraient à la deuxième réunion préparatoire et celle-ci serait limitée à ceux qui recherchent la paix entre les belligérants.

Le parti socialiste français et la C.F.D.T. commençaient à s'interroger sur l'opportunité de participer à une telle conférence. Noam Chomsky m'écrivit pour me dire comment il avait été manipulé à une conférence contre la guerre du Vietnam à Stockholm. Claude Roy m'expliqua que nous serions transformés en potiches dans cette Conférence dont le déroulement et les conclusions étaient décidés d'avance. André Schwarz-

Bart m'envoya un télégramme sans ambages : « Pour cause participation conférence égyptienne stop démission du Comité stop Amitiés. »

Je m'entêtais pourtant. Je savais qu'en Israël mes amis préparaient fébrilement leur voyage de Rome. Je ne voulais ni les abandonner, ni laisser la conférence aux mains de quelques propagandistes professionnels sans au moins faire entendre notre voix. Nous devions paraître d'autant plus dangereux que nous étions plus naïfs. En tout cas, comme « ils » n'avaient pas réussi à nous manœuvrer, « ils » décidèrent de nous éliminer. L'hostilité au Comité se cristallisa sur ma personne, les attaques et accusations de toutes sortes se multiplièrent. Enfin, selon un procédé éprouvé, une demande d'expulsion fut formulée à mon endroit et à celui de Clara par le Psiupiste italien Luzzatto : il ne s'agissait pas moins que de « sauver la Conférence de ses éléments dangereux »...

Guido Fubini en fut tellement révolté qu'il adressa à Guido Fanti et à de Pascalis une lettre recommandée avec accusé de réception dans laquelle il rappelait notamment que l'initiative de la conférence de la paix avait été « prise *conjointement* par Marek Halter et Khaled Mohieddine et devait être réalisée *conjointement* par le Comité de la gauche et l'Union socialiste arabe ». « Cette exclusion, ajoutait-il, qui, en plus, n'a aucune justification politique, révèle une animosité personnelle décidément inadmissible, c'est en soi un fait très grave susceptible d'entraîner d'extrêmes conséquences. » Il précisait enfin que nous n'avions pas encore reçu notre convocation, et que si nous ne la recevions pas à temps, « cela provoquerait un scandale qui pourrait faire échouer cette réunion préparatoire... »

De Pasqualis lui téléphona dès réception de la lettre pour l'assurer de l'entière solidarité du parti socialiste italien et s'engagea à en parler à Guido Fanti. Deux jours plus tard, nous recevions notre télégramme d'invitation pour les 1er et 2 mars 1972 à la Casa della Cultura de Rome. Le Comité étant invité, cela signifiait que nos conditions étaient acceptées : l'O.L.P. et quelques personnalités israéliennes reçurent bien leur invitation — mais pas le Mapam.

En effet, le Mapam faisait partie de la coalition gouvernementale et en acceptait la politique. Il ne pouvait donc, pour Khaled Mohieddine, prétendre représenter dans le même temps l'opposition. Mais en Israël, où naissaient chaque jour de nouvelles polémiques sur le fait de savoir s'il fallait ou non aller à Rome, on ignorait tout de nos démêlés avec le comité d'organisation de la conférence et l'on me tenait toujours pour son principal organisateur : le Mapam s'en prit donc à moi. Sous le titre « Qui êtes-vous, Marek Halter ? », son quotidien publia coup sur coup deux articles où je me trouvais accusé de tout et même... d'être un agent du ministère des Affaires étrangères israélien ! Traduit, cet article devait servir à la campagne que certains membres du Mouvement de la Paix lancèrent contre moi à Helsinki.

Rien n'était résolu quand nous arrivâmes à Rome, Clara, Kouchner et moi, à la veille de l'ouverture de la réunion. Nous débarquâmes chez Zargani. Il n'était pas de bonne humeur et son rire, cette fois, sonnait sinistrement :

« Vous verrez, disait-il, les Israéliens ne seront pas admis à la réunion... Jamais les Arabes ni les communistes ne l'accepteront...

— Il faudra se battre, répondis-je.

— Et nous perdrons ! Les gens comme nous se font toujours écraser par les appareils. Ailleurs on nous liquiderait, ici on nous éliminera... »

C'est à ce moment qu'Uri Avnery téléphona de l'aéroport de Fiumicino : la délégation israélienne venait d'arriver et voulait descendre dans le même hôtel que les délégations arabes :

« Ce sera plus facile pour discuter ! » disait Uri, formidablement optimiste.

La presse israélienne avait consacré beaucoup de place à la réunion de Rome, et, pour Uri, une rencontre israélo-arabe ne manquerait pas de faire apparaître les « colombes » israéliennes, aux yeux de l'opinion publique, comme capables de réussir ce à quoi ne parvenait pas le gouvernement : s'engager sur le chemin de la paix. Je dis à Uri que les Arabes descendaient ordinairement à l'hôtel Pace Helvétia, mais que je n'étais pas certain qu'ils se réjouiraient d'y voir arriver les Israéliens. Il comprit vite : les Israéliens s'installeraient à l'hôtel Santa Chiara. Lui-même nous rejoindrait le plus tôt possible chez Zargani.

Il arriva en même temps que Guido Fubini, qui venait de Turin. Aldo Zargani leur fit partager son pessimisme.

« Vous êtes sûrs qu'on ne nous laissera pas participer à la réunion ? » demanda Uri.

Il ne pouvait y croire.

« Ne disons rien encore à mes amis, ajouta-t-il, allons d'abord aux renseignements. »

Je pris rendez-vous avec de Pascalis au parti socialiste, et nous décidâmes, en attendant, d'aller faire un tour à la Casa della Cultura, où Uri devait amener ses amis un peu plus tard...

« Il ne faut pas se laisser faire, répétait Guido. Si on nous emmerde, nous abandonnerons la conférence... Le parti socialiste nous suivra certainement... »

Je ne l'avais jamais vu dans cet état.

A la Casa della Cultura, l'atmosphère était à la crise. Des groupes conspiraient dans les coins de couloirs, tout le monde s'agitait beaucoup. Nous trouvâmes Khaled Mohieddine dans un bureau : il essayait en vain d'obtenir Le Caire au téléphone. Dès qu'il nous vit, il lâcha l'appareil et se précipita sur moi :

« C'est une tragédie ! s'écria-t-il.

— Quelle tragédie ? demandai-je en faisant l'étonné.

— Les Israéliens sont à Rome !

— Et alors ?

— Alors, si nous voulons réussir la conférence, nous ne pouvons donner des armes à nos adversaires en nous asseyant avec des Israéliens dans cette réunion préparatoire ! »

On l'appela au téléphone. Chandra, l'Indien, et Lord Montagu, l'Anglais, nous frôlèrent sans nous accorder un regard. Remo Salati, sénateur communiste, passa en courant et s'engouffra derrière eux dans une pièce du fond. Varouj Salatian, le Syrien, s'arrêta à notre hauteur :

« Quels sont les cons, tonna-t-il, qui ont invité les Israéliens ?

— Le comité d'organisation, dis-je.

— Ce n'est pas leur affaire que d'inviter les gens !

— C'est l'affaire de qui ? »

Il fit de la main un geste imprécis et courut rejoindre Luzzatto, celui qui avait demandé notre exclusion, à Clara et à moi. Nous fîmes le tour des salles de réunion : brouhaha, fièvre et fumée. Nous rencontrâmes enfin de Pascalis :

« Les délégués arabes ne veulent à aucun prix se trouver dans la même pièce que les Israéliens », dit-il avec un grand geste d'impuissance.

A ce moment, le silence se fit soudainement dans le couloir. Je me retournai : les Israéliens faisaient leur entrée. Personne n'alla les accueillir ou même les saluer. Seuls les deux délégués du parti communiste israélien Rakah, Emile Habibi et Uzi Burstein, trouvèrent quelqu'un à qui dire bonjour : le député communiste Umberto Cardia, qui les entraîna précipitamment.

« On n'a pas l'air d'apprécier notre venue... », remarqua l'écrivain israélien Amos Kenan.

Uri ne leur avait rien dit des difficultés qui les attendaient. Je leur proposai d'aller dans un café proche, où je les mis rapidement au courant.

« Moi, répétait le journaliste Amnon Kapeliouk, j'ai une invitation pour la réunion, j'y assiste ! »

Et il brandissait son télégramme signé de Guido Fanti.

« Ne pas pouvoir assister à la réunion serait pour nous un désastre, expliquait un autre journaliste israélien, Victor Cygielman... Si les Arabes ne veulent pas parler avec nous, qui luttons depuis des années pour la reconnaissance des Palestiniens et l'évacuation des territoires occupés, alors avec qui parleront-ils ?

— Golda va bien se marrer ! » ajouta Amos Kenan.

Ils attendaient de moi — qui les avais entraînés dans cette aventure — que je trouve une solution, mais je n'avais rien à proposer. Ils avaient cru à mes rêves, parce que c'était aussi les leurs, et maintenant... Je ne me sentais pas très fier. L'insouciance de la foule qui nous entourait, via del Corso, rendait plus aigus encore notre désarroi et notre solitude.

Habibi et Burstein arrivèrent tout essoufflés : Pajetta attendait la délégation israélienne au siège du parti communiste. Clara, Kouchner et moi allâmes à notre rendez-vous chez les socialistes, où un chœur de voix énervées nous accueillit :

« La situation se complique », annonça d'entrée de Pascalis.

Comme nous le rapporta Guido, la réunion du comité d'organisation avait été orageuse. Mohieddine et Luzzatto nous accusaient de vouloir saboter la Conférence en imposant la présence des Israéliens. Guido rappela qu'il s'agissait effectivement d'une proposition du Comité, mais qu'elle avait été acceptée par la première réunion préparatoire et adoptée par le comité d'organisation qui, conformément à son rôle, avait envoyé les invitations contresignées par Guido Fanti. Restait que toutes ces explications n'avaient guère d'importance : les Arabes ne voulaient pas entendre parler de siéger avec les Israéliens. Le comité d'organisation avait chargé de Pascalis de chercher une solution avec nous, le communiste Pajetta assurant la même mission avec les Israéliens. Nous étions en plein méli-mélo parlementaire.

Quitter la conférence, comme le proposait Guido, n'était pas ce que de Pascalis, habitué des jeux politiques, appelait une solution. Une solution, pour lui, c'était un compromis. Celui qu'il nous proposa était un modèle du genre :

« Les Arabes, dit-il pour résumer la situation, ne veulent pas parler aux Israéliens, et les Israéliens ne veulent pas être évincés de cette réunion à laquelle ils ont été invités... Eh bien, il suffit que les Arabes acceptent la présence des Israéliens dans la salle et que les Israéliens acceptent de ne pas intervenir... Ainsi les Israéliens pourront-ils dire qu'ils ont participé à la réunion préparatoire et les Arabes affirmer qu'ils ne leur ont pas parlé ! »

En d'autres circonstances, le tour de passe-passe m'eût sans doute amusé, mais, outre que je n'y croyais pas, il s'agissait bel et bien d'une humiliante rebuffade.

« Vous devriez en parler à Mohieddine, me suggéra de Pascalis.

— Et vous à Pajetta », lui répondis-je.

Il téléphona aussitôt au siège du parti communiste, où Pajetta recevait justement les Israéliens. Ceux-ci nous racontèrent plus tard comment s'était déroulée l'entrevue :

« Alors, vous bombardez le Liban ! avait attaqué Pajetta.

— A qui parlez-vous donc ? avait demandé Amos Kenan.

— A vous, les Israéliens !

— Je ne suis pas le général Dayan ! avait rétorqué Amos.

— Vous avez en face de vous, avait ajouté Uri, des gens qui s'opposent à la politique de leur gouvernement et qui représentent les forces de paix en Israël. L'amalgame que vous faites est stupide, d'autant plus qu'il y a parmi nous deux camarades du parti communiste... »

Pajetta s'était un peu calmé, mais leur avait reproché de mettre la gauche arabe dans une situation intenable.

« Je ne suis pas un fanatique des conférences, avait répondu Amos Kenan... Mais, s'il faut absolument que celle-ci se tienne, je ne vois pas son intérêt si nous n'y participons pas en même temps que les Arabes... »

C'est à ce moment que de Pascalis téléphona à Pajetta pour lui exposer son projet de compromis. Pajetta n'était pas d'accord. De Pascalis expliqua alors qu'il s'agissait là, aussi bien pour notre comité que pour le parti socialiste, de la limite de l'acceptable. Pajetta demanda à consulter le Comité central : pour les communistes italiens, qui recherchaient l'unité d'action, il s'agissait maintenant d'éviter une brouille avec le parti socialiste... Pajetta ne tarda pas à nous faire savoir que les communistes acceptaient le compromis proposé par de Pascalis. Il se chargea de l'annoncer aux Israéliens.

Pour ma part, j'avais rendez-vous avec Mohieddine à la Casa della Cultura ; le président du Mouvement de la

Paix égyptien recevait comme un ministre : il y avait queue dans l'antichambre.

« J'espère que vous comprenez ma situation, me demanda-t-il d'emblée.

— Je comprends la situation qui est la vôtre, tout comme je comprends celle des Israéliens.

— Il ne fallait pas les inviter !

— Je ne vous comprends pas, Khaled... Vous êtes de ceux qui s'accordent à dire qu'il existe des forces progressistes en Israël, mais quand elles sont là, vous ne voulez même pas les voir...

— Il nous est difficile de participer à une réunion avec les Israéliens après les derniers bombardements du Liban. Le monde arabe ne comprendrait pas...

— Vous savez bien que ce ne sont pas Uri Avnery et Amos Kenan qui bombardent le Liban... »

Il faisait chaud dans ce bureau et Mohieddine s'épongeait le front.

« Je suis pour une rencontre avec les Israéliens, dit-il, mais ce n'est pas le moment.

— Au Proche-Orient, ce n'est jamais le moment, pour la bonne raison que, quand on n'est pas en train de faire la guerre, c'est qu'on prépare la suivante... Il vous faudra bien un jour vous décider à rompre ce refus monotone... En venant ici, la gauche israélienne a pris un risque, et il est temps que vous le preniez aussi... si vous voulez réellement la paix ! »

Deux hommes entrèrent. Khaled ne répondit pas. Il semblait désolé et s'épongeait machinalement le front.

Je retournai à l'hôtel Santa Chiara rejoindre les Israéliens. Il était maintenant clair que les Arabes n'accepteraient pas le compromis du parti socialiste italien. Mais comme personne n'en avait informé les Israéliens, ils décidèrent de se présenter le lendemain matin à l'ouverture de la séance.

D'après la convocation, la réunion devait commencer à 10 heures. A 11 heures, les délégués s'affairaient toujours dans les couloirs, s'agglomérant ici ou là au gré des conversations et des manigances. Les Israéliens étaient arrivés, mais, comme personne ne s'était occupé d'eux, ils étaient restés à l'écart. Infortunés pèlerins de la paix ! Les délégués arabes étaient depuis longtemps enfermés avec les responsables du Mouvement de la Paix...

« Qu'est-ce que c'est que cette pagaille ? me demanda Elie Mignot, du parti communiste français, qui venait d'arriver de Paris avec Raymond Guyot...

Comme nous ne répondions pas, il ajouta :

« Encore une chance que les gauchistes ne soient pas là ! »

Puis il désigna Uri Avnery dont la barbe grise commençait à se faire véhémente :

« Qui est-ce ?

— L'Israélien Uri Avnery, répondit Clara. Voulez-vous que je vous le présente ?

— Non ! non ! ce n'est pas le moment ! »

Mignot intervint :

« Qui a invité les Israéliens ?

— Le comité d'organisation, répondit Kouchner.

— De quoi se mêlent-ils ? Toujours cette pagaille italienne !

— En attendant, dit Kouchner, les Israéliens sont là ! »

La position des représentants du parti communiste français était catégorique : pas d'Israéliens à la réunion. Ils nous quittèrent aussitôt pour aller rejoindre les responsables du Mouvement de la Paix. Le soutien du P.C.F. aux thèses des délégués arabes arriva au moment même où ceux-ci allaient accepter le compromis que leur proposait le dirigeant du parti communiste italien Guido Fanti : les Israéliens seraient présents dans la salle à l'ouverture de la réunion pour leur permettre de sauver la face ; le vrai débat, le lendemain, serait réservé à ceux qui avaient participé à la première réunion préparatoire, un an plus tôt, ce qui éliminait les Algériens et les Israéliens. L'intransigeance du P.C.F. autorisa les Arabes à faire volte-face : ils ne participeraient à aucune réunion commune avec les Israéliens, fût-ce une seule seconde...

Le communiste italien Umberto Cardia quitta la réunion pour m'informer de la situation. Je lui dis que nous allions être obligés de faire une conférence de presse pour annoncer notre départ et les raisons qui le motivaient. Il s'en retourna sans répondre. La Casa della Cultura prit l'aspect d'un tribunal. A côté, les jurés délibéraient. Dans le couloir, des groupes de délégués discutaient en chuchotant et en nous regardant à la dérobée. Les Israéliens étaient groupés, silencieux, derrière nous, qui prétendions être leurs défenseurs. Que tout cela était désolant !

La porte s'ouvrit enfin, laissant échapper un nuage de fumée et un brouhaha indescriptible. Fanti s'approcha de nous, le sourire embarrassé :

« Je suis désolé... »

Il toussota et poursuivit :

« Nous avons trouvé une solution... En Italie, on trouve toujours une solution... »

Il toussota de nouveau et dit, dans un souffle :

« La réunion n'aura pas lieu... »

Et, après une seconde de silence :

« ...officiellement... »

La « solution » était la suivante : il serait annoncé à la presse que le comité d'organisation avait tenu une série de rencontres et de consultations avec des personnalités et les dirigeants d'organisations de différents pays ; les Israéliens seraient reçus par le comité d'organisation au même titre que les Algériens, qui n'avaient pas assisté non plus à la première réunion préparatoire. Quant aux autres, ils se réuniraient le lendemain matin pour une demi-journée seulement afin de décider de la marche à suivre.

Les Israéliens avaient écouté Fanti sans réagir.

« Ce n'est pourtant pas avec les Algériens que nous faisons la guerre, dit enfin Amos.

— Je sais bien, répondit Fanti. Mais le fait qu'ils n'aient pas non plus assisté à la première réunion nous a permis de trouver le compromis... L'important n'est-il pas de sauver la conférence ? »

Pajetta s'approcha alors, très décontracté, et tapota l'épaule d'Uri, comme on ferait à quelqu'un qui vient de se voir condamner à deux ans de prison pour lui faire comprendre que c'est toujours mieux qu'une condamnation à mort.

Les Israéliens retournèrent à leur hôtel réfléchir à leur réponse. Avec Guido, nous allâmes prendre un café à une terrasse de la piazza del Popolo. La situation nous échappait totalement. Nous avions présumé de notre importance. Les communistes avaient besoin de nous pour donner l'image d'une conférence démocratique et en assurer la crédibilité. Mais nous avions eu tort de croire qu'ils abandonneraient leur propagande habituelle.

« On laisse tomber ! » dit Kouchner.

Je m'y résignais mal. La situation était pour nous intenable, mais j'avais investi trop d'espoir, de temps et d'énergie pour prendre aussi facilement mon parti de cet échec. Avant tout, il fallait savoir ce qu'avaient décidé les Israéliens. Nous allâmes les rejoindre.

Quand nous arrivâmes, ils avaient résolu de donner une conférence de presse pour expliquer leur départ. L'affront était si vivement ressenti, et le dommage politique si important pour la gauche israélienne que même les deux communistes étaient solidaires de leurs camarades :

« Mais comment allons-nous présenter cet échec chez nous ? » demanda Uri.

Il y avait des années qu'ils prêchaient la nécessité et l'urgence d'un dialogue avec les Arabes... Ils allaient rentrer en Israël après avoir été éconduits comme des malfrats, sans même avoir échangé un salut ou une poignée de main avec ceux de leurs adversaires qui prétendaient vouloir la paix...

« Moi je m'en fous, répétait Kapeliouk en brandissant son télégramme... J'ai une invitation, j'y vais...

— On te mettra dehors ! dit Clara. A mon avis, il faut d'abord que vous preniez une décision sur la formule de Fanti. Ou vous l'acceptez, et alors il vous reste à trouver l'explication que vous devrez donner en Israël ; ou vous la refusez, et il faut trouver le moyen le plus spectaculaire de faire sauter la conférence...

— Qu'en penses-tu ? demanda Uri à Kouchner.

— Il y a une chose que j'ai apprise aux Jeunesses

communistes, répondit Bernard, c'est qu'on peut toujours transformer un échec en demi-victoire. »

Demi-victoire ! Les Israéliens s'accrochèrent à la formule et décidèrent d'accepter la proposition de Fanti. Ils furent reçus pendant une heure par le comité d'organisation — juste avant les Algériens — et passèrent le reste de leur séjour avec les correspondants des journaux israéliens à mettre au point leur « demi-victoire » pour la presse de leur pays.

Comme ils n'avaient pas fait de scandale, nous étions tenus de rester — d'ailleurs, ils nous l'avaient expressément demandé. Combien de fois par la suite n'ai-je pas regretté cette décision !

Le lendemain, 2 mars, la Casa della Cultura avait repris son aspect habituel, et Khaled Mohieddine recouvré son sourire. Pajetta donnait des accolades enthousiastes à Chandra l'Indien. Les Français déambulaient tranquillement dans les couloirs, apparemment contents d'eux : tout était rentré dans l'ordre.

La réunion eut donc lieu sans les Israéliens. Clara refusa d'y assister et Guido était reparti pour Turin. Ne restaient que Kouchner et moi. Nous nous retrouvâmes entre les communistes français et les communistes libanais. Khaled prit la parole, puis Fanti, puis quelques autres. Enfin intervint le Soviétique. Large et digne, flanqué de ses deux traducteurs, il se félicita du travail accompli pour préparer la conférence de Bologne et proposa d'y associer quelques organisations internationales. Agnoletti se leva à son tour, chuchota quelques mots à l'oreille de Chandra, fit un clin d'œil à Mohieddine et présenta une proposition élaborée par le Mouvement de la Paix : il s'agissait de faire intégrer au comité d'organisation les représentants d'autres pays, comme la France, la Grande-Bretagne et l'Union soviétique, ainsi que quelques organisations internationales dont la majorité avaient leur siège à Prague ou à Moscou.

Il ne fut pas question de nous. Etait-ce parce que le Comité international faisait déjà partie du comité d'organisation ? Je faillis me lever pour poser la question. Mais à quoi bon ? Nous nous étions fait avoir. Tous ces clins d'œil, ces sous-entendus, ces mots pour rien.

Que faisions-nous donc ici, Kouchner et moi ? Deux paumés dans une assemblée de fantômes. D'un coup, je sombrai dans un précipice. Je perdis contact avec la réalité. Je tombai, tombai sans fin. Le précipice était en même temps une montagne de crânes, comme celle de Tamerlan qu'on peut voir à Samarkand. Je les reconnaissais tous, leurs visages m'étaient familiers : Luzzatto, Mohieddine, Fanti, Mignot, Chandra, Guyot, Lord Ivor Montagu l'Anglais... Ils grimaçaient, me faisaient des clins d'œil et quand, enfin, j'arrivai au fond du précipice, ils éclatèrent d'un rire qu'amplifiait l'écho des montagnes environnantes. C'est ce rire qui me fit revenir à moi.

Agnoletti et Mohieddine se tapaient sur l'épaule et riaient aux éclats. Leur proposition avait été adoptée à l'unanimité. Je regardai Kouchner : il lisait le journal. Ce jeu ne le concernait plus.

23

RENDEZ-VOUS MANQUÉ À LONDRES

En mai 1972, nous étions de nouveau en Israël. Le monde entier s'interrogeait sur le sens de l'étonnante décision du président Sadate, qui venait de renvoyer les conseillers soviétiques. Entre Tel Aviv et Jérusalem, où l'on suit de près le moindre mouvement de troupes des voisins, où le plus mince des faits divers est matière à théorie, où l'on cherche toujours avidement une explication globale à un phénomène particulier, on nous accueillit, nous qui rentrions d'Egypte, comme ceux qui savaient...

« Je ne suis sans doute pas le premier à vous poser la question, nous dit ainsi Yitzhak Ben Aharon, secrétaire général de la Histadrouth, un jour que nous déjeunions ; mais qu'en pensez-vous ? »

J'essayai de lui expliquer le jeu du pouvoir en Egypte, la poussée de la bourgeoisie qui avait soutenu Sadate, ses revendications et son espoir d'attirer les capitaux américains. Je lui rapportai notre conversation avec Heykal et ajoutai que le moment était sans doute venu pour Israël de faire un geste.

« Quel geste ?

— Proposer, par exemple, de rendre à l'Egypte le canal de Suez.

— Laisser les Egyptiens s'installer sur la rive orientale ?

— Bien sûr. Sadate pourrait présenter ce désengagement comme une victoire et consolider ainsi sa position.

— Y avons-nous intérêt ?

— En précisant qu'il s'agit d'un premier pas, vous pourrez entamer des négociations sur les modalités d'un retrait plus large. Si les Egyptiens acceptent une telle négociation, ce sera déjà une reconnaissance implicite d'Israël, et tout, alors, peut devenir possible. Si Sadate a vraiment besoin de concessions israéliennes pour se maintenir au pouvoir, il devra en accepter le prix.

— En as-tu déjà parlé à un membre du gouvernement israélien ?

— Pas encore.

— Tu devrais en parler à Dayan. Je pense que, sur ce sujet, il pourrait se montrer plus réceptif que Golda.

— Je ne le connais pas personnellement, dis-je.

— Mais Clara l'a déjà rencontré ?

— Oui, dit Clara, mais je préférerais que tu lui en parles le premier... »

Ben Aharon, avec cet air énergique de vieux lutteur que je lui ai toujours connu, dit qu'il le ferait l'après-midi même à la Knesseth. Puis il demanda à Clara ce qu'elle pensait de Dayan :

« Qu'il est capable du meilleur et du pire, et qu'il le sait, répondit Clara. Avec son sens politique, son pragmatisme et ce pouvoir charismatique qui est le sien, il pourrait sans doute débloquer la situation comme de Gaulle l'a fait pour la guerre d'Algérie.

— Tu penses qu'il irait jusqu'à accepter de parler à Arafat ?

— Je pense que oui, encore que, la dernière fois que je l'ai vu, il paraissait plutôt pessimiste... Il prévoyait qu'une nouvelle guerre éclaterait vers la fin de l'année 73...

— Raison de plus pour essayer de faire quelque chose avant », conclut Ben Aharon en riant.

Il nous téléphona le lendemain matin pour nous dire que Dayan nous appellerait dans la journée. Nous étions vendredi, la veille du Sabbat. Nous passâmes chez Jacki, le restaurant de la place des Rois d'Israël où les écrivains, les artistes et même les hommes politiques israéliens ont coutume de se retrouver à déjeuner chaque vendredi :

« Voilà la gauche française qui arrive ! » s'exclama l'écrivain Amos Kenan.

Ils étaient tous là, et nous dûmes réunir les tables pour faire, une fois de plus, le récit de notre voyage au Caire et à Beyrouth. Puis ils prirent le temps de se moquer gentiment de ma « manie des conférences » : l'échec de la réunion de Rome les avait marqués. Nous rentrâmes au moment où le téléphone sonnait ; c'était Dayan. Il serait, disait-il, très heureux de nous voir. Comme nous devions dîner le soir même avec Shimon Peres, il nous invita à passer au ministère de la Défense dans l'après-midi. Nous eûmes tout juste le temps de prendre une douche et de nous changer : nos vêtements nous collaient à la peau — mais j'aime cette chaleur d'Orient, lourde et épaisse, c'est une matière solide et douce à la fois que l'on coupe avec son corps.

L'accueil de Dayan fut à l'image de la simplicité des bâtiments de son ministère. Je sentais qu'il me jaugeait. Il attaqua d'un ton désinvolte :

« Comment se sent un peintre gauchiste devant le général Dayan ?

— Et comment se sent le général Dayan devant un peintre gauchiste ? répliquai-je.

— Oh ! vous savez, dit-il en faisant un geste vague de sa main burinée, en politique, on rencontre toutes sortes de gens…

— En peinture aussi », dis-je.

Cette prise de bec l'avait apparemment ravi ; il nous présenta son conseiller Naftali Lavi, puis nous demanda si nous prendrions du thé ou du café turc…

« Café, dis-je.

— En Egypte, remarqua Clara, on l'appelle café arabe.

— Le voulez-vous mazbout (moyennement sucré, en arabe) ? », demanda Dayan en riant.

Par politesse, il me posa quelques questions sur ma peinture, mais je voyais bien qu'il brûlait de connaître le récit de notre voyage en Egypte. Nous entrâmes vite dans le vif du sujet. Il m'interrompait souvent pour demander des précisions. Enfin, il demanda :

« Yitzhak *(Ben Aharon)* m'a parlé d'une proposition qu'Israël devrait, selon vous, faire à l'Egypte...

— Je pense, en effet, que c'est le moment pour Israël de faire un geste de bonne volonté envers Sadate.

— Par exemple ? »

J'expliquai mon point de vue sur un possible retrait israélien du canal de Suez :

« Mais c'est mon projet ! » s'exclama Dayan en prenant Naftali Lavi à témoin.

Je lui répondis que je connaissais sa proposition, mais qu'elle ne me paraissait pas suffisante :

« Pour Sadate, voir l'armée israélienne reculer à quinze kilomètres du canal, c'est bien, mais ce qu'il lui faut, c'est pouvoir, au moins à titre symbolique, faire traverser le canal par ses hommes.

— Vous voulez dire qu'il nous faut admettre la présence de l'armée égyptienne de ce côté-ci du canal ?

— Vous savez mieux que moi qu'une force limitée et contrôlée, sans armement lourd, ne constitue pas un danger pour Israël. L'Egypte a besoin, pour son prestige et son économie, de rouvrir le canal. Après avoir reconduit les Soviétiques, Sadate doit maintenant prouver que sa politique est payante, et une telle concession de la part des Israéliens, qu'il transformerait vite en victoire personnelle, lui permettrait sans doute de gagner sa bataille intérieure. Quant à Israël, il a tout à y gagner. Le canal ne représente pas une sécurité du point de vue militaire, on le traverse à la nage comme on traverserait la Seine... Et sa réouverture dans ces conditions serait le signal d'une normalisation des relations entre les deux pays, entraînerait un certain nombre d'accords et d'assurances mutuelles indispensables à son fonctionnement...

Dayan m'écoutait avec un certain amusement :

« Vous avez un meilleur sens stratégique que certains de nos politiciens, dit-il en faisant pivoter son siège de façon à avoir Clara dans le champ de son œil valide. Et vous, qu'en pensez-vous ? »

Clara répondit que, sur ce point, elle était d'accord avec moi.

« Vous n'êtes donc pas toujours d'accord ? remarqua Dayan.

— Si nous étions toujours d'accord, dit Clara, nous n'aurions pas eu besoin de venir tous les deux... »

Dayan se tourna de nouveau vers moi :

« Personnellement, je pense aussi qu'il faut donner quelque chose à Sadate pour qu'il puisse se maintenir tranquillement au pouvoir pendant deux ou trois ans, après quoi il sera assez fort pour se permettre de négocier avec nous.

Puis il ajouta, plutôt ironiquement :

« Mais je ne suis pas Premier ministre, ce n'est pas à moi de décider. En avez-vous parlé à Golda ? Vous avez de la chance, elle vous aime bien.

— Je crois qu'elle vous aime bien aussi, dis-je.

— Elle et moi, c'est un mariage d'intérêt, tandis qu'elle et vous, c'est un mariage d'amour... Parlez-lui, dites-lui que je suis d'accord et téléphonez-moi... »

Nous prenions congé quand Dayan demanda :

« Accepteriez-vous de retourner au Caire pour cette affaire ?

— Bien sûr.

— Alors, il faudrait se revoir avant. Tenez-moi au courant. »

Nous arrivâmes de nuit à Jérusalem. Dans la rue de Jaffa, mal éclairée, les Juifs religieux sortaient des synagogues. Nous retrouvâmes à l'hôtel King David, où nous nous étions donné rendez-vous, le chauffeur de Shimon Peres (1), qui devait nous mener *Chez Cohen*, restaurant de quelques tables où l'on sert la meilleure cuisine de la ville. Au moment de quitter l'hôtel, la téléphoniste remit à Clara, qu'elle connaissait de ses précédents séjours, un mot demandant de rappeler Dayan d'urgence. Il avait déjà quitté son bureau du ministère, mais sa secrétaire nous transmit son message : il nous recommandait de ne pas mentionner, dans nos discussions avec les Egyptiens, le fait qu'il était d'accord avec notre projet, mais de nous en tenir à ce

(1) Shimon Peres était à l'époque ministre des Transports et des Télécommunications.

que Golda Meir nous dirait. Il nous demandait également de rester en contact avec lui.

« On dirait, remarqua Clara, qu'il a déjà parlé à Golda, et qu'ils ne sont pas d'accord... »

Le dîner avec Shimon Peres et sa fille fut agréable, comme toujours avec Peres, et ceci malgré nos divergences politiques. Il nous parla de ses dernières lectures et des expositions qu'il venait de voir. Il m'a souvent dit aimer mes tableaux, surtout ceux sur fond d'argent, au point qu'il a même essayé d'analyser cette période de ma peinture dans un article publié par le quotidien *Yediot Aharonot.* A l'époque, beaucoup ne voyaient en lui que l'ombre de Dayan. Clara et moi étions parmi les rares personnes à le connaître suffisamment pour savoir qu'il ne s'en tiendrait pas là.

« Il paraît que tu as toi aussi cherché à rencontrer Heykal, le taquina Clara.

— Tu connais quelqu'un d'ici qui n'aurait pas envie de rencontrer un dirigeant arabe ? Heykal est parmi les plus intelligents, c'est pourquoi je me suis adressé à lui. Vous a-t-il au moins dit pourquoi il n'avait pas répondu à mon offre ?

— Il prétend qu'il a lu vos déclarations, à Dayan et à toi, et qu'il ne voit pas ce dont il pourrait discuter avec vous.

— Les Arabes savent bien que certaines déclarations sont à usage interne. D'ailleurs, si je devais prendre au pied de la lettre tout ce qu'écrit Heykal, je ne saurais pas non plus de quoi lui parler...

— Tu lis les articles de Heykal ? demandai-je.

— C'est un des journalistes israéliens les plus populaires, répondit Peres avec humour. Tous ses articles sont intégralement traduits dans la presse israélienne. S'il venait en Israël, il pourrait vivre de ses droits d'auteur... »

Le lendemain, j'appelai Golda. Elle était souffrante et me demandait de voir son chef de cabinet Simha Dinitz. Nous le retrouvâmes à Tel Aviv pour le déjeuner. Pour Dinitz, Israël ne pouvait se permettre de dégager le canal sans être en possession de sérieuses garanties. Je lui répondis que les garanties et les modalités de désengagement devaient précisément être discutées entre Israéliens et Egyptiens.

— Et qui représenterait Israël dans ces négociations ?

— C'est à vous d'en décider, répondis-je. Ce pourrait être Eban ou un autre ministre. Ou bien toi, pourquoi pas ? »

A son sourire, je vis que l'idée ne lui déplaisait pas. Il nous promit d'en parler à Golda et nous demanda de le rappeler. Ce que je fis le lendemain. Il était absent mais avait laissé un message nous priant de nous mettre en rapport avec Lou Kadar, vieille amie et secrétaire de Golda, d'origine française. Nous parlâmes donc en français, mais nous ne comprîmes pas mieux que d'habitude. De sa voix blanche, sans intonation et sans force, elle me dit que Golda se sentait mieux et qu'elle nous recevrait deux jours plus tard à Jérusalem.

Je m'y rendis seul, Clara prétendant qu'il me serait plus facile ainsi de persuader Golda. Je la retrouvai assise, solidement ancrée à sa table de travail ; dans le cendrier, une cigarette achevait de se consumer : j'eus l'impression qu'elle n'avait pas bougé depuis la dernière fois. Son regard était à la fois sévère et plein de sympathie.

Golda m'irrite souvent, il est même arrivé qu'elle me révolte, mais je n'ai jamais pu lui en garder longtemps rancune. J'ai pour elle cette tendresse qu'on réserve à sa mère ou à sa grand-mère. Je comprends sa manière de penser et de réagir — c'est celle des Juifs que j'ai connus dans ma famille ou mon entourage. Et, malgré toutes nos divergences, je me suis souvent senti plus proche d'elle que de certains de mes amis dont je partage les opinions politiques.

Combien de fois, après avoir répété publiquement qu'Israël devait devenir un pays « normal », accepté par ses voisins, je me suis demandé au nom de quoi il fallait absolument devenir comme les autres pour qu'ils vous acceptent. Tant de luttes, tant de souffrances pour devenir, au bout du compte, normal, cela en vaut-il la peine ? Je crois que l'amitié que Golda me porte vient de la même préoccupation : la continuité. Elle voit en moi, plus jeune, ces Juifs qu'elle a connus et qui lui étaient proches non tant parce qu'ils s'exprimaient en yiddish, que parce qu'ils pensaient en yiddish.

« Soyez le bienvenu, dit-elle. Simha m'a rapporté votre conversation. Je suis d'accord pour reculer de quelques kilomètres afin de permettre aux Egyptiens de rouvrir le canal. D'ailleurs, il n'y a pas si longtemps que Moshé (Dayan) l'a proposé au Dr Jarring... »

J'allais intervenir, mais elle m'arrêta d'un signe de la main, prit une nouvelle cigarette et ajouta :

« Laisser l'armée égyptienne traverser le canal, c'est impensable. Le canal est un obstacle naturel entre les Egyptiens et nous, il assure notre sécurité... »

J'essayai de l'apaiser en précisant que, dans mon idée, seule une force militaire symbolique s'installerait sur la rive orientale ; et que, dans une guerre moderne, sans même parler de l'artillerie à longue portée, des fusées ou des missiles, le canal de Suez ne représentait pas un obstacle majeur.

Elle reprit :

« Tant qu'un homme comme Sadate se dira prêt à sacrifier un million de vies humaines, je ne pourrai pas avoir confiance en lui. Peut-on vraiment vouloir la paix si l'on ne respecte pas la vie humaine ?

— Vous avez là une occasion de le mettre à l'épreuve.

— Quelles garanties aurons-nous ? » demanda sèchement Golda.

Plus habitués, comme le dit l'écrivain Elie Wiesel, à croire aux menaces qu'aux promesses, les Israéliens sont très méfiants sur le chapitre des garanties : et quelles garanties, finissent-ils toujours par demander, garantiront les garanties ?

« Golda, dis-je en souriant, ce n'est pas moi qui vous donnerai des garanties : c'est aux Egyptiens que vous devrez les demander au cours de ces négociations.

— S'ils consentent à négocier, ce que nous leur proposons depuis toujours, nous en discuterons avec eux à ce moment-là. Mais nous n'avons pas à préciser nos intentions au préalable.

— Si vous voulez qu'ils acceptent enfin cette rencontre, il faut quand même qu'ils aient quelque chose à y gagner...

— Mais ils ont tout à y gagner !

— Israël encore plus. L'enjeu, pour les Arabes, c'est leurs territoires perdus en 1967. Pour Israël, c'est la paix.

— Les Arabes n'ont donc pas besoin de la paix ? La différence entre les leaders arabes et nous, c'est que nous pensons ce que nous disons.

— En politique, personne ne vous demande de dire ce que vous pensez vraiment... »

Golda sourit :

« Pour ce qui est du désengagement sur le canal, dit-elle, je suis d'accord. D'accord aussi pour le passage des civils égyptiens nécessaires pour déblayer la voie d'eau. Mais en ce qui concerne l'armée, même à titre symbolique, je me méfie... Si pourtant les Egyptiens acceptaient des contacts directs, alors...

— Alors, dis-je en riant, cela vaut la peine que je tâte le terrain. Ou bien dois-je me remettre à la peinture ?

— De toute manière, dit Golda sérieusement, il faut continuer à peindre. Pour le reste, Simha vous rappellera d'ici quelques jours... »

Comme promis, Dinitz me fixa, trois jours plus tard, rendez-vous à Jérusalem. Golda, me dit-il, était de nouveau souffrante, mais elle avait réfléchi à notre conversation ; elle nous autorisait à sonder les Egyptiens, mais restait réservée sur le passage de leur armée du côté « israélien » du canal.

« Je pense, ajouta Dinitz, que son opinion n'est pas définitivement arrêtée. Tout dépendra des contacts éventuels que vous arriverez à établir entre les Egyptiens et nous.

— C'est donc un feu vert ?

— Disons que vous avez les coudées assez franches. »

Il me fallait, comme d'habitude, regagner le plus vite possible Paris pour entrer en rapport avec les Egyptiens. Clara décida de rester un mois de plus pour préparer un nouveau numéro d'*Eléments* sur les Palestiniens des territoires occupés — enquête dont elle tira finalement un livre : *Les Palestiniens du silence* (1). Avant mon départ, je l'accompagnai à Naplouse, en Cisjordanie occupée, où Raymonda Tawill avait réuni à notre intention un certain nombre d'intellectuels arabes.

Depuis notre dernière visite, le paysage avait bien changé : route goudronnée de frais, antennes de télévision en forêt sur les camps de réfugiés de Ramallah, produits israéliens dans toutes les boutiques. L'institutrice Yousra Salah, rencontrée à l'entrée de Naplouse, ne monta pourtant qu'avec réticence dans notre voiture, louée et immatriculée en Israël : elle s'était promis, nous dit-elle, de n'utiliser aucun produit israélien.

« Les amis des Palestiniens sont arrivés ! » s'exclama Raymonda en nous présentant.

Elle avait préparé un grand repas en notre honneur, et les petites tables du salon étaient entièrement couvertes de toutes sortes de plats. La discussion s'engagea vite et dura longtemps, mais nous dûmes l'interrompre à l'arrivée d'Aziz Zouabi et, quelques minutes après, du consul américain à Jérusalem. Aziz Zouabi, un Arabe, était à l'époque vice-ministre de la Santé dans le gouvernement israélien. Tout joyeux de nous voir là, il s'adressa à nous en hébreu : « Ma schlomhem ? (Comment allez-vous ?) » et se précipita sur Clara pour l'embrasser. Elle lui répondit en anglais. Aziz Zouabi comprit vite et continua lui aussi en anglais.

Quelle situation absurde ! Pourtant, dans ce monde où l'on juge d'après les apparences, pour un Juif, connaître ou ne pas connaître l'hébreu avait de l'importance. Parler l'hébreu nous aurait transformés, aux yeux des Palestiniens des territoires occupés, en Israéliens, et donc en ennemis. Zouabi, lui, Arabe de Nazareth, malgré son appartenance au gouvernement israélien, était considéré par les Palestiniens comme un des leurs ; et ils s'adressaient souvent à lui quand ils avaient des problèmes administratifs. Carré, intelligent, vif, je l'aimais beaucoup et je me sentais honteux de le voir résoudre ses contradictions avec moins de complexes que moi.

(1) Editions Pierre Belfond, Collection « Eléments », Paris.

Combien de fois dûmes-nous nous retenir pour ne pas dire à nos amis palestiniens que nous avions de la famille en Israël, car ce seul fait nous aurait, à leurs yeux, enlevé toute impartialité. Etant juifs et de gauche, nous devions correspondre à une certaine image. Quant au consul américain à Jérusalem, les Palestiniens le recevaient avec plaisir — ils le considéraient pourtant comme un agent de la C.I.A.

Dès mon retour à Paris, je rencontrai Adel Amer. Je lui dis que je pensais m'adresser, au Caire, soit à Heykal, soit au nouveau ministre des Affaires étrangères Mourad Ghaleb. A son avis, c'est par Heykal que j'avais le plus de chances de toucher rapidement Sadate. Je ne pus joindre Heykal, mais, après plusieurs essais infructueux, je pus enfin parler à sa secrétaire : Heykal était en voyage privé en Autriche, après quoi il se rendrait en Allemagne. Elle ne connaissait pas son adresse. Je demandai à Amer de se renseigner auprès de l'ambassade d'Egypte en Autriche, mais on n'y était pas au courant du passage de Heykal à Vienne. Jean Lacouture, qui partait en reportage en Allemagne, me promit de chercher sa trace. En attendant, j'essayai de prendre contact avec Mourad Ghaleb. Au Caire, on m'annonça qu'il se trouvait aux Nations Unies et on me communiqua le numéro de téléphone de la délégation égyptienne. Finalement, je le trouvai à l'hôtel Pierre, à New York, où il était descendu.

« Quoi de neuf, Halter ? », me demanda-t-il.

Je dis que je voulais le rencontrer d'urgence. Il demanda si c'était important, et je répondis que cela pouvait l'être. Après un moment de réflexion, il proposa que nous nous rencontrions quelques jours plus tard sur son chemin de retour, à Genève.

Il venait de voir le Dr Jarring quand je le retrouvai, assis au bord de la piscine de l'hôtel « La Réserve », un verre de whisky à la main et, près de lui, un autre verre pour moi. Nous étions seuls. Cet après-midi d'août était plutôt frais, mais Mourad était en maillot de bain. Je lui racontai : Ben Aharon, Dinitz, Dayan, Golda Meir... Il m'écoutait attentivement et, quand j'eus terminé, il me demanda ce que j'en pensais. Je répondis qu'il s'agissait, à mon sens, d'une bonne occasion d'entamer le dialogue…

« D'après ce que vous me racontez, dit-il, il y a des divergences entre Golda Meir et Dayan…

— Il y a effectivement divergence au sein du gouvernement israélien, mais je pense que, au cours de négociations, c'est le pragmatisme à la Dayan qui l'emporterait.

— Comment déciderait-on des modalités pratiques du désengagement militaire sur le canal ?

— Il faudrait envisager des rencontres entre Israéliens et Egyptiens…

— Il paraît difficile, pour notre président, d'envisager de telles rencontres à l'heure actuelle… »

Je répondis que, dans mon esprit, de telles rencontres devaient être tenues secrètes. Il parut sceptique. Je lui donnai alors en exemple les dizaines de rencontres entre Chinois et Américains, rencontres dont on n'apprit qu'elles avaient eu lieu que des années après, lorsqu'elles eurent abouti à une prise de contact officielle.

« Et que demanderait Israël en échange du retrait de ses forces ?

— Rappelez-vous, Mourad, nous en avons déjà parlé au Caire : l'obstacle majeur dans la recherche d'une solution est peut-être le manque de confiance, la suspicion permanente et réciproque. Si nous parvenions à organiser ces quelques rencontres techniques, même secrètes, cela constituerait pour les Israéliens la meilleure des garanties, et la preuve qu'il existe chez vous la volonté d'aboutir à la paix.

— D'accord, mais qui nous garantira le secret ?

— Si je vous répondais : moi, cela vous paraîtrait drôle… Je voudrais vous proposer quelque chose dont je n'ai pas encore parlé aux Israéliens… »

Il parut intéressé…

« Au cours de ces réunions avec les Israéliens, expliquai-je, vous décideriez des concessions mutuelles et de leur application, mais aussi de la manière dont elles seraient présentées à l'opinion publique. Car la pression de l'opinion publique se fait sentir aussi bien en

Israël qu'en Egypte, l'Egypte devant compter, en plus, avec le poids du monde arabe. La version d'un événement revêt alors autant d'importance que l'événement lui-même.

— Pour certains philosophes, renchérit Mourad, seule cette version a de l'importance, car l'acte n'existe pas sans elle. »

En regardant Mourad me regarder, je me demandais ce qu'il pouvait bien penser de moi. Face à mes interlocuteurs israéliens et arabes, je me suis souvent posé la question. Croient-ils en ma bonne foi ? Me prennent-ils au sérieux ? Un journaliste m'a accusé un jour d'être un agent double travaillant à la fois pour Dayan et pour Arafat. Il est vrai que la complexité de ma situation peut prêter à interprétation. J'ai noué des deux côtés des amitiés sincères ; j'éprouve une vraie tendresse pour quelques-uns des hommes politiques que j'ai été amené à rencontrer — les divergences d'opinions qui peuvent surgir entre nous n'y changent rien. Je me rappelle cette nuit où, au pied des Pyramides, nous nous étions soûlés avec Lotfi et, justement, Mourad ; cette improbable escapade nous avait sans aucun doute rapprochés...

Le garçon apporta deux autres verres et des olives. Mourad se rhabilla :

« Votre idée me semble intéressante, dit-il. Peut-être pourrions-nous envisager de tenir ces réunions à Londres, ce serait pour moi l'occasion de voir mes enfants : ils y font leurs études... »

Il voulut aussi savoir qui représenterait Israël. Je répondis que ce pourrait être le ministre des Affaires étrangères ou toute autre personne désignée par le gouvernement :

« Il n'est pas impossible que ce soit Dayan, ajoutai-je. Il serait sans aucun doute candidat, mais il y aura certainement lutte de personnes et de tendances. »

Mourad souligna l'importance d'envoyer une personne responsable, habilitée à prendre des décisions, puis, comme si tout était dit, nous commençâmes à parler de nos amis communs et du temps qu'il avait passé à Moscou comme ambassadeur. Pour nous amuser, nous essayâmes même de converser en russe. Sous les parasols de Genève, comme tout semblait simple, entre gens de bonne volonté...

Dès mon retour à Paris, je rédigeai en yiddish, à l'intention de Golda Meir, un compte rendu de ma conversation avec Mourad Ghaleb. Je déposai mon « rapport » à l'ambassade d'Israël, où Avi Primor me promit de l'expédier par la valise diplomatique.

Mourad me téléphona quelques jours plus tard : le projet avait été bien accueilli par Sadate, qui voulait savoir ce qu'en pensaient les Israéliens. Je lui dis que j'avais écrit à Jérusalem, et que j'attendais la réponse.

Elle arriva à l'ambassade, signée de Simha Dinitz : Golda acceptait en principe toutes les propositions que contenait ma lettre.

J'écrivis aussitôt à Mourad Ghaleb.

A ce moment, Lacouture m'appela : il n'avait pas trouvé trace de Heykal en Allemagne, mais il aurait peut-être l'occasion de le rencontrer aux Jeux olympiques de Munich. Je lui dis qu'Adel Amer m'avait conseillé, pour ne pas embrouiller les choses, de laisser l'affaire entre les mains de Mourad Ghaleb, qui était, après tout, ministre des Affaires étrangères ! Jean me demanda alors si j'avais revu Mendès France. Nous décidâmes de prendre rendez-vous avec lui la semaine suivante : Jean pensait que nous pourrions nous rendre tous les trois au Proche-Orient après les Jeux olympiques.

Deux semaines plus tard environ, je reçus du Caire une note me proposant que la rencontre — « ma » rencontre — se tienne vers la mi-septembre à Londres. Je prévins aussitôt Jérusalem.

Je me gardai de toute exaltation, mais tout, cette fois, me paraissait réglé. D'Israël, Clara m'avait dit que Dayan se tenait soigneusement au courant. Les Israéliens et les Egyptiens allaient enfin se rencontrer. Que m'importait que ce fût en secret, c'est-à-dire en cachette. L'essentiel, pour moi, était qu'ils se parlent sans y être contraints. Se parler, d'une certaine manière, c'est déjà se reconnaître.

J'étais chez moi, seul, quand Fernand Rohman m'appela :

« Tu es au courant ? »

Il était très excité...

« Au courant de quoi ? »

Il m'apprit alors qu'un commando palestinien de Septembre noir avait pris des otages parmi les athlètes israéliens de Munich. Deux d'entre eux avaient déjà été tués.

A la radio, les flashes se succédaient. Le téléphone sonnait sans arrêt. L'angoisse me prit. Je savais qu'Israël n'accepterait pas les exigences des Palestiniens, et que ceux-ci seraient amenés à exécuter leurs otages. La tension remonterait au Proche-Orient, et une fois de plus s'éloignerait la possibilité d'une rencontre entre Arabes et Israéliens...

Effectivement, le massacre des otages de Munich (1) fit se durcir les positions des uns et des autres. Mourad Ghaleb démissionna, à moins qu'il ne fût démis de son poste, et fut remplacé par Mohamed Zayat. Je ne savais trop que faire quand je reçus, d'un ami de Beyrouth, une lettre faisant état d'un communiqué de Septembre noir qui expliquait l'action de Munich par la volonté de parer au danger d'un accord qui était sur le point d'intervenir entre Egyptiens et Israéliens, au détriment du peuple palestinien.

Lisant et relisant cette lettre, je sentais ma tête, mes bras, mes jambes, devenir horriblement lourds. J'avais l'impression de devenir fou. J'essayai de téléphoner à Loschak, pas de réponse. A Rohman, à Kouchner, à Burnier — personne. Je descendis place des Vosges, je me mis à marcher le long des grilles du square. Si ce communiqué était vrai, si ce qu'il disait était vrai, s'il s'agissait de notre projet, alors j'étais en partie respon-

(1) L'un des feddayin tués était Georges Aïssa, celui qui avait amené Clara devant ce « tribunal » de Beyrouth où elle avait connu Kanafani. La presse parla aussi de Fouad Chamali comme l'un des organisateurs de Septembre noir en Europe, l'accusant d'avoir préparé l'attentat de Munich ; après sa mort, c'est sa femme qui en aurait assuré l'exécution. Arguments que développa Serge Groussard dans son livre *La Médaille de sang* et contre lesquels la presse arabe s'éleva violemment, rappelant notamment que Fouad Chamali avait participé, avec l'Israélien Saul Friedlander, à une table ronde sur l'ensemble des problèmes du Proche-Orient.

sable des morts de Munich ? J'étais comme un gosse ayant mis en marche un train électrique qui, en déraillant, aurait tué des adultes dans la pièce voisine...

Je remontai à la maison pour appeler Clara à Tel Aviv. Mais au moment même où je poussai la porte, elle m'appela. Elle me dit que le massacre de Munich avait plongé Israël dans le deuil ; que, pendant l'enterrement des victimes, Uri Avnery avait été giflé par le père de l'un des athlètes tués ; que tous ceux qui, comme Amos Kenan, défendaient les droits des Palestiniens, recevaient des lettres de menaces. La colère était générale.

Je ne parlai pas à Clara de la lettre de Beyrouth, ni de ce que je ressentais. Ne devais-je pas me débrouiller seul de mes doutes et de mes peurs ? Je pensai alors à retourner à ma peinture, et à rien d'autre. Abandonner la politique. Sartre a pu écrire qu'une œuvre d'art n'est rien auprès d'un enfant qui meurt de faim. Au moins mes tableaux ne tuent-ils pas. Et je préfère être responsable d'une œuvre d'art médiocre que co-responsable d'un massacre réussi. Je sentais que j'étais en train de m'enfoncer, alors qu'il était possible, et sans doute même probable, que notre projet n'ait eu aucun rapport avec l'attentat. Je me plongeai avec rage dans mes dessins. C'était un refuge, évidemment, mais qu'aurait fait, à ma place, un politicien professionnel ? Sans doute, c'est vrai, ne se serait-il pas posé de questions.

24

DE GENTILLY À BUENOS AIRES

« MAREK Halter peint pour la paix au Proche-Orient. » A cette époque, et à l'occasion d'une exposition, le *Journal de Genève* me consacra son affichette quotidienne. C'était flatteur, et je fus flatté. Mais j'éprouvai dans le même temps un sentiment de gêne et d'amertume. D'abord parce que cette exposition ne m'avait pas satisfait : certaines toiles auraient sans doute dû être plus élaborées, et la sélection mieux faite — bref, je n'avais pas assez travaillé. Mais surtout parce que je ne peignais pas pour la paix au Proche-Orient : je me battais pour elle, et jusqu'à maintenant sans grand résultat. L'opération Eliav avait échoué, notre rendez-vous de Londres avait été décommandé et on nous avait subtilisé la conférence de Bologne.

Où m'avaient mené tous mes efforts ? Je n'avais jamais autant douté. De tout et de moi-même. Je me rends compte aujourd'hui, en essayant de reconstituer cette période de ma vie, à quel point l'inquiétude l'a marquée. Succession de visages, d'images, de moments, confusément liés dans mon souvenir par l'inanité d'une agitation qui ne me menait nulle part…

New York. Je venais d'avoir à Harvard une discussion avec les étudiants sur le thème : faut-il changer l'homme pour pouvoir changer la société ? Ou bien faut-il changer la société pour pouvoir changer l'homme ? Vieille histoire. Je leur avais dit que, pour ma part, je pensais que l'homme change dans la lutte qu'il mène pour changer la société ; qu'il se découvre, s'améliore. Je voulais croire que la lutte pour le changement est doublement révolutionnaire : sur le plan personnel aussi bien que sur le plan collectif. Je devais assister à une réunion, et, comme d'habitude, j'étais en retard. Je courais donc sur la 57e Rue, j'arrivai au carrefour de la 5e Avenue, embouteillée, je traversai et repris ma course. Un visage alors passa, un regard de femme qui me fixa un moment, comme il arrive parfois, me faisant pour ainsi dire exister, moi l'anonyme de la foule anonyme. Le visage se perdit, mais je m'arrêtai, me demandant où je courais ainsi, pauvre con que j'étais. Au nº 9 de la 57e Rue, s'élève un extraordinaire building de verre foncé, dont la façade incurvée reflète le paysage de béton et, tout en haut, le ciel. Je pris le temps d'y regarder passer les nuages et une chanson yiddish me revint en mémoire :

L'important n'est pas d'arriver
Mais de marcher sur la route ensoleillée...

La route ensoleillée ! Etais-je vraiment en train de changer, dans ma lutte pour le changement ?

Paris. Encore des problèmes avec la conférence de Bologne. Les communistes et certains Arabes cherchaient par tous les moyens à nous éliminer de la conférence. A une nouvelle réunion romaine, où je m'étais rendu avec Yanakakis, on ne m'avait même pas laissé entrer : deux sbires, à la porte, contrôlaient les noms des délégués, et les nôtres n'étaient pas sur leur liste. J'avais appelé Mignot, qui se trouvait dans la salle. Il s'était contenté de hausser les épaules : il n'était pas au courant. Enfin, à la dernière réunion préparatoire, où Daniel Jacoby représentait notre Comité, le soviétique Pavel Tarassov avait mis un veto catégorique sur ma personne alors même que le nouveau comité d'organisation semblait accepter toutes nos conditions pour Bologne.

Nous nous réunîmes un soir chez Zittoun. Il n'y avait de doute pour personne : il fallait laisser tomber la conférence. Je n'étais pas d'accord. Je connaissais bien ce processus de normalisation : les tentatives de manipulation et de contrôle ayant échoué, on nous divisait pour éliminer le Comité sans avoir à s'en prendre directement à lui. On jouait sur la solidarité prévisible de mes amis. Il ne fallait pas tomber dans le panneau. Je demandai donc au Comité d'être présent à la conférence, même sans moi. Il fallait laisser de côté les susceptibilités, si c'était là le prix à payer pour faire entendre notre voix.

Pour la première fois depuis la création du Comité, tous les membres se trouvèrent en désaccord avec moi. Lacouture, Jean Daniel, Edgar Morin et Claude Roy nous firent savoir qu'il n'était pas question de céder au chantage. Gunther Grass nous prévint qu'il cesserait de nous soutenir si nous capitulions : on commençait par mettre le veto sur les hommes, disait-il, puis on le mettait sur les idées.

Même Clara, qui avait commencé par me soutenir, finit par m'abandonner. Seuls les Israéliens — Uri Avnery et Yossi Amitay n'étaient pas plus résignés que moi — nous demandaient d'aller à Bologne, à tout prix. Notre participation était pour eux la seule garantie qu'il s'y passerait autre chose qu'une condamnation systématique d'Israël, sans progrès aucun pour la paix. Guido, pauvre Guido, nous téléphona chez Zittoun pour nous demander de différer notre décision : il espérait encore pouvoir fléchir le comité d'organisation...

Finalement, tard dans la nuit, les membres du Comité décidèrent de ne pas participer à la conférence de Bologne. « Ils » avaient gagné (1).

Peut-on enfermer la lune dans un seau ? Les Juifs d'Helm, plus malins que les autres, pensaient pouvoir y

(1) La conférence de Bologne eut lieu en mai 1973. Elle ne suscita guère d'intérêt et la presse la passa pratiquement sous silence. Les Israéliens y participèrent malgré tout. Ils nous appelèrent plusieurs fois pour demander que Clara les rejoigne, au moins au titre de rédactrice en chef d'*Eléments*. Les membres du Comité, consultés, s'y opposèrent : *Eléments* était l'organe du Comité, et la participation de Clara aurait été interprétée comme une capitulation de notre part. Clara n'alla donc pas à Bologne. Quant aux Israéliens, qui parlèrent de l' « esprit de Bologne » — c'était là leur « demi-victoire » — ils durent contresigner une résolution où le nom d'Israël ne figurait même pas. Sans doute cette affaire coûta-t-elle, au moins en partie, son siège de député à Uri Avnery.

arriver. Chaque soir, ils attendaient de voir la lune dans l'eau de leur seau et l'y emprisonnaient soigneusement. Au matin, ils ne l'y retrouvaient jamais.

C'était le matin, et mon seau, une fois de plus, était vide. Allais-je, comme ces malins d'Helm, recommencer à l'infini ?

Israël. Clara et moi y accompagnâmes cette fois Mikis Theodorakis. Il y avait été invité, et il brûlait d'envie de s'y rendre, mais les menaces des Palestiniens et les interdictions de ses amis de gauche le plongeaient dans un dilemme dont il m'avait demandé de le tirer : il ne voulait pas paraître accorder son soutien « à un pays impérialiste ». Je lui avais répondu qu'il n'y avait pas de peuples impérialistes, mais seulement des politiques impérialistes, et pour soulager sa conscience, nous l'avions fait aussi inviter au Liban.

En Israël, il reçut un accueil délirant; le gouvernement presque au complet ayant assisté au concert qu'il donna à Jérusalem. Je me rappelle cette soirée sur le toit de la maison d'Amos Kenan à Tel Aviv. Grand Pinocchio bouclé, ombres et lumières, Theodorakis raconta la Grèce en faisant de grands gestes comme s'il eût conduit quelque innombrable orchestre. Il dit aussi comment Dayan, en visite chez sa fille Yael à Athènes, était passé le voir pour lui proposer une aide israélienne à la résistance contre les colonels — les journaux s'emparèrent de l'histoire, que le porte-parole du ministère de la Défense démentit immédiatement. Nous l'emmenâmes aussi voir Ben Aharon, à la Histadrouth : Mikis lui demanda une aide financière pour la résistance et l'obtint — substantiellement. Nous le quittâmes peu après, le laissant partir sans nous au Liban.

Paris. Je venais de recevoir l'argent de la vente de mes tableaux à Genève et j'étais incapable de décider si je devais le consacrer à la publication d'*Eléments* ou à l'achat d'un appartement pour ma mère. Superbe problème...

Vladimir Volossatov, de l'ambassade soviétique, m'offrit à ce moment son déjeuner d'adieu : il quittait la

France. Nous avions noué d'étranges et cordiales relations. Je ne savais ce qu'il faisait à l'ambassade, mais je m'étais attaché à son visage en lame de rasoir qu'allongeait encore une coiffure en brosse, et nous avions pris l'habitude de nous voir régulièrement. Il parlait l'arabe et nous discutions souvent du Proche-Orient. Son fils voulait devenir peintre, et ce qui préoccupait Volossatov dans cette vocation, c'est qu'il n'avait encore jamais peint que des femmes nues...

Nous déjeunâmes donc dans un restaurant chinois (« C'est un nationaliste ! » me souffla-t-il à l'oreille pour prévenir ma remarque) et je lui demandai conseil : comment devais-je employer mon argent ? Il dit qu'il comprenait bien tout ce que pouvait représenter un appartement pour ma mère, ajouta qu'en Union soviétique elle aurait eu droit, comme poète, à un appartement du gouvernement, et conclut qu'il n'y avait pas à hésiter : il fallait qu'*Eléments* continue à sortir.

Il quitta la France peu après. Il ne l'a peut-être jamais su, mais ma mère eut son appartement, et nous ne publiâmes plus *Eléments*. Je ne sais pourquoi ni comment, mais c'est au cours de ce déjeuner que je pris ma décision.

Paris encore, où se trouvait Marcuse. Clara et moi allâmes à son hôtel prendre le petit déjeuner avec sa femme et lui. Ses mains nerveuses et pâles n'avaient pas changé et leurs taches de rousseur, tout comme la première fois que je l'avais rencontré, m'hypnotisaient. Il avait enfin visité Israël. Il était ravi de son voyage et ne cessait d'en parler, feignant de ne pas entendre les remarques ironiques ou acerbes de sa femme. Ainsi, quand il nous expliqua par le souvenir des massacres hitlériens la préoccupation maladive des Israéliens pour la sécurité, celle-ci répondit-elle que ce n'était pas la faute des Palestiniens. Là-dessus, nous étions évidemment tous d'accord :

« Dans ce cas, reprit-elle, il fallait créer l'Etat juif en Bavière ! »

La discussion ne manqua pas de s'envenimer entre Mme Marcuse et Clara. Je fis ce que je pus pour éviter la brouille définitive qui menaçait. Les mains de Marcuse s'affairaient autour de sa petite cuiller.

Pendant ce temps, en Egypte et en Syrie, on préparait la guerre.

Gentilly. Nous étions réunis chez Kouchner où nous cherchions quelle suite donner à l'activité du Comité. Etant donné la nature de nos moyens, nous nous mîmes vite d'accord sur l'idée d'un appel, que Kouchner appelait déjà « l'appel de Gentilly », et dont il rêvait qu'il pût entraîner des centaines de milliers de personnes à le signer. Quelqu'un évoqua l'appel de Stockholm contre la bombe atomique, qui rassembla en 1950 quelques millions de signatures ; un autre les centaines de milliers de signatures pour la démission de Nixon. Mais en 1948, les appareils de tous les partis communistes étaient mobilisés, et, pour Nixon, il avait fallu la ténacité de quelques milliers de militants parcourant durant des mois les rues des villes et des villages.

Nous étions une vingtaine. Ce que nous pouvions en tout cas faire, c'était en rédiger le texte. Il s'agissait pour nous de fournir à l'opinion, partisane ou indifférente pour tout ce qui se passait au Proche-Orient, des bases de réflexion fondées sur nos analyses et nos positions. Burnier, Rohman et Kouchner rédigèrent la première version du texte, dont nous discutâmes ensuite les détails ensemble avant de porter, comme d'habitude, le projet chez Clavel.

Cet appel comprenait trois parties. Nous nous adressions séparément aux Etats arabes, aux Israéliens et aux Palestiniens. Nous disions sans détour ce que nous pensions. C'était un texte original, agressif, de loin le plus élaboré que nous ayons jamais publié. Chacun de nous le corrigea et le récrivit plusieurs fois. Jean Daniel y ajouta deux phrases auxquelles il tenait beaucoup. Elles s'adressaient aux Palestiniens. « L'humiliation dont vous avez besoin de triompher dans les sacrifices et le combat, disait-il dans la première, les Juifs l'ont ressentie pendant des siècles. Les Israéliens, qui ont pour cette terre la même passion que vous, se feront tous tuer sur place plutôt que de la quitter. » A travers ces quelques lignes de correction, je découvrais la profondeur de son attachement pour l'existence d'Israël. Cette émotion, je ne l'avais jamais aussi clairement pressentie. Quant à la deuxième phrase, elle devait permettre aux Arabes d'accepter notre texte, et donc l'existence d'un Etat juif en Palestine : « Vous ne pouvez construire ce pays auquel vous avez droit qu'à côté d'Israël, *au moins pour un temps.* » Ce « au moins pour un temps » devait susciter de nombreuses polémiques. Jugé équivoque aussi bien par les Israéliens que par les Palestiniens, nous dûmes, à la demande expresse de Gunther Grass, le faire sauter de la traduction anglaise.

« L'appel de Gentilly », publié simultanément dans le monde entier, ne reçut pas, comme certains d'entre nous l'espéraient, des centaines de milliers de signatures. J'étais pourtant surpris par l'intérêt, et même par les passions, qu'il provoqua. Nous reçûmes des centaines et des centaines de lettres de gens qui nous soutenaient et pour qui seules les positions que nous défendions pouvaient conduire à cette fameuse « paix juste et équitable » des discours et des communiqués. Parmi eux, des dizaines de personnalités arabes et israéliennes. Un mois après la première publication, les lettres continuaient à affluer. Angus Wilson nous envoya son soutien de Venise, où il s'était retiré pour terminer son essai sur Dickens. C. P. Snow le fit par exprès. Paul Swesy ne le trouvait pas assez révolutionnaire ; Maxime Rodinson trop pro-israélien et Martin Peretz tout à fait pro-arabe, au point de presque se brouiller avec moi. Quant à Allen Ginsberg, il le considérait comme le meilleur « statement » sur le Proche-Orient. *Le Monde* publia bientôt une deuxième liste de signatures : j'avoue que j'en fus moi-même impressionné.

Mais un appel n'est pas une fin en soi, et nous recommençâmes à nous interroger sur ce que nous pouvions faire.

Buenos Aires. A l'occasion d'une série d'expositions en Amérique latine, j'étais l'invité du comité argentin pour la paix au Proche-Orient. Il y avait vingt ans que je n'étais pas allé à Buenos Aires. Peron était revenu au pouvoir. La ville n'avait pas changé ; elle avait seulement vieilli. Mes amis Heller, Polak et Itzigsohn m'avaient organisé un emploi du temps accéléré — entretiens sur ma peinture, contacts avec des collectionneurs, discussions avec les dirigeants de tous les partis de gauche, officiels et clandestins, discours politiques... C'est là-bas que je découvris le plaisir de parler en public, de sentir l'assistance frémir à des mots, vibrer à des gestes. Cela m'était d'autant plus facile que les Argentins ne demandaient qu'à applaudir aux idées que je défendais. Elles les rassuraient : ainsi, on pouvait soutenir l'existence d'Israël et rester de gauche ! On pouvait même à la fois soutenir le droit des Palestiniens et celui des Israéliens à avoir un Etat ! Il n'y avait là rien de bien nouveau, mais le problème de la gauche argentine, c'est qu'elle s'enferme dans les mêmes schémas idéologiques que la gauche européenne.

Je me rappelle une de ces réunions. On m'y avait emmené avec beaucoup de précautions. Des gens habitués à la clandestinité. Quelques personnes dans une pièce mal éclairée. D'autres, dehors, qui montent la garde. Militants dévoués, idéalistes. Nous parlâmes de l'Argentine, de Mai 68 en France, du Proche-Orient. Ils étaient sûrs d'eux, passionnés et chaleureux. Le sionisme était pour eux une création de l'impérialisme américain et la solution était claire : la lutte armée et la révolution pour instaurer le socialisme. Cette sublimation de la mitraillette me rappelait les Palestiniens, et aussi cette façon de partager le monde en deux : les bons et les méchants. Je dus leur rappeler que les sionistes de gauche avaient participé à la révolution bolchevique et que seule l'opposition de Zinoviev avait empêché les Poalei Zion Smol — le parti sioniste ouvrier — de devenir membre à part entière du bureau du Komintern. Je leur dis aussi à quel point me révoltait le refus de la gauche palestinienne de tendre la main à la gauche israélienne :

« Tenes razon, dit alors un de mes interlocuteurs.

— Como lo sabes ?
— Porque yo soy un Rosa Luxemburgista ! »
J'éclatai de rire. Un rire formidable, quasi hystérique. Je ne pouvais m'empêcher de rire. Rosa Luxemburgista ! Plus je voyais la stupéfaction marquer leurs visages, et plus je riais.

Ils étaient comme ces Palestiniens rencontrés dans les camps de réfugiés ou dans les bureaux de Beyrouth, se référant à la Révolution russe, à Kerenski, à Trotski, à Lénine, à Rosa Luxemburg. J'avais beau leur dire que les conditions historiques, économiques, politiques, culturelles n'étaient plus les mêmes, ils s'accrochaient à des références idéologiques périmées comme un croyant aux saints du paradis. C'est justement ce qui les empêchait de trouver leur propre voie. A la question d'un journaliste demandant ce qu'on pouvait faire pour aider les Latino-Américains, Garcia Marquez répondit un jour :
« Surtout, je vous en prie, ne nous aidez pas ! »
Ajoutant seulement :
« Si, recevez bien les réfugiés du Chili... »

De retour à Paris, je me remis à la peinture avec un plaisir presque sensuel. Des amis me conseillaient de ne plus perdre mon temps avec « ces niaiseries politiques qui n'aboutissaient à rien », puisque j'avais la chance de pouvoir m'exprimer dans le domaine de l'art. Peut-être avaient-ils raison. Je revois souvent ces deux Indiens de Humauaca rencontrés dans la Cordillère des Andes. Ils contemplaient, à nos pieds, l'infini du paysage, et ils pleuraient :
« Pourquoi pleurez-vous ?
— C'est fort, c'est grand, dit l'un d'eux, et les yeux pleurent...
— C'est trop fort, ajouta l'autre, c'est trop grand... »
Il me semble parfois que ma peinture est ma façon de pleurer, de dire en tout cas ce que je ne saurais pas dire autrement — des mots, des cris, des couleurs, des silences, des espoirs, des révoltes...
Le 6 octobre 1973, j'étais à New York quand j'appris la nouvelle : la guerre, une fois de plus, avait éclaté au Proche-Orient.

25

KIPPOUR

JE me rappelais parfaitement ce que m'avait dit Heykal à propos d'un « clash » sur le canal ; je savais fort bien que les grandes puissances contrôlaient la situation — j'avais même l'impression que les événements ne les surprenaient pas, et qu'elles laisseraient faire jusqu'au moment où elles pourraient intervenir le plus avantageusement possible. Pourtant, la mémoire dont je suis tributaire et les symboles de la collectivité à laquelle j'appartiens par mon histoire faisaient que j'avais peur.

Yom Kippour en guerre, j'avais déjà connu cela. C'était en 1939 à Varsovie, ville d'un demi-million de Juifs. Pour Kippour, le Jour du Grand Pardon, la vie s'arrêtait. Cette année-là, Hitler décida d'y « allumer une bougie pour les Juifs ». Pendant des heures, des centaines de Messerschmitt piquèrent sur la ville. Les maisons brûlaient, les synagogues brûlaient. Les Juifs pieux couraient, en vêtements de prière, dans les rues éclatées où appelaient les blessés ; ils cherchaient leurs femmes, leurs enfants, leurs amis. Explosions, peurs, pleurs, cris — yiddish.

Le 6 octobre 1973, les armées égyptiennes passèrent le canal alors que les Juifs étaient dans les synagogues. Sans doute n'y avait-il aucun rapport entre ces deux moments de l'histoire, mais on n'est pas maître de ses souvenirs et, tandis que j'écoutais les bulletins des radios américaines, j'entendais au fond de moi hurler les Messerschmitt en piqué.

A New York, le Conseil de sécurité s'était réuni d'urgence. Zayat, le nouveau ministre des Affaires étrangères égyptien, était à l'hôtel Pierre. Abba Eban, le ministre des Affaires étrangères israélien, était à l'hôtel Plazza. Ils n'avaient qu'à traverser la 5e Avenue pour se rencontrer. Je pris contact avec l'un et avec l'autre. On me fit traîner. J'insistai. Je passai deux semaines entre Harvard et New York, où j'essayais en vain d'établir le contact entre Arabes et Israéliens. Le 18 octobre au soir, je rencontrai Marguerite Duras :

« Tu crois, me demanda-t-elle, qu'ils tiendront le coup ?

— Qui, ils ?

— Les Israéliens.

— Je pense que oui, mais il leur faudra cette fois payer cher.

— On ne laissera donc jamais les Juifs tranquilles ? »

Elle pencha vers moi son visage buriné :

« Tu comprends, je ne peux pas parler de tout cela avec les camarades, ils sont tellement anti-israéliens ! Ils savent bien ce que je pense, ils disent que je suis une Juive d'adoption... Quand ils commencent à déconner sur Israël, impérialisme et tout le charabia, moi, je me bouche les oreilles... Je leur dis que c'est par solidarité juive... »

Elle se mit à taper des poings sur la table en répétant :

« Solidarité juive ! Solidarité juive ! Solidarité juive ! »

J'achetai *Le Monde :* en France, la gauche se remobilisait en catastrophe pour soutenir avec bonne conscience les uns contre les autres. J'enrageais. Le 20 octobre, j'appelai Pierre Viansson-Ponté, du *Monde,* pour lui dire que j'avais envie d'écrire un article :

« Fais-le, mais vite ! », répondit-il avec cette gentillesse et cette disponibilité d'esprit qui caractérisent les grands journalistes américains.

Je dictai cet article par téléphone à Burnier, pour qu'il le mette au propre. Il y passa une partie de la nuit et, le lendemain 21 octobre, le porta au *Monde.*

« Comment, lui demanda Viansson-Ponté, vous ne savez pas ? Les Arabes et les Israéliens viennent d'accepter le cessez-le-feu... »

Ils me téléphonèrent aussitôt pour me demander des modifications. Je les fis et les communiquai à Burnier en pleine nuit — j'avais oublié le décalage horaire entre New York et Paris. Sur le champ de bataille, la situation évoluait rapidement : la guerre avait repris. Courant derrière l'événement, je rappelai *Le Monde;* il me fallait à nouveau modifier mon texte. Mais le second cessez-le-feu intervint avant que *Le Monde* pût « sortir » mon article. Je le fis alors paraître aux Etats-Unis dans une revue d'extrême-gauche, *Libération,* et il provoqua de véhémentes polémiques. Je l'avais intitulé « Pour Ala'Hamrouche et Ran Cohen » :

> Ils avaient tout pour plaire : Ala'Hamrouche a fait ses études de sciences politiques ; militant de gauche, président de l'Union des étudiants égyptiens, il a été destitué pour avoir critiqué le régime et organisé des manifestations contre la politique économique et le tournant à droite du gouvernement d'Anouar El Sadate.
>
> Sépharade d'origine irakienne, Ran Cohen est secrétaire général du kibboutz Gan Shmouel, et l'un des dirigeants du Siah, la nouvelle gauche israélienne. Dans ses articles, il critique violemment la politique du gouvernement israélien. Il a organisé dans les territoires occupés des manifestations en faveur des droits du peuple palestinien.
>
> Ils avaient tout pour plaire, mes amis ; nous préparions des plans pour l'avenir, nous parlions des luttes pour le changement des structures politiques et sociales au Proche-Orient. Il y a quelques jours, Ala'Hamrouche et Ran Cohen étaient peut-être en train de se tirer l'un sur l'autre. Si par malheur il leur était arrivé quelque chose, c'eût été bien plus que le revers ou la victoire d'un état-major : une terrible défaite pour la gauche tout entière. Et la gauche l'a-t-elle su ?
>
> Emportée par ses condamnations, ses manifestes

et ses manifestations, la gauche divisée s'est identifiée à l'un ou l'autre des belligérants : elle a depuis longtemps oublié les appels aux peuples par-delà les gouvernements, les appels aux travailleurs des Etats en guerre. En bonne élève de Joseph Staline, elle ne considère plus les classes ou les révoltes, mais elle choisit son bloc. J'ai demandé à un ami ce qu'il pensait de cette guerre. Il m'a simplement répondu : « Il y a l'Amérique derrière Israël et l'Union soviétique derrière les Arabes : mon choix est fait. »

Mais les ouvriers d'Ashdod et ceux d'Hélouan, et mes amis Ran Cohen et Ala'Hamrouche ?

La gauche les condamne et les oublie au nom d'un grand Tout et de ses identifications expéditives. On m'expliquait ici que les Arabes avaient besoin d'une petite victoire pour laver leur humiliation. On m'assurait ailleurs que les Israéliens ne pouvaient permettre une telle victoire, à leurs yeux le premier pas vers la réalisation du rêve des Palestiniens : « La destruction des structures étatiques d'Israël. » Depuis, le cessez-le-feu est intervenu et nous ne connaissons pas encore le nombre et les noms des victimes.

Où est la gauche, et n'a-t-elle à nous dire que ses regrets ? Où est l'analyse révolutionnaire ?

Quand la guerre a éclaté, avec ses morts et sa passion, la ronde des articles et des appels a recommencé : toujours les mêmes signatures, toujours le même vocabulaire, toujours à côté de l'histoire. On voudrait nous convaincre depuis Hegel que la vie d'un individu n'est rien face à l'intérêt des Etats : si telle est la théorie, où serait alors la différence entre la gauche et la droite ? La gauche internationale s'est faite tacticienne et opportuniste. Elle n'a jamais tenté de réunir les gauches arabes et israélienne, ni de participer activement à la recherche d'une solution au conflit israélo-arabe. Dans cette gauche, nous étions malheureusement seuls à dire depuis des années que la guerre au Proche-Orient ne sert que les divers impérialismes, à suggérer qu'il pourrait y avoir une autre solution, celle d'une paix au travers de laquelle toute mobilisation révolutionnaire deviendrait possible. Nous avons répété que la revendication nationale des Palestiniens — que nous soutenons — ne contredit pas nécessairement celle des Israéliens. Nous avons publié un appel aux Arabes, aux Israéliens, aux Palestiniens (1). Les termes en restent actuels. Pour certains cet appel s'apparentait à la propagande d'El Fath, pour d'autres à celle du sionisme : s'il en fallait une encore, la preuve que la gauche ne peut plus concevoir une prise de position indépendante.

Mes amis de gauche débattent et tranchent de Paris, de Rome, d'Amsterdam ou de New York. Leurs amis, mes amis mouraient dans le Sinaï et le Golan — et nul ne se reconnaîtrait la moindre responsabilité ? Comment pouvez-vous dans la bonne conscience distribuer une fois encore vos bonnes et mauvaises notes comme le corrigé d'un devoir pourtant écrit avec le sang des peuples ?

Et si, dans la vieille tradition de la gauche, nous lançions tous ensemble un appel aux peuples israélien, arabes et palestinien ; si nous décidions justement, maintenant, de convoquer une conférence en y invitant les gauches arabes, israélienne et palestinienne ; si nous tentions de montrer que la paix est possible — à l'écart des généraux et de leurs alliances ?

Mais non : je vous vois enfermés dans l'idéologie et dans l'abstraction. Certains d'entre vous en appellent aux luttes finales et rejettent le cessez-le-feu, comme s'ils souhaitaient que l'on meure là-bas pour leurs idées. D'autres se réjouissent de l'intervention et de l'accord des grandes puissances comme s'ils leur abandonnaient toujours la décision, une fois passée l'excitation des propagandes. En brossant vos grandes théories, vous assisterez

(1) *Le Monde* des 20-21 mai 1973, *Le Nouvel Observateur* du 21 mai 1973.

dans l'impuissance à l'escamotage du problème palestinien, à l'escamotage d'une véritable paix entre Israël et les pays arabes. Jusqu'au-boutisme ou *real politik,* ce sont toujours les autres qui devront nourrir votre exaltation ou votre soulagement. En lisant cet article, vous parlerez d'idéalisme. Vous haussez déjà les épaules et j'enrage. Et si la rage que je ressens pouvait seulement se communiquer à des centaines, à des milliers de personnes : alors peut-être comprendrait-on que si un Ala'Hamrouche tuait un Ran Cohen, que si un Ran Cohen tuait un Ala'Hamrouche, ce ne serait pas un exploit pour l'armée d'Egypte ou pour celle d'Israël, mais l'échec — partout — de toute la gauche.

Un accord intervint au Km 101 entre Egyptiens et Israéliens : il sauva la IIIe armée égyptienne encerclée. Un nouvel accord fut négocié par Kissinger sur le désengagement des forces aux abords du canal de Suez. On vit dans le Sinaï des généraux ennemis se serrer la main et de simples soldats échanger les photos de leurs enfants. On vit aussi, dans les rues du Caire comme dans celles de Tel Aviv, de nouvelles veuves et de nouveaux jeunes hommes estropiés. Combien de vies n'auraient-elles pu être épargnées ? L'accord sur le canal, c'est celui-là même dont nous avions parlé un an et demi plus tôt. « C'est cela, la politique ! » m'avaient dit Heykal et Dayan. L'un et l'autre avaient dû quitter le pouvoir.

26

UNE ÉGYPTIENNE EN ISRAËL

ELLE était égyptienne, s'appelait Sana Hassan, parlait beaucoup et vite ; elle avait une tête toute ronde sur un corps tout rond de babouchka russe. Elle se présentait comme fille d'un ancien ambassadeur d'Egypte à Washington et femme du porte-parole du ministère des Affaires étrangères Taksin Bashir. Elle était sympathique. Nous n'avions pas pu nous voir à Paris, quand elle m'avait téléphoné de la part d'Ismaïl Sabri Abdallah, mais nous nous étions retrouvés à Harvard, où elle préparait un doctorat de sciences politiques.

Elle avait été, disait-elle, une lectrice enthousiaste d'*Eléments*, et me montra un article qu'elle venait d'écrire. Article intéressant mais, à mon goût, trop pro-israélien. Je lui demandai ce qu'elle avait l'intention de faire.

« Pourquoi ?

— Parce que, si tu veux plaire aux Juifs américains, tu peux avoir ton heure de gloire à bon compte. Mais si tu veux essayer de faire quelque chose au Proche-Orient, alors il faudra t'y prendre autrement... Si tu publies ton article tel qu'il est, tu perdras toute crédibilité dans le monde arabe... »

Je lui suggérai de durcir un peu son article, de le faire publier dans le *New York Times* puis de se rendre en Israël.

« Les Israéliens, dit-elle, ne me laisseront jamais entrer. J'ai déjà essayé d'obtenir un visa au consulat israélien de Boston et il m'a été refusé... »

Elle avait dû tomber sur un de ces insupportables fonctionnaires qu'Israël envoie en poste à l'étranger comme pour s'en débarrasser. En réalité, si seulement les Arabes voulaient visiter Israël, ils obtiendraient autant de visas qu'ils en demanderaient.

Je proposai alors à Sana Hassan de l'accompagner en Israël, de lui faire prendre contact avec les dirigeants politiques et les intellectuels. Puis nous nous rendrions en Egypte, créant ainsi un précédent et, je l'espérais, ouvrant la voie à tous ceux qui n'attendaient que cela :

« Et si, demanda-t-elle, les Egyptiens, à mon retour d'Israël, me confisquaient mon passeport ?

— Nous mettrons évidemment la presse dans le coup, et il sera difficile à Sadate de contredire toutes ses déclarations sur sa volonté de paix. »

Je finis par la convaincre et nous décidâmes de nous revoir. A peine eut-elle quitté ma chambre qu'elle revint : elle avait oublié son cache-col. Puis elle revint une deuxième fois : elle avait oublié un livre. Puis une troisième fois, je ne me rappelle plus pourquoi. Ce manège m'intriguait :

« J'espère, dis-je mi-sérieux mi-amusé, que tu n'oublieras pas notre voyage en Israël ! »

Nous décidâmes de partir en été. Sana était intelligente et ambitieuse ; j'espérais qu'elle aurait assez de courage pour mener notre projet à son terme. Son article fut publié aux Etats-Unis et la rendit, comme je le lui avais dit, célèbre pour un temps : les Juifs américains étaient ravis d'avoir enfin trouvé une « bonne Arabe ». Puis elle rencontra Amos Elon, dont elle avait aimé le livre, *Les Israéliens*. A eux deux, ils publièrent un dialogue : *Entre ennemis*. C'est chez Amos Elon, en Italie, que nous nous étions donné rendez-vous en juillet. De là, nous partirions pour Israël.

Clara ne croyait pas beaucoup à ce nouveau voyage. La guerre de Kippour l'avait rendue sceptique sur l'efficacité de ce qu'il était dans nos moyens d'entreprendre. Elle ne voyait pas non plus l'intérêt d'emmener en Israël une Egyptienne plus connue aux Etats-Unis qu'en Egypte. Pour tout compliquer, quand Sana arriva, elle se prit de passion pour Clara : elle s'entêtait exalter les qualités d'intelligence, de sensibilité d'intransigeance qu'elle lui trouvait et que, d'un manière générale, elle admirait chez les Juifs, allar jusqu'à en faire une justification de l'existence d'Israë Cela ne pouvait évidemment qu'exaspérer Clara.

Nous partîmes finalement tous les trois quand mêm Sana inquiète et Clara furieuse. L'avion d'El Al avait d retard : la guerre venait d'éclater à Chypre et le surv de l'île était interdit. Sana ne manqua pas d'y voir u avertissement contre son voyage en pays ennemi. Nou arrivâmes enfin à Lod au petit matin.

Sana fut surprise de la modestie de l'aéroport : ell s'attendait à trouver en Israël l'expression de l'impéria lisme américain, c'est-à-dire, en somme, les Etats-Un en plus petit. Mais Tel Aviv lui rappela Alexandri plutôt que Manhattan. Dès notre arrivée, nous fûme littéralement assaillis par les journalistes, que les doua niers de Lod avaient prévenus — un passeport égyptien — et qui se lancèrent sur nos traces. J'avais heureuse ment, pendant notre attente à Rome, pris la précautio de demander à Hesi Carmel « d'organiser un peu l presse » : je connaissais l'obsession des Israéliens à voi enfin une Arabe, avec un passeport arabe, arriver à Lo en amie : et je craignais que les journaux n'en fassent u fait divers sensationnel alors qu'il s'agissait dans mo esprit d'un acte politique.

Hesi avait bien fait les choses : Sana Hassan, prépa rant une étude sociologique pour le compte d'un éditeu américain, était devenue Sana Hassan, l'Egyptienne e mission de paix. Je n'avais pas l'impression, en forçan ainsi les événements, de tricher exagérément, et le bu que nous nous étions assigné — la paix — était de natur à justifier bien d'autres mensonges. Je ne pensais pas bien entendu, que ce voyage allait lever par magie tou les obstacles accumulés depuis vingt-cinq ans entr Arabes et Israéliens, mais j'avais la conviction qu' pourrait y aider.

Israël se remettait difficilement de la guerre d Kippour. Golda Meir, Moshé Dayan et Abba Eban tenus pour responsables de l' « incurie » d'octobre 1973 avaient dû laisser le pouvoir à une équipe plus jeune de la coalition travailliste : Yitzhak Rabin était le nouveau Premier ministre, Shimon Peres le ministre de la Défense et Yigal Allon le ministre des Affaires étrangères.

Un ami, Théo Klein, nous prêta sa maison de Jaffa et Teddy Kolek, le maire de Jérusalem, nous logea au Mishkenot Sheananim, sorte de maison pour artistes face à la vieille ville. Nous visitâmes villes et kibboutzim, rencontrâmes ministres et particuliers, partout questionnant et partout questionnés : tout le monde en Israël connaissait déjà Sana Hassan.

Nous emmenâmes même Sana assister à une séance du Parlement : une Egyptienne à la Knesseth ! Nous lui présentâmes Dayan, qui n'était plus que simple député, mais gardait aux yeux de Sana — et de beaucoup d'autres — son aura mystique. Après le discours de Dayan sur les Palestiniens (discours à son habitude ambigu : il frappait à gauche, frappait à droite et se réservait l'avenir), Menahem Beghin, chef de l'opposition, vint nous saluer :

« Alors, la gauche, dit-il à Clara, vous avez réussi à nous amener une Egyptienne !

— Vous n'avez pas peur de parler à la gauche ?

— Nous avons tous le cœur à gauche !

— Et les idées à droite... »

Sana, un peu intimidée au début, acceptait maintenant avec beaucoup de naturel, et même un rien de coquetterie, tout ce remue-ménage que les Israéliens faisaient en son honneur. Seul Yigal Allon refusa de s'en mêler :

« Je n'aime pas ce cirque », dit-il.

A tous les amis que nous vîmes, et nous les vîmes tous, Sana promit de les faire venir un jour prochain en Egypte. Sa liste s'allongeait à chaque rencontre.

Un jour, près du lac de Tibériade, nous participâmes à un séminaire de lycéens. Un groupe d'une quinzaine d'entre eux fut constitué pour discuter avec nous. Chacun, à tour de rôle, dit ce qu'il pensait de son pays et des relations entre Israël et les pays arabes. Arriva le tour d'un garçon blond à l'air sage. Il raconta d'un ton posé et calme son enfance à Petah Tikva, près de Tel Aviv. Son père était moniteur de sport ; il était libéral et enseignait à ses enfants que ce pays appartenait aussi bien aux Palestiniens qu'aux Israéliens ; il s'occupait, après son travail, des clubs sportifs des villages arabes voisins, participait aux manifestations en faveur des Palestiniens et ne manquait jamais d'y emmener ses enfants. En 1972, il avait été désigné comme l'un des accompagnateurs de la délégation israélienne aux Jeux olympiques de Munich. Il avait été parmi les victimes du commando palestinien.

Le garçon se tut un instant, puis demanda à Sana, de sa voix tranquille :

« Pourquoi ? »

Le silence se fit. Les jeunes pleuraient. Sana, gagnée par l'émotion, pleura aussi. Ce qui nous impressionna plus que tout, c'est sans doute que ce garçon était sans haine, qu'il cherchait de toutes ses forces à comprendre l'incompréhensible, et que personne ne pouvait rien pour lui. La politique n'offre pas de réponses aux « pourquoi » des enfants.

Cette fin de journée fut difficile. Lorsque nous rentrâmes à Jérusalem, la nuit tombée, nous entendîmes, de fenêtre en fenêtre, nous accompagnant sans nous laisser un instant de répit, la chanson que diffusait alors la radio, un des « tubes » du moment :

Je te le promets, ma petite-fille, mon enfant
Cette guerre-là sera la dernière...

Comme nos efforts nous paraissaient dérisoires ! Quelque chose en moi, pourtant, m'interdisait de désespérer. Il fallait absolument continuer, il fallait absolument que quelqu'un continue. La tentation de l'abandon et du repli sur soi-même ne servait que des orgueils douteux ou les intérêts de ceux qui trouvaient leur compte à cet état de guerre permanent.

Le Mur. Un soir, nous passâmes, en voiture, près de l'entrée de l'esplanade éclairée par des projecteurs.

« Veux-tu y aller ? demandai-je à Sana.

— Si vous venez avec moi. »

Nous descendîmes de la voiture. Des groupes priaient. Je ne pouvais accompagner Sana jusqu'à l'endroit réservé aux femmes, et Clara n'avait jamais voulu s'en approcher. Sana y alla donc seule. Elle en revint bouleversée...

« Pourquoi étais-tu si troublée ? » lui demanda Clara quand nous fûmes revenus à Mishkenot.

Agacée, depuis notre arrivée en Israël, par l'insistance de Sana à vouloir tout enregistrer, Clara avait, cette fois, branché le magnétophone sans nous prévenir. Voici ce que fut ce dialogue :

SANA. — Pourquoi m'as-tu emmenée voir le mur ?

CLARA. — Je ne t'y ai pas emmenée, je te l'ai déjà dit, tu le sais très bien. Nous étions fatigués et nous avons décidé d'aller faire un tour en voiture. Et c'est vraiment par hasard que nous nous sommes retrouvés devant le mur.

SANA. — Maintenant, je ne peux plus l'oublier.

CLARA. — Imagine-toi que c'est un mauvais film, et tu l'oublieras.

SANA. — Voilà le problème : on peut oublier un film, mais ce mur est ici pour toujours.

Tu ne peux pas comprendre. Ce n'est pas Gvoulot, ni Tel Aviv, ni Gan Shmuel. Là-bas, il y a des gens vigoureux, qui travaillent et sont heureux de vivre... Mais ici, il y avait ces deux vieilles femmes...

CLARA. — Tu aurais préféré ne pas voir ces deux vieilles femmes ?

SANA. — Ce n'est pas à cause de ces deux femmes, mais c'est le symbole de la souffrance juive.

CLARA. — Ces pierres ?

SANA. — Oui, elles sont lourdes. Et le mur n'est pas simplement là... J'avais peur...

CLARA. — Pourquoi avais-tu peur ?

SANA. — Et toi, pourquoi m'as-tu emmenée voir le mur ? Tu es hypocrite.

CLARA. — D'abord, je te le répète, je ne t'y ai pas emmenée. Ensuite, je ne comprends pas pourquoi je suis hypocrite.

SANA. — Tu es hypocrite.

CLARA. — J'aimerais bien que tu me dises pourquoi.

SANA. — Quand j'ai vu le mur, j'ai compris beaucoup de choses, que tu ne m'avais pas dites. C'était la fin. C'est très difficile de l'oublier. Je ne veux pas comprendre ces choses. Mais toi, tu les connaissais et tu m'y as emmenée, c'est pourquoi tu es une hypocrite.

CLARA. — Tu réagis comme une Juive.

SANA. — Pourquoi ?

CLARA. — Beaucoup de touristes viennent voir le mur et ils ne réagissent pas ainsi.

SANA. — Avec quelqu'un d'autre, j'y serais allée en touriste, mais avec toi, ce n'est pas la même chose.

CLARA. — Pourquoi n'est-ce pas la même chose ?

SANA. — Je ne sais pas.

CLARA. — Réfléchis-y.

SANA. — Cela ne m'intéresse pas particulièrement.

CLARA. — Alors, pourquoi parler de tout cela ?

SANA. — C'est toi qui en parles.

CLARA. — C'est toi qui me reproches de t'avoir emmenée voir le mur.

SANA. — Pourquoi devrais-je m'intéresser au mur ?

CLARA. — Alors, n'en parlons plus.

SANA. — C'est facile maintenant pour toi de dire cela, étant donné que tu m'as emmenée voir le mur. Pourquoi me l'as-tu montré ?

CLARA. — Qu'y a-t-il de spécial au sujet de ce mur ?

SANA. — Ce n'est pas une question d'espace, mais de temps.

CLARA. — C'est la réalisation concrète d'une idée intellectuelle.

SANA. — Je ne comprends pas.

CLARA. — Ne veux-tu pas comprendre ou ne peux-tu pas comprendre ?

SANA. — Je ne veux pas comprendre.

CLARA. — Alors, tu as parfaitement bien compris.

SANA. — Je n'arrive pas à comprendre pourquoi nous avons tant à parler du mur. Je l'ai vu des milliers de fois à la télévision et en photos.

CLARA. — Alors, pourquoi me reproches-tu de te l'avoir montré ?

SANA. — Parce que tu me protèges de Sharon et

d'autres, mais tu ne voudrais pas venir avec moi près du mur.

CLARA. — Je ne me suis jamais approchée du mur.

SANA. — Pourquoi ?

CLARA. — Parce que je ne peux pas.

SANA. — Pourquoi ?

CLARA. — Je viens d'essayer d'en approcher. Avec toi. Pas pour toi, mais pour moi. Mais je n'en ai pas été capable. J'ai fait un effort mais j'avais l'impression que quelque chose me retenait en arrière.

SANA. — Je ne comprends pas.

CLARA. — J'ai pensé à Kafka. Je savais très bien que je devais ouvrir la porte, mais je ne pouvais le faire.

SANA. — Mais à quoi penses-tu, lorsque tu vois le mur ?

CLARA. — Je pense à tous ceux qui ont rêvé de s'en approcher et n'ont jamais pu, à tous ceux qui sont morts sans l'atteindre.

SANA. — Alors, pourquoi ne me l'as-tu pas montré auparavant ?

CLARA. — Je ne pensais pas devoir te le montrer, mais j'ai également pensé qu'il n'était pas interdit de le faire.

SANA. — Alors, pourquoi aujourd'hui ?

CLARA. — Je vois que le mur t'a émue.

SANA. — Je n'ai pas dit cela.

CLARA. — Tu devrais aller voir les territoires occupés.

SANA. — Quelle est la relation entre le mur et les territoires occupés ?

CLARA. — Le mur est un symbole qui réunit toutes les raisons pour lesquelles les Juifs sont venus ici et ne sont pas allés en Ouganda ou ailleurs. Mais, il ne faut pourtant pas oublier qu'il y a ici un autre peuple qui a, lui aussi, des droits sur ce pays.

SANA. — Et alors ?

CLARA. — Cela signifie qu'il n'y a pas de justice absolue.

Golda Meir n'avait pas envie de recevoir Sana. Elle m'avait dit qu'elle était fatiguée, et que ces discussions avec des Arabes non représentatifs ne menaient jamais nulle part. Je lui répondis qu'il était important de montrer au monde arabe qu'elle ne laissait perdre aucune occasion de nouer un dialogue.

« Mais je ne suis plus au pouvoir, dit-elle.

— Mais vous êtes toujours Golda Meir... »

Cette réponse — nous avions retrouvé notre vieille connivence du yiddish — la satisfit : elle nous invita, mais « pour une heure seulement ». Elle nous reçut dans sa petite maison de la banlieue de Tel Aviv, bourrée de livres et de souvenirs.

Nous nous installâmes autour du thé et des petits gâteaux, mais il n'y eut pas vraiment discussion. Sana et Golda se contentèrent d'échanger leurs positions respectives. Une seule fois Golda s'énerva :

« Tant que j'aurai quelque chose à dire dans ce pays, affirma-t-elle, on ne parlera pas aux assassins de nos enfants ! »

C'était quelques semaines après le massacre de Maalot, où un commando palestinien avait pris en otages des lycéens en excursion. Puis Golda, comme si elle se rappelait soudain quelque chose, se tourna vers Clara, ouvrit grand ses yeux — que, pour la première fois, nous découvrîmes être gris — et s'exclama :

« Et ceux qui mettent sur le même plan Juifs et Palestiniens ont tort ! »

Elle se calma un peu, puis me demanda :

« Alors, quand emmenez-vous un Israélien au Caire ?

— Bientôt, j'espère.

— A qui pensez-vous ?

— J'ai toute une liste...

— Mais encore ?

— Je pense surtout à Amos Oz...

— Pourquoi Amos Oz ?... Toujours les mêmes... Les seuls Israéliens qui vous intéressent sont ceux qui critiquent Israël...

— C'est parce qu'on connaît ses livres, dis-je... Le mieux serait de vous y emmener, vous... »

Golda sourit et haussa les épaules. C'est vrai qu'elle semblait fatiguée. La guerre de Kippour, sa retraite du gouvernement, les attentats palestiniens l'avaient marquée. Son sourire était amer, son visage triste. Je voulus lui dire, avant de nous quitter, quelque chose de gentil, mais ne pus trouver quoi. Nous nous embrassâmes.

Puis nous allâmes dîner chez les Eban. C'était la dernière fois qu'ils recevaient dans la spacieuse demeure qui appartenait au ministère des Affaires étrangères. Les pièces en étaient déjà à moitié vides. Abba Eban, remplacé à son poste par Yigal Allon, était redevenu simple député. Il en paraissait très affecté. Il critiquait vivement la politique de Golda Meir et se rongeait les ongles encore plus que d'ordinaire. Je n'eus pas le cœur — il semblait si inquiet, si aigri — de lui demander pourquoi il avait défendu si longtemps cette même politique qu'il attaquait devant nous, et je préférai le laisser parler. Sa femme se rendit compte qu'il en disait sans doute trop et nous demanda de ne rien divulguer de notre conversation.

Notre tour d'Israël était bouclé. Beaucoup d'Israéliens avaient vu Sana, l'avaient louée de sa démarche, voulant reconnaître en elle l'hirondelle qui annonçait le printemps. Certains l'avaient mise en garde contre nous, nous accusant de gauchisme ou, comme Flapan-le-têtu, du Mapam, d'être à la solde du ministère des Affaires étrangères, son idée fixe. En fait, Sana avait paru prendre goût à son rôle, un peu plus, sans doute, qu'il n'eût convenu dans ce genre d'entreprise, mais j'y attachais peu d'importance, l'essentiel étant pour moi que la première phase de l'opération se soit bien déroulée. Restait maintenant, deuxième phase, à nous rendre en Egypte.

Nous passâmes par Paris, où je trouvai ma mère malade. Nous repoussâmes notre départ. Sana en fut soulagée, comme si elle craignait de retourner en Egypte. Elle s'envola aussitôt pour les Etats-Unis, d'où elle me téléphona quelque temps après pour me dire son intention de retourner en Israël. J'étais furieux : elle allait se déconsidérer politiquement et compromettre du même coup notre projet. Elle me dit que j'avais raison... et partit quand même. Elle passa plusieurs mois dans un « oulpan » à apprendre l'hébreu et ne répondit jamais à la lettre que je lui écrivis.

Cet échec m'attrista, et j'en parlai un jour à ma mère. Elle y voyait la confirmation de ce qu'elle avait toujours pensé : j'étais pris une fois de plus au piège de mon idéalisme. Et elle m'avait lu un texte de Baudelaire :

« J'ai connu une certaine Benedicta, qui remplissait l'atmosphère d'idéal, et dont les yeux répandaient le désir de la grandeur, de la beauté, de la gloire et de tout ce qui fait croire à l'immortalité.

« Mais cette fille miraculeuse était trop belle pour vivre longtemps : aussi est-elle morte quelques jours après que j'eus fait sa connaissance, et c'est moi-même qui l'ai enterrée, un jour que le printemps agitait son encensoir dans les cimetières. C'est moi qui l'ai enterrée, bien close dans une bière de bois parfumé et incorruptible comme les coffres de l'Inde.

« Et comme mes yeux restaient fichés sur ce lieu où était enfoui mon trésor, je vis subitement une petite personne qui ressemblait singulièrement à la défunte et qui, piétinant sur la terre fraîche avec une violence hystérique et bizarre, disait en éclatant de rire : " C'est moi, une fameuse canaille ! Et pour la punition de ta folie et de ton aveuglement, tu m'aimeras telle que je suis !"

« Mais moi, furieux, j'ai répondu " Non ! Non ! Non ! " Et pour mieux accentuer mon refus, j'ai frappé si violemment la terre du pied que ma jambe s'est enfoncée jusqu'au genou dans la sépulture récente et que, comme un loup pris au piège, je reste attaché, pour toujours peut-être, à la fosse de l'idéal. »

27

TEMPS MORT

JE ne sais quel sentiment d'urgence me fit arriver chez ma mère bien plus tôt que nous en étions convenus. La veille au soir, elle était pâle et ses mains tremblaient bizarrement ; un médecin avait ordonné des analyses et je devais l'emmener au laboratoire.

Je sonnai sans obtenir de réponse, sonnai à nouveau, frappai. Rien. Si, au bout d'un moment, un faible soupir. Je me penchai, regardai par le trou de la serrure et vis ma mère, à terre, s'efforcer d'arriver jusqu'à la porte. Je frappai à nouveau, éperdu de peur, comme pour lui dire que j'étais là, que c'était moi. Elle gémit de plus en plus fort, et commença d'appeler. Elle ne pouvait se hisser jusqu'à hauteur de la poignée.

Des ouvriers turcs, qui travaillaient dans l'immeuble, vinrent à la rescousse. Nous essayâmes ensemble, mais en vain, de défoncer la porte. L'affolement nous gagnait. La voisine d'en face suggéra d'appeler les pompiers, ce que je fis de chez elle. Attendre. Ils arrivèrent en cinq minutes et passèrent par la fenêtre, déposèrent ma mère sur son lit et nous ouvrirent la porte.

La Mort était là, qui rôdait dans la chambre. Je la reconnus tout de suite.

Ma mère était dans le coma. Je la fis transporter dans la clinique d'un ami, où elle resta le temps qu'on procède aux analyses. Le soir, nous étions fixés : hémorragie interne, cirrhose hépatique vraisemblablement due à une jaunisse mal ou pas soignée durant la guerre. Nous la transférâmes à l'hôpital franco-musulman de Bobigny — on m'avait dit que le service du Dr Paraf était l'un des meilleurs pour ce genre de maladie. Et puis, de Paris à Bobigny, il y a moins loin que de Kokand à Samarkand. J'espérais bien semer la Mort en franchissant ce portail arabo-oriental.

Trois mois, trois mois d'angoisse, trois mois d'espoir, d'angoisse et d'espoir mêlés. A peine me persuadais-je que la Mort avait changé d'idée et qu'elle était partie ailleurs que je la voyais réapparaître, indifférente. Je n'osais laisser ma mère seule. Je devais me battre avec la toute-puissante administration pour voir ma mère en dehors des heures de visite, me disputer avec la surveillante, téléphoner à gauche et à droite pour obtenir ce droit de visite pourtant inscrit, comme on me l'avait dit au ministère de la Santé, dans la charte des malades :

« Ici, ce n'est pas le ministère de la Santé, me répondait la surveillante. Ici, c'est le service du Dr Paraf, et c'est moi qui décide ! »

Il me fallait téléphoner au Dr Gouffier, l'assistant du Dr Paraf, pour aller m'asseoir auprès de ma mère quand elle en avait envie, ou besoin. Parfois le jour, parfois la nuit, parfois le jour et la nuit. « Heureusement que vous êtes là », me disaient souvent les infirmières de nuit débordées par les appels des malades.

L'hôpital... Trente malades dans un couloir, trente malades sans identité, vite réduits à n'être plus que « pappy » ou « mammy » :

« Alors, pappy, on a bien dormi ?... On a fait pipi au lit... » Deux infirmières pour trente malades. Des objets à vidanger, à nettoyer, plutôt que des individus.

Le matin, c'est la ruche, mais dans le bureau de la surveillante, mère abeille qui régente et promeut. Stagiaires, soignantes, infirmières, sous-chefs, sous-sous-chefs. Le malade n'est alors que le moyen de la promotion. Une jeune infirmière essaya un jour en vain de fixer un cathéter au bras de ma mère et la charcuta au point qu'elle la supplia de la laisser :

« C'est moi l'infirmière, dit l'autre, et il faut que je réussisse ! »

Ma mère lui arracha l'aiguille des mains. L'infirmière

se fâcha et quitta la chambre. Ma mère resta alors douze heures sans soins. L'infirmière, que j'essayai de raisonner, me répondit qu'elle ne voulait pas passer sa vie à vider des pots de chambre, et qu'il lui fallait absolument réussir à poser ce cathéter...

Société hiérarchisée et sans pitié, d'autant plus cruelle que les malades sont sans défense.

Trois fois par semaine passe le Patron tout en blanc, entouré de sa suite : assistants, internes, externes, infirmiers... Il visite les malades en vitesse, parle haut et fort dans les couloirs, et la suite éblouie boit ses paroles. C'est toujours un événement pour le malade quand le Professeur perd quelques secondes de son précieux temps pour s'adresser à lui. N'est-ce pas lui, ce Dieu le Père tout en blanc, qui a votre vie entre ses mains ?

« Professeur ! Professeur ! appela un jour ma mère. Sauvez-moi ! Je ne veux pas mourir ! »

Le Patron s'arrêta un instant, tourna le dos à ma mère sans un mot d'encouragement et s'approcha de moi, qui étais debout dans le couloir, aux aguets :

« Il y a peu d'espoir, dit-il. L'évolution de la maladie n'est pas encourageante... »

Un peu plus tard, dans l'ascenseur, l'interne crut devoir me préciser :

« Vous avez entendu le Patron. Ce n'est pas encourageant. Il y aura accumulation de gaz, puis viendra l'agonie... »

Au rez-de-chaussée, il me quitta sans rien ajouter. Pourquoi n'apprend-on pas aux médecins à parler aux malades, à leurs parents et amis ? Ne savent-ils donc pas qu'un mot juste peut être aussi important qu'une piqûre ?

Le sens de l'humain, c'est au bas de l'échelle sociale qu'on le trouve le plus souvent. Cette vieille femme de ménage, qui commençait à laver le plancher à six heures du matin, trouvait toujours un moment pour s'asseoir près de ma mère :

« Je prie pour vous, Mme Halter, disait-elle... Vous guérirez, vous verrez... »

Elles parlaient toutes deux de leurs enfants.

Durant ces trois mois, ma mère resta lucide. Elle était

très faible, mais elle m'obligeait à la mener aux toilettes tous les jours. Elle refusait cette humiliation d'hôpital : rester des heures souillée et appeler en vain pour que quelqu'un vienne vous changer. Elle savait qu'elle allait mourir, mais n'importe quel signe lui était bon pour espérer encore et malgré tout. Trois mois... La changer, l'asseoir, la nourrir, l'encourager, mais ne rien pouvoir faire pour infléchir la fatalité...

Je crus pourtant qu'elle allait guérir. Au point de prendre un billet d'avion pour les Etats-Unis, où l'on m'attendait. Mais le jour même de mon départ, elle retomba dans le coma. Je restai près d'elle, impuissant.

Elle est morte tout doucement. Encore quelqu'un dont les projets ne se réaliseraient jamais...

En allant pour la dernière fois à l'hôpital reconnaître son corps, je me suis rendu compte que j'avais fini par m'habituer à cette existence-là : courir à l'hôpital, soigner ma mère, me bagarrer avec les infirmières, appeler Gouffier, attendre le passage du Patron... Sans doute aurais-je pu continuer longtemps ainsi. Il n'y a que la mort à quoi je ne m'habitue pas.

J'étais désormais orphelin. Entre la mort et moi, il n'y avait plus rien, personne, aucune barrière. Comme un réserviste se retrouvant d'un coup en première ligne. Combien me restait-il ? Dix ans ? Deux ans ? Quelques jours ? Je fus repris par mon angoisse familière du temps qui passe sans que ma volonté puisse y changer quoi que ce soit.

Il y avait, raconte-t-on, un rabbin de Pologne que les Juifs qualifiaient de « génie » et qui était de Wilno. On l'appelait « le génie de Wilno ». Quand un enfant avait des difficultés à l'école, on lui disait : « Wilno westu zein a gouen. » Ce qui signifie : « Veuille seulement, et tu seras un génie. » C'est avec ce jeu de mots — Wilno signifie à la fois Wilno-la-ville et veuille — que ma mère m'a éduqué. Elle croyait, et elle le crut jusqu'à sa mort, que la volonté de l'homme n'a pas de limites.

Mais le temps ! Qu'y faire, sinon l'organiser, le remplir, le bourrer au maximum. Comme un comptable soigneux, j'ai fait des bilans, dressé l'ordre de mes priorités.

Peindre. J'aime la peinture, j'aime voir un tableau surgir du hasard et me dire : « C'est moi. » Mais peindre n'est plus assez ; il faut encore s'affirmer pour être reconnu et vivre. Je ne savais par quoi commencer : dessiner pour mon exposition de New York, peindre pour celle de Bruxelles, reprendre contact avec les collectionneurs, les galeries d'art, les musées.

Devais-je oublier pour autant la paix au Proche-Orient ? J'avais espéré plus souvent qu'à mon tour, et toujours été déçu ; les circonstances ni les hommes ne m'avaient il est vrai beaucoup aidé. Mais — comment dire ? — cette lutte-là faisait partie de ma vie. Kanafani était mort, Chamali était mort, et Ran Cohen, mon ami du kibboutz Gan Schmuel, n'avait survécu que par miracle à l'enfer de Kippour. Je ne voulais plus qu'on meure, même si l'inanité de mes efforts m'accablait parfois, même si la volonté de l'homme comptait pour peu de chose devant la formidable machinerie de l'Histoire en marche.

Israël évacua une partie du Sinaï et, en contrepartie, l'Egypte de Sadate promit, par l'intermédiaire des Etats-Unis, de s'engager dans un processus de non-belligérance. Mais un nouvel attentat à Tel Aviv et l'immédiat bombardement de représailles sur le Liban vinrent nous rappeler que la guerre au Proche-Orient n'était pas encore finie. Un soir je pris la plume pour écrire aux amis qui, d'un côté ou de l'autre, croyaient encore à la paix et exerçaient encore des responsabilités. Je leur disais qu'il était grand temps que, par-dessus leurs morts, Israéliens et Palestiniens se reconnaissent enfin. J'ajoutais que nous n'avions pas abandonné nos rêves, et que même nous mûrissions quelques nouveaux projets.

Chaque jour qui passe sans réponse — mais après tout, c'était il n'y a pas si longtemps — m'incite un peu plus à rentrer dans le rang, à n'être qu'un peintre.

Non, je ne suis ni amer ni déçu. J'ai fait ce que j'ai pu, dans la mesure de mes moyens. Mais que pouvais-je ? Aurais-je dû dynamiter la colonne Vendôme, comme Courbet ? Assassiner quelqu'un, comme Siquieros tenta de tuer Trotski ? Comment faut-il combattre ?

Un jour, à Buenos Aires, j'étais chez Eduardo Galeano, directeur de la revue *Crisis*. Il était soucieux : il venait de recevoir, pour la troisième fois en une semaine, des menaces de mort. Nous devions déjeuner ensemble. En sortant de l'immeuble où se trouvait son bureau, avenue Pueyredon, nous vîmes, sur le trottoir d'en face, cinq types porter la main droite à leur hanche et se diriger vers nous. J'attrapai Galeano et l'entraînai vers l'ascenseur. J'y repoussai une vieille dame qui voulait en sortir et nous remontâmes les huit étages. Nous passâmes deux heures à la fenêtre, jusqu'à ce que les cinq types disparaissent. Une ruse ?

Galeano prit deux revolvers dans un tiroir, en mit un dans sa poche et l'autre dans le sac que je portais à l'épaule. Nous sortîmes. Au restaurant, l'estomac noué par l'angoisse, l'œil fixé sur la porte, la main droite dans mon sac, je ne pus rien avaler...

« Tu as peur ? me demanda Galeano.

— Oui, j'ai peur. De plus ce serait idiot de venir mourir à Buenos Aires d'une balle qui n'est pas pour moi... Au moins, ceux qui combattent... »

Galeano plissa ses yeux bleus et durs :

« Tu me fais penser à ces paysans argentins qui disent qu'un verre de maté guérit tout... Le combat n'est pas un remède contre le vague à l'âme... »

Combattre. Une tentation et une nostalgie pour les hommes de ma génération. Nous sommes trop jeunes pour avoir fait la guerre contre le nazisme et trop âgés pour avoir eu une enfance insouciante. Nous avons juste l'âge d'avoir mauvaise conscience pour ce qu'ont fait les autres et pour ce que nous n'avons pas fait nous-mêmes. Nous sommes inquiets, toujours en quête de justes causes, d'amour et de fraternité d'armes. Pour récupérer l'irrécupérable, toutes les portes de sortie nous sont bonnes — et nous n'y trouvons que désillusions. Mes angoisses et mes rêves, j'ai tenté en vain de les exorciser en me jetant dans ce conflit des Juifs et des Arabes, une aventure qui m'était proche, et qui me déchirait. J'ai échoué dans mon entreprise et n'y ai pas trouvé d'apaisement.

Je veux bien croire que les idées que nous avons

semées finiront par germer. D'ailleurs, la gauche nous a enseigné à nous battre pour l'avenir de nos enfants, de nos petits-enfants et des enfants de nos petits-enfants. Mais tout cela est bien loin. Pour moi, l'avenir, c'est aujourd'hui. Je suis un impatient : la vie ne m'a pas appris à respecter le temps et les saisons. Ce que j'aime dans la peinture, c'est justement la possibilité de voir naître un tableau, là, maintenant, tout de suite, sous mes doigts et sous mes yeux.

Il y a quelques semaines, en commençant à raconter ma vie, j'ignorais où cela me mènerait. C'est seulement maintenant que je comprends : écrire une histoire, c'est l'arrêter.

Agir me démange, mais j'ai besoin d'une pause, d'une halte. L'expérience m'est si nouvelle que j'ignore ce que j'y deviendrai. Pourrai-je me satisfaire de n'être plus qu'un spectateur ? Saurai-je me passer de la satisfaction vaniteuse qui était la mienne quand j'avais l'impression de participer, parmi des gens célèbres et influents, à la vie du monde ? Mes amis m'aimeront-ils encore ?

Il reste que tout bouge, que l'événement succède à l'événement. Peut-être un jour sera-t-il enfin possible d'enfermer la lune dans le seau d'eau ?

Il est dit dans le Zohar que le premier degré vers Dieu, c'est la prière ; le degré suivant, c'est le chant ; plus haut encore, le cri ; et le plus haut degré, c'est le souvenir de ce cri — voici ce livre.

TABLE DES MATIÈRES

Eagles Nest Homes
Mr Farb

404 - 479 - 9700
P.O. Drawer 1569
Canton, GA 30114-1569
District Representative

Achevé d'imprimer en décembre 1985
sur les presses de l'Imprimerie Bussière
à Saint-Amand (Cher)

PRESSES POCKET - 8, rue Garancière - 75006 Paris.
Tél. : 46-34-12-80.

— N° d'édit. 2172. — N° d'imp. 2949. —
Dépôt légal : janvier 1986.

Imprimé en France

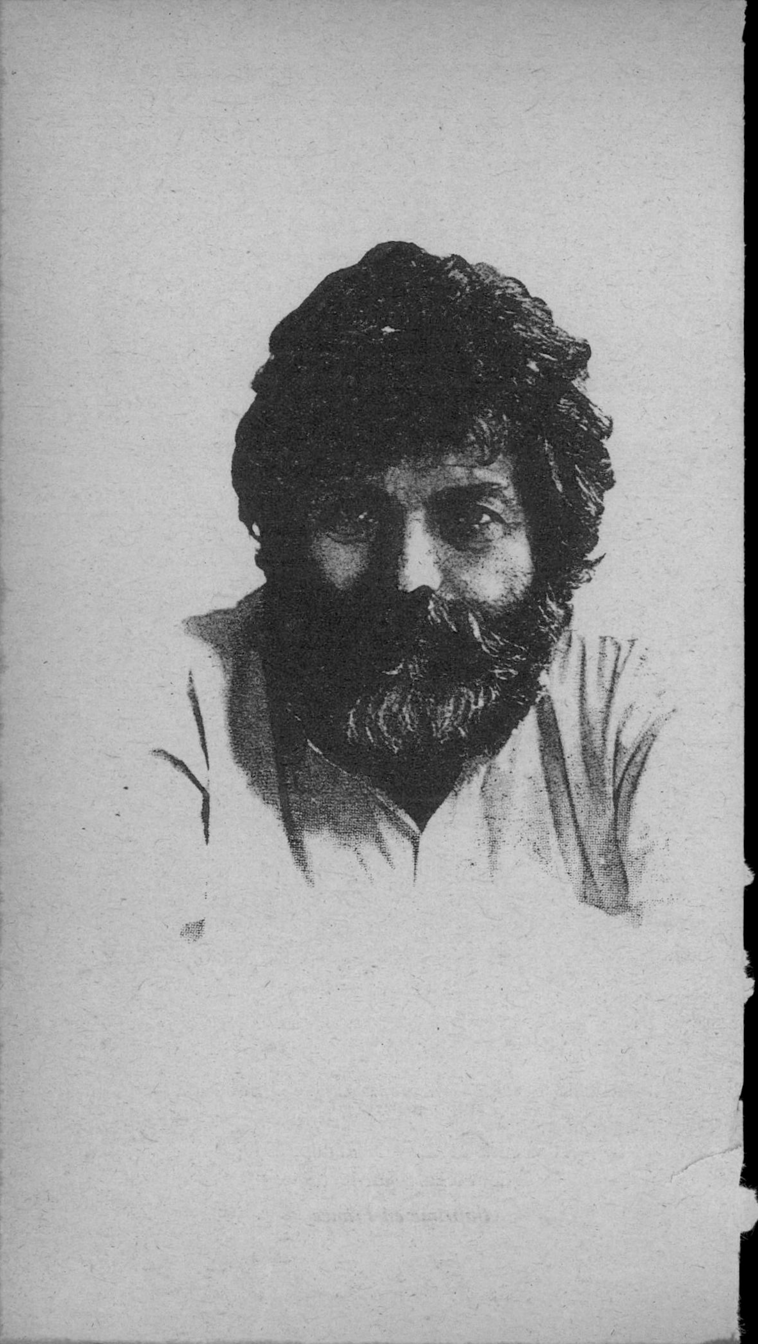

MAREK

HALTER